U0695267

高质量发展
如何看怎样干

人民日报记者调研行

人民日报社◎编

出版社
北 京

图书在版编目（CIP）数据

高质量发展如何看怎样干：人民日报记者调研行 /
人民日报社编 . —北京：人民日报出版社，2023.9
ISBN 978-7-5115-7948-5

Ⅰ . ①高… Ⅱ . ①人… Ⅲ . ①区域经济发展－研究－
中国 Ⅳ . ① F127

中国国家版本馆 CIP 数据核字（2023）第 158066 号

书　　名：**高质量发展如何看怎样干：人民日报记者调研行**
GAOZHILIANG FAZHAN RUHEKAN ZENYANGGAN
RENMINRIBAOJIZHE DIAOYANXING

作　　者：人民日报社

出 版 人：刘华新
策 划 人：欧阳辉
责任编辑：周海燕　刘君羽
封面设计：元泰书装

出版发行：人民日报出版社
社　　址：北京金台西路 2 号
邮政编码：100733
发行热线：（010）65369509　65369527　65369846　65363528
邮购热线：（010）65369530　65363527
编辑热线：（010）65369518
网　　址：www.peopledailypress.com
经　　销：新华书店
印　　刷：大厂回族自治县彩虹印刷有限公司
法律顾问：北京科宇律师事务所　（010）83622312

开　　本：710mm×1000mm　　1/16
字　　数：270 千字
印　　张：20.25
版　　次：2023 年 9 月第 1 版
印　　次：2023 年 9 月第 1 次印刷

书　　号：978-7-5115-7948-5
定　　价：58.00 元

写在前面的话

习近平总书记在党的二十大报告中指出："高质量发展是全面建设社会主义现代化国家的首要任务。"2023 年是贯彻党的二十大精神的开局之年，做好今年经济社会发展工作，推动经济运行整体好转，对于全面建设社会主义现代化国家开好局、起好步至关重要。

向着新目标，奋楫再出发。开局之年，在以习近平同志为核心的党中央坚强领导下，各地区各部门贯彻新发展理念、构建新发展格局、推动高质量发展，推进中国式现代化，创新动力强劲，协调发展有力，绿色基底浓郁，开放水平更高，发展成果共享，神州大地一派欣欣向荣，气象万千的发展图景鼓舞人心、提振信心。

高质量发展关系我国社会主义现代化建设全局，实现高质量发展是中国式现代化的本质要求之一。《人民日报》2023 年 4 月起推出"高质量发展调研行"系列报道，陆续刊发编辑记者奔赴大江南北，深入一线、蹲点采访、调查研究后撰写的文章。这些文章精准权威，挖掘深、写法实，从规划建设、科技创新、资源融合、产业转型、开放合作、环境治理等方面，诠释了各地区如何推进高质量发展的好做法新经验。

《高质量发展如何看怎样干：人民日报记者调研行》一书，推出的 60 篇调研文章、纪实报道和记者手记，紧紧围绕高质量发展的具体实践展开，深刻揭示习近平新时代中国特色社会主义思想的真理力量和实践伟力，充分展现各地区各部门坚定不移推动高质量发展的火热实践和成效经验，生动呈现百姓身边可知可感的新变化、实实在在的新收获，引导广大干部群众深刻领悟"两个确立"的决定性意义，增强"四个意识"、坚定"四个自信"、做到"两个维护"，不断为强国建设、民族复兴伟业添砖加瓦、增光添彩。

目录

1

未来之城铺展壮美画卷

今年春天，是未来之城雄安新区设立之后的第六个春天。47万多亩的雄安"千年秀林"在生长中展现出郁郁葱葱的新绿。

和"千年秀林"一起成长的，是这座从"一张白纸"起步的未来之城。

最近记者到雄安新区采访，干部群众用"从来没见过这样编制一座城市的规划""从来没见过一座新城这样重视优秀传统文化传承""从来没见过地上、地下、'云'上'三城'一体规划和建设""从来没见过这样大力度治理白洋淀""从来没见过建设一座承接北京非首都功能的新城"来形容雄安新区规划建设理念和城市风貌。

牢记习近平总书记的嘱托，6年来，雄安新区始终坚持"世界眼光、国际标准、中国特色、高点定位"，始终坚守"要和北京非首都功能转移相衔接"的初心，始终聚焦"努力创造新时代高质量发展的标杆"目标，稳扎稳打，渐入佳境，一幅高质量发展的画卷徐徐展开。

"雄安新闻"接二连三：中国地质大学（北京）、北京交通大学、北京科技大学、北京林业大学4所"双一流"高校将疏解到雄安新区；由中国星网与雄安新区管委会共同出资组建的中国星网数字科技有限公司揭牌，中央企业在雄安设立各类机构140多家；回迁安置群众4.5万户、11.6万人，分配8.5万套安置住房；"百千万人才进雄安"行动正式启动；白洋淀鱼类恢复至46种，较新区设立前增加了19种，野生鸟类252种，较新区设立前增加了46种……

——未来之城，赓续千年文脉。

就在设立雄安新区的消息公布之后，2017 年 5 月 28 日，雄安新区文物保护与考古工作站正式揭牌，工作站就设在全国重点文物保护单位容城县南阳遗址附近。

"千年文脉从未间断。"工作站负责人雷建红带着记者参观这几年考古发掘出土的文物，"这些文物上迄新石器时代，赓续了数千年。这也从一个方面为雄安新区建设提供了文化依据。"6 年来，雷建红和他的同事开展了 70 多项考古勘探工作，出土陶、铜等文物 2000 余件套。"我们的责任，就是要发掘燕文化的源流，这是雄安的文脉所系。守住了历史文脉，也就守住了未来之城的魂。"

——未来之城，牢记"承接"初心。

"只跑了这一次，不到 10 分钟就办好了，效率真是高！"在雄安新区政务服务中心大厅，35 岁的陈文杰刚刚办完公司业务变更的手续。他以前在北京经营一家贸易公司，2018 年公司和家一起搬到了雄安，"我们全家现在都是雄安人，孩子也在这里读书"。他的公司主营业务是白洋淀的旅游特产，包括双黄蛋、藕粉、莲子等，公司规模不大，但他对未来很有信心。

牵住承接疏解的"牛鼻子"，雄安新区推动商务服务中心、科技园、中试基地、自贸区、综保区等平台载体相继进入实质性运转。持续深化行政审批制度改革，全面实行"一会三函、三到位、三集中"，打造了审批事项最少、工作效率最高、办事成本最低、服务态度最好的"雄安服务"品牌，努力营造国际一流的营商环境。

目前，首批疏解的央企总部建设有序推进，首批疏解的 4 所高校和 2 所医院正加快建设，中国中铁产业集群落地雄安，互联网产业园等一批市场化疏解项目即将建成，北京援建的"三校"项目建成并移交新区，商务服务中心等一批办公、商业、住宅等配套设施陆续投用，北京非首都功能疏解集中承载地加速形成。

——未来之城，也是云上之城。

傍晚，悦容公园旁的"大眼睛"亮了。这个"大眼睛"，就是被称为"城市大脑"的雄安城市计算中心，建筑面积近4万平方米，总投资11亿元，于2022年底正式投入运营。

"雄安城市计算中心是雄安新区数字城市的核心基础设施，将全面支撑服务雄安新区数字城市建设，推动城市治理和公共服务水平提升，推动生产生活向智慧化跃升，打造绿色、智能、创新的未来之城。"中国雄安集团数字城市公司副总经理赵龙军介绍。

地上一座城，云上一座城，地下还有一座城。在雄安，看不到一根电线杆，也不用担心"拉链马路"，按照"先地下、后地上"理念，雄安新区规划建设约300公里的"干线—支线"两级综合管廊，目前已建成136公里，已投运47.6公里。

"综合管廊最深处可达地下15米，地下管廊的入廊管线分为给水、热力、天然气、电力等7种。"雄安新区（容西）综合管廊中心负责人万力边参观边介绍，"每10米布置一个可燃气体探测器，每100米布置一部光纤电话，每200米布置一组高清摄像头、一组氧气和温湿度传感器以及一组压差式沉降仪。管廊综合运用物联网、云计算、大数据等手段，守护'城市生命线'的安全。"

——未来之城，更是人民之城。

春日阳光正好，占地约160公顷的悦容公园，游人如织。随着悦容、金湖等公园建成投运，"一淀、三带、九片、多廊"生态空间格局初具雏形，"3公里进森林、1公里进林带、300米进公园、处处是游园"成为现实。目前，新区绿化面积73万亩，森林覆盖率34%。

"水质比以前好多了，你看，水里的鱼和草看得很清楚。"在白洋淀的木栈桥上，73岁的王志国边走边说。

这几年，通过采取补水、治污、清淤等一系列举措，白洋淀水质从2017

年前劣Ⅴ类大幅提升并稳定保持在Ⅲ类标准。水质好了，鱼类和鸟类也增加了，被称为"全球极危"的青头潜鸭，把白洋淀作为栖息地和繁育地。

"看，这就是我们的新家。"谢振华和陈月红两口子热情地把记者领进屋。他们的新家位于容东片区华茂园小区，120平方米，三室一厅两卫。他们的老家在安新县大王镇大阳村，2022年春节之后搬到了这里。两口子在家门口找到了工作，谢振华当上楼门长，陈月红在小区物业上班。最让两口子开心的，是女儿现在的学校师资强、设施新，而且离家近，女儿的成绩也慢慢上来了。

（本报记者 汪晓东 朱虹 侯云晨 　《人民日报》2023年4月2日第1版）

科学规划引领建设未来之城

——河北雄安新区高质量发展纪实

雄安新区容东片区。 　新华社记者 牟宇 摄

雄安新区从"一张白纸"着墨，如今6岁了。

这座令人"心向往之"的"未来之城"长成什么模样了？

"看！那就是我的新家。"雄安新区新市民翟宗指着上百栋楼房组成的住宅小区自豪地说，"从小区步行5分钟到幼儿园，10分钟到小学，15分钟到中学，步行300米到公园。这是一座人民的城市。"

"世界眼光、国际标准、中国特色、高点定位"。在习近平总书记亲自决策、亲自部署、亲自推动下，一幅新时代的雄安画卷正在华北平原徐徐铺展开来：

"从来没见过这样编制一座城市的规划。""从来没见过一座新城这样重视优秀传统文化传承。""从来没见过地上、地下、'云'上'三城'一体规划和建设。""从来没见过这样大力度治理白洋淀。""从来没见过建设一座承接北京非首都功能的新城。"

雄安新区，这座承载着千年大计、国家大事的未来之城吸引着世人越来越多关注的目光。

"从来没见过这样编制一座城市的规划"

习近平总书记高度重视雄安新区规划建设，无论是规划编制要秉持的理念，还是规划编制进程的关键阶段，都亲自谋划指导，对每个重大问题及时把关定向，为高起点规划、高标准建设雄安新区提供了根本遵循、指明了工作方向。

"以'千年大计'来定位一座新城的建设，这在中国城市史乃至世界城市史上都是前所未有的。"中国科学院院士、东南大学建筑学院教授段进说，"千年大计，首先是规划。高标准高质量建设雄安新区，首先要高标准高质量编制新区规划，做到世界眼光、国际标准、中国特色、高点定位。"

谋定后动，规划先行。从编制总体规划到开工建设，再到现在初具雏形，规划起了至关重要的作用。雄安新区保持历史耐心和战略定力，坚持稳扎稳打、步步为营，始终以创造历史、追求艺术的精神，高强度、高密度、高质量地推进规划编制，做到"把每一寸土地都规划得清清楚楚后再开工建设，不要留历史遗憾"。

"雄安新区是我们留给子孙后代的历史遗产，必须坚持用最先进的理念和国际一流水准规划设计建设，经得起历史检验。"中国城市规划设计研究院雄安研究院执行副院长殷会良说。

雄安新区规划编制是新中国成立以来，全国关注度最高、动用机构最多、涉及领域最广、集聚人才最多的一次城市规划编制。60 多位院士、3500 多名专家和技术人员参与新区规划体系编制；在片区开发和重要单体建筑中，借助先进科技手段的支撑，融入智能管理、数字城市、绿色低碳等先进理念，努力打造细致严谨的城市规划设计。"从来没见过这样编制一座城市的规划。"不少参与雄安新区规划编制的专家感慨。

"从来没见过一座新城这样重视优秀传统文化传承"

一个新的城市要立得住，关键要传承好历史文脉，注重对历史文物和历史风貌的保护。

雄安新区设立伊始，2017 年 5 月 28 日，河北省文物局在容城县南阳遗址举行雄安新区文物保护与考古工作现场推进会。河北雄安新区文物保护与考古工作站揭牌，标志着河北雄安新区文物保护与考古工作全面展开。

"坚持保护弘扬中华优秀传统文化、延续历史文脉"，河北省文物部门贯彻落实习近平总书记的重要指示精神，以服务雄安经济建设大局、解读雄安千年历史文化为目标，全面推进河北雄安新区文物保护与考古工作。

近几年来，文物部门相继开展了雄安新区考古调查和勘察、容城南阳遗址、雄县鄚州城遗址、古州城遗址、雄安环境考古、白洋淀及燕南长城调查等多项工作。共开展考古调查、勘探、发掘工作 28 项，勘探面积 345 万平方米，发掘面积 10555 平方米，清理各时期古墓葬 277 座，出土文物

809 件。在河北城市考古、保北地区史前考古、白洋淀区域环境考古、宋辽边界历史文化研究等方面取得丰硕成果。

容城县南阳村南阳遗址，是雄安新区面积最大的一处全国重点文保单位。雄安新区设立后不久，这里就迎来了由国家文物局组织的高规格联合考古队。

秉持对历史文物的敬畏之心，考古队开展了 40 余平方公里考古调查，发现了以南阳遗址、晾马台遗址为核心的"大南阳"遗址聚落群，文化遗存年代自新石器时代晚期延续至宋金时期，文化发展延续近 3000 年。

一系列重要考古发现，构建了雄安千年历史文化时空框架，为雄安新区文化遗产的研究、保护和传承作出了重要贡献，开创了新区规划建设与历史文化传承双赢局面。中国雄安集团生态建设投资有限公司技术顾问郑占峰说："从来没见过一座新城这样重视优秀传统文化传承。"

雄安新区高度重视历史文化遗产保护，为完善"土地收储考古前置"制度做了有益探索。2021 年以来，开展起步区考古勘探、发掘工作，已完成白龙遗址等 35 项考古勘探工作，勘探面积 100.7 万平方米；开始午方遗址等 13 项考古发掘工作，出土陶、铜等遗物 1500 余件套。

避免千城一面，为解决"大城市病"作出示范。"新区在规划建设中，坚持'文化铸城市之魂'的城市建设理念，空间布局改变了以往单中心'摊大饼'式发展模式，实行组团式发展。各组团之间既相对集中、特色鲜明，又紧密联系、功能互补，使生产、生活、教育、医疗等有机衔接，实现创业就业与居住功能均衡。"雄安新区自然资源和规划局局长王志刚介绍。

占地面积约 160 公顷的悦容公园由全国顶级园林专家设计，每一根梁柱都精挑细选。走进公园大门，从商周到汉唐，集合不同时期建筑文明的景致，仿佛展开一幅中华文明的历史画卷。

"从来没见过地上、地下、'云'上'三城'一体规划和建设"

雄安新区高标准建设配套基础设施，将"雄安质量"贯穿建设各领域、全过程。一个个精工建造的重点项目，落成后将成为一个个标志性的存在。"从来没见过地上、地下、'云'上'三城'一体规划和建设。"雄安新区建设指挥部办公室副主任崔文飞说。

打通区域交通动脉。轨道交通将成为新区组团与组团间的重要交通连接方式，是新区公共交通和绿色交通的重要组成部分。亚洲最大的雄安高铁站2020年底建成投用，从北京西站出发，高铁一小时到达雄安站。据介绍，京雄、荣乌新线、京德一期高速公路和容易线、安大线已建成投用，500多公里的区域交通大动脉已经打通。

雄安新区高速公路口。 孙立君 摄（影像中国）

注重地下管网建设。坚持地上地下同步规划、先地下后地上进行建设，雄安新区首先建设地下综合管廊，将水、电、暖、气等城市基础设施建设一体推进，共享统一的地下空间。容东片区地下综合管廊总长14.8公里，2021年7月建成投用。管廊分两层，有燃气舱和综合水舱等。舱内装有温湿度传感器、可燃气体探测器等，配有耦合器等，沿线还布设1071

个摄像头，24 小时监控。地下综合管廊的"雄安方案"首次将综合管廊与地下管线等市政基础设施集中规划建设，高效利用地下空间。据测算，此举节约建设用地面积 7%，减少投资 12%；廊内节约空间 20% 以上，节约投资 18%。"雄安新区在全国首次建设覆盖全部管廊的物联网感知网络体系，管理更加智能高效。"雄安集团基础建设有限公司党委书记、董事长张耀东说。

建设领先数字城市。小到智慧路灯、智能井盖，大到智慧工地、智慧交通……雄安新区无处不显示着与生俱来的"智慧基因"。容东片区文营西路，灯杆装上摄像头和激光雷达 RSU（路侧单元）等"利器"。中电信数字城市科技有限公司工作人员李建勇介绍："就是多功能智慧灯杆，在容东主次干道共布设 153 公里。就无人驾驶场景来说，灯杆设备收集路面信息，发送给车载系统，实现车路协同。"目前，雄安新区已搭建起以"一中心四平台"为核心的智慧城市基础框架，实体建筑与虚拟数据实现同生共长。2022 年底，雄安城市计算中心正式投入运营，雄安新区"城市大脑"开始运转，为"数字雄安"的大数据、区块链、物联网等提供网络、计算和存储服务，为打造"云上雄安"提供重要支撑。此外，雄安新区是全国第一个全域按照智能交通布局的城市，每平方公里就有约 20 万个传感器，通过 5G 互联网连接让整个城市"耳聪目明"。

"从来没见过这样大力度治理白洋淀"

金黄色的芦苇随风摇曳，不远处的树木抽出绿芽……初春的白洋淀，碧波荡漾、生机盎然。

"水更清了，环境越来越美了！"走在淀边的木栈道上，雄安新区安新县东淀头村村民田根双忍不住感慨，"从来没见过这样大力度治理白洋淀！"

"不让一滴污水流入白洋淀！"雄安新区设立以来，白洋淀迎来有史以来最大规模的系统性生态治理。河北全省"一盘棋",上下联动,高标准、严要求实施白洋淀生态修复工程,2021 年白洋淀水质从 2017 年劣 V 类全面提升至 Ⅲ 类,步入全国良好湖泊行列,"华北之肾"的代谢功能正以肉眼可见的速度复原。

白洋淀地处大清河流域"九河下梢",把住上游来水"入关口"是改善水质的关键。白洋淀上游流域,94% 在保定域内,保定市全域均属于白洋淀上游。从 2017 年开始,保定市连续开展河湖清理行动,累计清除各类河道垃圾 1100 余万立方米,封堵入河排污口 2024 个;通过科学调度水库水,积极协调南水北调水等对白洋淀实施生态补水。

坚持系统治理、协同治理,推动全流域、上下游、左右岸、淀内外综合治理。河北省统筹实施工业、城镇、农业农村、淀区内源污染治理、生态修复、河道整治、生态补水等九大类 66 项治理工程,以最强举措力促白洋淀水质实现跨越式提升。2021 年 4 月,《白洋淀生态环境治理和保护条例》施行,对白洋淀及其流域作出系统全面的规范。

年产值曾超 100 亿元、北方最大的塑料包装印刷基地雄县,彻底关停取缔了涉及废旧塑料、印刷等重污染企业。雄安新区毗邻的保定市高阳县,是全国著名的纺织之乡,有三条季节性河流汇入白洋淀。为解决印染废水污染问题,近年来该县污水处理厂不断扩容提标,现已成为河北省最大的县级污水处理厂。

从过去的"少水、劣水"到现在的"有水、好水",白洋淀生态环境治理和水质发生历史性变化,"华北之肾"功能加快恢复。"有水、好水,还要节水,我们要不断提升全社会节水意识,努力建设节水样板城市。"雄安新区生态环境局副局长吴海梅说。

去年出台的《雄安新区关于高起点推进节约用水工作实施方案》,提出综合指标、各行业指标、管理指标、公众节水意识和满意度等四个方面 26 条节水指标,部署落实节水管理制度、创新节水激励约束机制、开展节水基础建设、实施城镇节水降损、实施工业节水减排、实施农业节水增效等六个方面 23 项工作任务，并对加强组织保障、制度保障和资金保障做出明确规定。

雄安新区肩负着建设新时代生态文明典范之城的历史使命，居民的生态保护意识也在不断提高。如，雄安新区采取"政府 + 民间协会 + 志愿者"管理模式，动员全社会力量爱鸟护鸟。在一些淀中村，过去的猎鸟者销毁了家里的捕鸟网，变身为民间护鸟志愿者。

"过去有人在白洋淀捡拾鸟蛋、拉网捕鱼、电鱼，现在基本没有了。"安新县同口小学教师、护鸟志愿者韩战桥感触明显。他还创作了歌曲《我是雄安的一只鸟》，表达对白洋淀恢复"荷红苇绿，百鸟翔集"美景的喜悦之情。

据统计，截至目前，白洋淀野生鸟类已达 252 种，较雄安新区设立前增加了 46 种。经河北省海洋与水产科学研究院监测发现，目前白洋淀鱼类已恢复至 46 种，鳑鲏鱼、青鳞、银鱼等土著鱼类纷纷重现白洋淀，较雄安新区设立前增加了 19 种，白洋淀鱼类生物多样性已达到高级别水平。

先植绿、后建城，大规模城市建设开始前，雄安新区率先启动生态基础设施建设和环境整治。

千年大计从千年秀林开始，充分尊重自然、顺应自然、保护自然，雄安新区以建设全国森林城市示范区为目标，大规模开展植树造林和国土绿化，为新区规划建设打好生态本底。同时，大部分苗木都是适宜当地环境的乡土树种，尊重植物本性，以期更好扎根。不同树龄，高低错落，再让不同的品种混杂在一起，让人工林更快演变成天然林。"秀林、绿谷、淀湾"，构成了雄安新区启动区的生态空间骨架。"这里北连北部林带，南临淀湾区，很快就会变成一个蓝绿交织的大公园。"郑占峰介绍。

300 米进公园、1 公里进林带、3 公里进森林，近年来，雄安新区累计造林 47 万多亩，形成了"一淀、三带、九片、多廊"的生态空间格局。

与此同时，"千年秀林"、悦容公园、金湖公园等一批高品质游园成为新区绿色风景线。一幅蓝绿交织、清新明亮、水城共融的生态画卷正铺展开来。

雄安新区白洋淀旅游码头，游船停靠在岸边。 史自强 周博 摄影报道

"从来没见过建设一座承接北京非首都功能的新城"

打造北京非首都功能集中承载地，是设立雄安新区的初心。

2017 年 2 月 23 日，习近平总书记在安新县进行实地考察、主持召开河北雄安新区规划建设工作座谈会时指出，规划建设雄安新区是具有重大历史意义的战略选择，是疏解北京非首都功能、推进京津冀协同发展的历史性工程。

"着力点和出发点，就是动一动外科手术，疏解北京非首都功能，解决'大城市病'问题。"习近平总书记为京津冀协同发展谋定了大思路。

从谋划京津冀协同发展战略，到提出选择一个疏解北京非首都功能集中承载地，再到部署雄安新区建设，习近平总书记着眼全局，运筹帷幄，把脉定向。

6 年来，雄安新区从完成顶层设计到展开大规模实质性建设，再到承接北京非首都功能和建设同步推进，一幅高质量发展的美好画卷徐徐展开。

首批标志性疏解项目陆续在雄安新区落地建设。中国星网总部项目主体结构封顶，中国中化、中国华能总部项目加快建设，中国矿产资源集团在新区注册落地并完成总部选址。首批4所疏解高校、2家疏解医院确定选址。北京市以"交钥匙"方式支持建设的幼儿园、小学、中学项目建成移交新区，中央企业在新区设立各类机构累计达140余家。

一批市场化疏解项目也在有序推进。2022年11月23日，中国中铁产业集群疏解落地雄安新区揭牌暨启动仪式举行，这是雄安新区迎来的首个央企产业集群入驻。

雄安新区建设争分夺秒、全面提速。起步区"四横十纵"骨干路网全面开工，启动区"三横四纵"骨干路网具备通车条件。

中国中化001大厦项目建设现场热火朝天，直径近百米的基坑内，56根钢结构柱已经竖起。作为中国中化控股有限责任公司未来的总部基地，001大厦项目预计今年年底前主体结构封顶，明年12月31日前竣工。大厦建成后将成为雄安新区最高的地标建筑，可满足1000—1200名员工的办公需求。

在雄安新区高铁站枢纽片区的中交未来科创城，一座座高楼雄伟壮观。中交雄安产业发展有限公司总经理任晓峥表示，科创城总建筑面积达140万平方米，主要功能是承接北京疏解的大中型企业和研究院，目前有意向签约的企业270余家，其中智慧交通企业占比约50%。

北京眼神科技有限公司是北京中关村首批与雄安新区签署战略合作协议的12家企业之一，"公司拥有人脸、虹膜、指静脉等身份识别技术，与新区创新驱动的发展定位高度契合。"该公司品牌市场总监张会说，"2018年落户雄安新区至今，公司已落地30多项智能化场景，新增专利200多项，新参与制修订国家及行业标准59项。"

"从来没见过建设一座承接北京非首都功能的新城。"雄安新区改革发展局副局长丁进军说，"作为北京新的'两翼'之一，雄安新区必须在疏解北京非首都功能、推进京津冀协同发展的大局中找准自己的坐标，努力营造市场化、法治化、国际化的一流营商环境，通过创新体制机制打造'雄安服务'品牌。"

律回春晖渐，万象始更新。在以习近平同志为核心的党中央坚强领导下，全面贯彻落实党的二十大精神，坚持大历史观，保持历史耐心，一茬接着一茬干，一年接着一年干，确保一张蓝图干到底，努力创造"雄安质量"，雄安新区正着力打造高质量发展的全国样板。

新的征程，新的春天。未来之城，加快向未来！

（本报记者 朱虹 张志锋 侯云晨 《人民日报》2023 年 4 月 2 日第 4 版
本报记者杨柳、张蓓、李栋、邵玉姿参与采写）

》》记者手记

期待更多的"从来没见过"

"从来没见过这样编制一座城市的规划""从来没见过一座新城这样重视优秀传统文化传承""从来没见过地上、地下、'云'上'三城'一体规划和建设""从来没见过这样大力度治理白洋淀""从来没见过建设一座承接北京非首都功能的新城"……6 年来，从"一张白纸"起步，雄安新区稳扎稳打、渐入佳境，凝聚成这一个个"从来没见过"的惊叹！

惊叹之余，是无处不在的惊喜：启动区的路网结构更清晰了，扁平化的管理机制更顺畅了，容东安置片区更有烟火气了，街头的无人售货车更智能了，回迁群众脸上的笑容更灿烂了，基层干部干事创业更有心劲儿了，"千年秀林"的白蜡树又长高了，白洋淀的鱼类和鸟类又变多了……曾多次到访雄安新区的同事这样评价："无论第几次来，都会被这里的新气象新面貌感染，不由自主地欣喜、振奋，这是一座变化的城市、流动的城市、生长的城市。"

有惊喜的变化，也有执着的坚守。习近平总书记强调："建设雄安新区是千年大计。新区首先就要新在规划、建设的理念上，要体现出前瞻性、引领性。要全面贯彻新发展理念，坚持高质量发展要求，努力创造新时代高质量发展的标杆。"从"一张白纸"到"塔吊林立"，从"规划先行"到"雄姿初现"，雄安新区始终坚持"世界眼光、国际标准、中国特色、高点定位"，始终坚守"要和北京非首都功能转移相衔接"的初心，始终聚焦"努力创造新时代高质量发展的标杆"目标。

伟大的实践，要有科学理论的指引。当前，雄安新区已进入承接北京非首都功能和建设同步推进的重要阶段。在以习近平同志为核心的党中央坚强领导下，在习近平新时代中国特色社会主义思想的科学指引下，雄安新区一定能够肩负起"努力创造新时代高质量发展的标杆"的历史使命。只要保持历史耐心和"功成不必在我"的精神境界，一茬接着一茬干，一年接着一年干，一张蓝图干到底，雄安新区这座令人"心向往之"的未来之城，一定会给我们带来更多惊喜，一定能够创造更多的"从来没见过"！

（侯云晨 《人民日报》2023年4月2日第4版）

2

创新驱动，高质量发展迈新步

滨海新区"于家堡—响螺湾"区域。　　滨海新区供图

春暖时节访天津滨海新区，不断听闻好消息：

3月24日，"天河"算力赋能峰会成功举行，"算力网络和安全可信计算实验室"正式揭牌，新区数字经济发展有了新支撑；

4月6日，空中客车公司与天津保税区投资有限公司、中国航空工业集团有限公司签署协议，将在天津建设第二条生产线，拓展 A320 系列飞机总装能力。空客在中国的飞机产能将实现翻倍；

同一天，最大船型的集装箱船"现代哥本哈根"轮顺利靠泊天津港，标志着由天津港直航欧洲新航线正式开通，构建起全新的海上运输通道；

…………

2013年5月和2019年1月，习近平总书记两次来到滨海新区考察。

习近平总书记指出，"天津要充分利用滨海新区平台，先行先试重大改革措施，努力为全国改革发展积累经验。""让每一个有创新梦想的人都能专注创新，让每一份创新活力都能充分迸发。"

牢记嘱托，砥砺奋进。今天的滨海新区，经济总量占天津市 40% 以上，税收贡献占 50% 以上，工业增加值占近 60%。《2022 年"科创中国"试点城市（园区）建设状况评估报告》近日发布，65 个试点城市（园区）和创新枢纽城市中，滨海新区综合排名均列前茅。

全面贯彻落实党的二十大精神，滨海新区紧紧围绕高质量发展、高水平改革开放、高效能治理、高品质生活的目标要求，全面建设新时代高质量发展示范区。

创新驱动发展，厚植产业优势——

新一代百亿亿次天河超级计算机投入使用，全自主双 100G 智能网卡芯片填补国内空白，全国首个磁液悬浮技术人工心脏获批面世……走进滨海新区现代产业展示交流中心，一项项科技成果引人注目。

"瞄准打造我国自主创新的重要源头、原始创新的主要策源地，滨海新区在合成生物、自主芯片、载人航天等领域深耕，解决了一批'卡脖子'问题，为建设自主可控、安全可靠、竞争力强的现代化产业体系打牢基石。"滨海新区科技局副局长周明介绍，去年，滨海新区新增市级以上研发机构 9 家、国家级孵化器和众创空间 8 家；卫星柔性智造中心建成投用。

服务重大战略，彰显主动作为——

"以前，内陆企业将出口货物运输到港口，主要靠集装箱卡车，车辆不好找，价格变化大；而今海铁联运，运价稳定，还能按时按点发车。"河北石家庄新恒通国际货运代理有限公司总经理陈佳说。

去年，天津港完成海铁联运量 120.3 万标箱，同比增长超 20%。"天津港利用遍布京津冀三地的服务网络，为企业制定专门的海铁联运物流方案，我们的生意越做越大！"陈佳说。

"紧紧扭住承接北京非首都功能'牛鼻子'，全力以赴打造协同发展高地。"滨海新区发改委副主任施悦说。作为京津冀协同发展的"关键落子"，截至目前，天津滨海—中关村科技园已为850家北京科技企业提供科技创新、应用场景支持，累计注册企业超4000家。

深化改革开放，增强活力动力——

改革开放是滨海新区的根和魂。发挥自贸试验区制度创新优势，深入推动贸易投资便利化改革。去年，滨海新区推出新一批41项全市复制推广试点经验，制度创新指数连续3年位居全国前列。

"滨海新区因改革开放而生，伴改革开放而兴。"滨海新区区长单泽峰说，瞄准打造国内国际双循环的重要链接、服务共建"一带一路"的重要节点，滨海新区将落实自贸试验区提升战略，推动更高水平的制度型开放，高质量发展动力更强劲。

港产城融合，提升生活品质——

"没想到，原来的盐碱地变成了这么美的大公园，每天都要来走一走。"家住滨海主城区的李麟，对家门口的临港湿地公园赞不绝口。

桃红杏白，绿草如茵；碧空如洗，飞鸟翩跹……除了景观效果，湿地公园还能修复海河入海口生态环境、保护鸟类栖息地。

午后的海河波光粼粼。从于家堡码头乘船出发，鳞次栉比的建筑勾画出错落有致的天际线。与落户两岸的众多新经济领域代表性企业比肩而立的，是静谧优雅的音乐院校天津茱莉亚学院。

中国式现代化是物质文明和精神文明相协调的现代化，是人与自然和谐共生的现代化。滨海新区区委书记连茂君介绍："我们制定了一揽子支持政策，从高标准规划、建设、管理，到高质量推进教育、卫生、文化事业配套，各项措施协力推进，不断提升城市功能品质，加快建设新时代宜居宜业宜游宜乐的现代化滨海新城。"

今日滨海新区，正像春竹一般，朝着坚定不移推动高质量发展新目标，蓬勃向上，拔节生长。

（本报记者 王彦田 杜海涛 武少民 《人民日报》2023 年 4 月 18 日第 1 版
本报记者靳博、罗珊珊参与采写）

新时代美丽"滨城"建设步履坚实

——天津滨海新区高质量发展纪实

繁忙的天津港。　　　　滨海新区供图

倚靠京津冀，面朝渤海湾，眺望太平洋，天津滨海新区发展得天时地利。

习近平总书记在天津滨海新区考察时指出："要以滨海新区为龙头，积极调整优化产业结构，加快转变经济发展方式，推动产业集成集约集群发展。""天津要充分利用滨海新区平台，先行先试重大改革措施，努力为全国改革发展积累经验。"

2006 年 5 月，滨海新区开发开放上升为国家发展战略；

2009 年 10 月，国务院批复同意天津市调整部分行政区划，设立滨海新区；

2015 年 4 月，中国（天津）自由贸易试验区在滨海新区天津港东疆片区正式挂牌运行；

2021 年 8 月，天津自贸试验区滨海高新区、中新生态城联动创新区成立；

…………

牢记习近平总书记嘱托，滨海新区 200 多万干部群众改革创新，锐意进取，新时代美丽"滨城"建设迈出坚实步伐，2270 平方公里的热土，铺展出高质量发展的生动画卷。

夯实高质量发展根基——
"让每个有创新梦想的人点燃梦想，让所有的创造活力充分迸发"

"浪向 15 度，流向 10 度！准备入水！"巨大的屏幕上"风高浪急"，中海油海上油气平台导管架安装全过程的模拟仿真现场，让人仿佛身临其境。

"传统的模拟依托我们自己的工作站，需要连续进行 7 天，在这里只要 4 小时。帮助完成这一转变的，是'天河'的超级算力。"海洋石油工程股份有限公司设计院首席工程师喻龙感慨。

喻龙所说的"天河"，就是国家超级计算天津中心"天河"系列超级计算机。从 2010 年"天河一号"部署完成，到如今"天河"新一代超级计算机成功研发，"天河"系列超级计算机经历了从"赶"到"超"的跨越式发展。

从千万亿次到亿亿次，再到现在的百亿亿次，"天河"的每秒算力在突破极限的同时，不断转化为现实生产力。

习近平总书记深刻指出，"自主创新是推动高质量发展、动能转换的迫切要求和重要支撑"。

高质量发展要靠创新，滨海新区的优势也是创新。紧紧依托创新驱动，加快形成以高端制造为主的新型支柱产业，滨海新区现代化产业体系日臻完善，高质量发展根基更为稳固。

2022 年，滨海新区规模以上工业企业总产值超 1.1 万亿元，智能科技、生物医药、新能源、新材料、装备制造、航空航天等产业优势凸显，成为稳定全市经济大盘的"压舱石"。

发力创新驱动，锻造国之重器。走进滨海新区现代产业展示交流中心，"胖五"火箭、超深水半潜式生产储卸油平台、水下滑翔机、矩形盾构机……一件件展品、一幅幅照片，生动展示新区的研发制造能力。

发力创新驱动，瞄准新兴产业。卫星柔性智造中心建成投用，飞腾腾珑 E2000 芯片实现量产，全自主双 100G 智能网卡芯片填补国内空白……滨海新区巩固提升优势产业，前瞻布局未来产业，加快构建以智能科技产业为引领的现代工业产业体系。

发力创新驱动，厚植发展沃土。"栽好'梧桐树'，引来'金凤凰'。我们优化创新平台，让科研人员心无旁骛搞创新。"滨海新区工业和信息化局局长李刚告诉记者。

如今的滨海新区，拥有国家高新技术企业累计超过 4600 家，国家级科技型中小企业 4400 多家，"雏鹰""瞪羚"和领军（培育）企业超 2500 家，创新主体"底盘"不断壮大。

今年初，滨海新区总投资 1208 亿元的 122 个重点项目集中开工。其中，先进制造业项目 49 个，总投资 649.3 亿元。到 2025 年，滨海新区将建起智能科技、信创产业、新能源、新材料、生物医药、海洋经济 6 个千亿级战略性新兴产业集群。

"我们将进一步加快新旧动能转换，优化创新生态，壮大创新主体，让每个有创新梦想的人点燃梦想，让所有的创造活力充分迸发。"滨海新区区长单泽峰说。

融入高质量发展大局——

"核心研发在北京，成果转化来滨海新区，协同发展有了新样板"

距北京中关村东南 170 公里的渤海湾畔，坐落着天津滨海—中关村科技园。

"落地滨海新区，有两个想不到。一是园区提供了特别合适的试飞场地，从办公楼出发只要七八分钟；二是房租减免、装修补贴，持续发展有了动力。"对科技园给予的政策支持，致导创新（天津）科技有限公司负责人李晓宇印象深刻。

2014年，致导科技在北京中关村成立。2017年初，李晓宇带领团队来到滨海新区，成为第一家从北京中关村到天津滨海—中关村科技园落地的科技企业，"我们要将全部精力投入到创新研发和生产中，推动无人机产业链高质量发展。"

"核心研发在北京，成果转化来滨海新区，协同发展有了新样板。"一见记者，科芯（天津）生态农业科技有限公司副总经理李旭东就兴奋地说。

"在北京，我们实现了关键技术研发积淀，滨海新区则为技术落地提供了应用场景和成本优势。"李旭东介绍，借助天津滨海—中关村科技园平台，科芯将新一代信息技术与农业紧密结合，在全国投产了10余个智慧化农业种植生产基地。

京津冀协同发展，是习近平总书记亲自谋划、亲自部署、亲自推动的重大国家战略。

作为京津冀协同发展的战略合作功能区，滨海新区主动融入协同发展大局，用大担当拥抱大机遇。

优势互补，成长空间更大。

走进联想（天津）智慧创新服务产业园车间，19套机械臂在智能制造系统的配合下熟练操作，平均24秒就下线一台台式机，还能满足小批量、多批次的复杂机型生产切换。滨海新区，已成为联想集团战略转型的重要基地。

联想只是缩影。近年来，滨海新区抢抓北京非首都功能疏解窗口期，持续提升载体功能，加强现代服务业、金融、社会事业等重点项目导入，着力打造标志性承接集聚区，协同打造自主创新的重要源头和原始创新的主要策源地。

深度融合，发展舞台更广。

天津港发挥枢纽港优势，与河北港口共建世界级现代化港口群，推动区域深度融入全球经济格局。天津国际生物医药联合研究院积极服务京津冀协同发展，构建起"专业化大平台＋众创空间＋孵化器"的创新创业综合平台，科技与经济深度融合，硕果累累。

协力同心，服务措施更好。

深化"跨省通办"，建立京津冀自贸试验区政务服务通办联动机制，共同推出4批179项"同事同标"事项。推进京津冀金融同城化，实现自由贸易账户（FT账户）政策京冀企业共享……一项项举措、一次次合作背后，是看得见的实惠、摸得着的成效，是众多经营主体实实在在的获得感。

激发高质量发展活力——
"持续营造一流营商环境，在全面深化改革中利企便民"

近日，林德英利（天津）汽车部件有限公司进口的两个集装箱汽车零配件，顺利运抵天津港。采用天津海关推出的"船边直提"模式，货物从船上装卸到货车上，再到运至企业仓库，全程用时仅2个小时。

"只需办理一张单据，就可以完成从铁路运输到乘船出海，效率高了，成本低了。"在东疆保税港区中铁天津集装箱中心站的展板上，海铁联运路线辐射华北、西北、东北，天津中铁联合国际集装箱有限公司副总经理吴达逐一介绍。

"今年，新区将出台优化营商环境6.0版方案，形成创新引领、协同落实、优化提升三张清单，为企业发展提供有力支撑。"滨海新区政务服务办主任李长洪说。

进一步深化改革开放，是构建新发展格局、增强国内国际双循环动力和活力的内在要求，也是推动高质量发展的题中应有之义。

中国国家博物馆里，静静躺着109枚公章。2014年5月20日，滨海新区组建全国首家行政审批局，率先实现"一枚印章管审批"。109枚"卸任"公章，成为滨海新区深化改革、简政放权的生动见证。

"牢牢铆住改革开放这个'关键一招'，持续营造一流营商环境，在全面深化改革中利企便民。"李长洪表示。

改革红利不断释放，开放活力充分激发。

天津海特飞机工程有限公司，6个维修机位排得满满当当，技术人员干得热火朝天。"往年这个时候，机库里经常是空空的，而今年几乎每个机位都没有闲下来过。"公司总经理陈健聪说，"海关推出'维修改装＋租赁'业务监管模式，为综保区内租赁飞机的交易处置提供了更多选择。我们计划启动第三条'客改货'改装线，进一步扩大产业规模。"

作为服务共建"一带一路"的重要节点，滨海新区充分用好自贸区资源，推动更高水平的制度型开放。空客、丰田、三星等100多家外资世界500强企业投资设厂，成为经济发展的重要引擎。

目前，滨海新区全区外贸进出口总值占到全市70%以上。其中，自贸试验区用占全市1%的土地，贡献了天津全市四成的实际利用外资额、30%的进出口额。

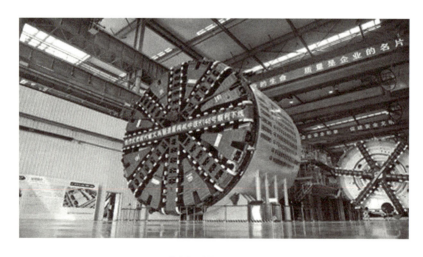

中铁盾构机下线。 滨海新区供图

铸就高质量发展品质——

"锚定绿色，锁定低碳，在转型升级中融入新发展格局"

天津港第二集装箱公司码头，货箱林立。1000 多米码头岸线上，智能水平运输机器人穿梭不息；百米外的智控中心里，智能水平运输管理系统正通过"5G+ 北斗"导航控制机器人"大脑"，完成装卸工作。

2021 年 10 月，全球首个"智慧零碳"码头——天津港北疆港区 C 段智能化集装箱码头正式投产运营。

"我们牢记习近平总书记的嘱托，用三年时间改造天津港码头，装卸效率全国领先。"天津港集团党委书记、董事长褚斌说，"锚定绿色，锁定低碳，在转型升级中融入新发展格局，天津港将继续实干苦干，力争把所有码头打造成智慧绿色码头。"

"智慧零碳"码头北侧，巨型风机迎着海风转动。"这是我国港口首个'风光储一体化'智慧绿色能源项目，自发自用，余电上网。"国网天津滨海供电公司营销部港口岸电负责人贺瑞介绍，系统并网发电后，每年总发电量达到 2330.2 万千瓦时，节约标准煤约 7340 吨，减排二氧化碳约 2 万吨。

绿色，是美丽中国的底色，也是高质量发展的底色。今日滨海新区天蓝、地绿、水清，高质量发展底气足。

着眼智慧、节能，发展身姿愈发轻盈。

在车位停好车，机器人自动对接充电，电动汽车还能变身"充电宝"反向给电网送电，赚取峰谷电差价；造型颇具未来感的光伏座椅既是蓝牙音箱，又可以给手机无线充电……这种科幻片中的场景，实实在在发生在滨海新区。

2019 年 1 月，习近平总书记在滨海新区考察期间，国家电网职工张黎明向总书记做了汇报演示。去年，张黎明和他的团队又研发出移动共享充电桩项目："我们的初衷就想让同事干活儿更安全、更省劲，让百姓用电更方便、更安心。"

着力减污、扩绿，发展成色更加亮眼。

推进"871"重大生态工程建设，完成北大港湿地生态补水9900万立方米，实施"双城"间绿色生态屏障造林300亩、提升改造201亩……工信部近日公布2022年度绿色制造名单，来自滨海新区的13家企业上榜。去年，天津排放权交易所碳排放成交量611万吨，位列全国第三。

传递高质量发展温度——
"幼儿园学位充足，出门就是大花园。作为新滨城人，特别幸福"

绿树绕新居，人在花中行。家住中新天津生态城，正在散步的市民赵立元竖起大拇指："这里是产业新城，也是宜居家园！"

作为国家全域旅游示范区，生态城拥有国家海洋博物馆、航母主题公园。河、湖、湾、海交相辉映，蓝绿空间占比超过50%，观海听涛、游湖赏绿，年游客接待量接近1000万人次。

去年底，一汽丰田第1000万辆汽车在滨海新区下线，在国内丰田合资企业中率先晋级千万阵营。创造这一纪录的，是坐落于中新天津生态城的一汽丰田新能源工厂。

"下一步，我们将加快推动中国电子智慧科技产业园、产融智能科技产业园等产业载体建设，强化产业服务设施配套，推进关键零部件配套企业落地和本地配套企业壮大，构建汽车全产业链生态圈。"生态城相关负责人告诉记者。

依托高质量发展的产业优势，朝着宜居宜业宜游宜乐的"四宜"城市不断迈进。高速聚集的港产城融合发展动能，惠及万户千家，成为民生福祉。

"刚来滨海新区时就想着挣了钱回老家买房，孝敬父母。现在呢，父母都跟着我来新区安居。"来自河北邢台的王攀，在滨海新区汽车制造配套行业工作，"幼儿园学位充足，出门就是大花园。作为新滨城人，特别幸福！"

昔日 1/3 盐碱荒地、1/3 废弃盐田、1/3 污染水面的不毛之地破茧重生。去年，中新天津生态城常住居民突破 12 万人。

家住南开区的郭佳在滨海新区工作，往返于市区和新区间，每天三个多小时行在路上。随着高铁滨海站投入使用，从天津站到滨海新区，通勤只要 30 多分钟。

除了"班车化"的京津城际高铁，滨海新区还拥有滨海西站、滨海北站和塘沽火车站。城市建设提速，绕城高速全线通车，轨道交通加快建设，"津城""滨城"沟通协作更加密切。

前不久，一块长 19.2 米，高 10.88 米，单面面积约 209 平方米的巨大 LED 屏幕，亮相于家堡滨河公园。不少市民慕名而来，在这个天津市首块 8K 超高清大屏前沉浸式欣赏节目。有产业、有生活、有人气的朝阳之城，在"滨城"核心区于响片区全新开启。

未来，约 6.1 平方公里的于响片区将打造"滨城"城市客厅、现代金融中心、新经济总部基地，力争到 2025 年，就业人口达到 10 万人以上。

"坚持港产城融合、组团发展、职住平衡、城乡一体，滨海新区将继续聚焦高质量发展，在全面建设天津社会主义现代化大都市中展现更大作为。"滨海新区区委书记连茂君表示。

风好正是扬帆时，奋楫逐浪天地宽。

更加紧密地团结在以习近平同志为核心的党中央周围，贯彻落实好党的二十大重大决策部署，全面贯彻新发展理念，加快构建新发展格局，天津滨海新区正踔厉奋发，勇毅前行，以实际行动谱写高质量发展新篇章。

中新天津生态城东堤公园。　　滨海新区供图

（本报记者 杜海涛 武少民 靳博 罗珊珊

《人民日报》2023 年 4 月 18 日第 7 版）

》》记者手记

滨海新区未来更可期

港口吞吐量创下新纪录！信创产业发展取得新突破！融资租赁政策又有新利好！政务服务便利化推出新举措……

探访滨海新区，听得最多的就是"新"——新改革、新技术、新产业、新市民。"新"，是滨海新区的底色和使命。

2013 年 5 月和 2019 年 1 月，习近平总书记两次考察滨海新区。

习近平总书记指出，"自主创新是推动高质量发展、动能转换的迫切要求和重要支撑""天津要充分利用滨海新区平台，先行先试重大改革措施，努力为全国改革发展积累经验。"

滨海新区始终牢记习近平总书记的殷殷嘱托，勇于担当，奋发有为，不断探"新"，努力书写新时代高质量发展的"滨城答卷"。

滨海探"新"，是发展动能转换上的再创新。先进计算与关键软件海河实验室加快建设，脑机交互与人机共融海河实验室获批，卫星柔性智造中心建成投用，"算天、算地、算人"的"天河"超算有了越来越多小伙伴……目前，滨海新区"CPU—操作系统—数据库—服务器—整机终端—超级计算—信息安全服务"产业链关键环节布局完整，76个市级以上研发平台，超千亿元的产值规模，让滨海新区信创产业实现质与量的"双丰收"。

滨海探"新"，是全面深化改革开放中的再创新。在全国率先实现"一枚印章管审批"，"拿地即开工""交地即交证""各类税种综合申报"……滨海新区280余项改革举措"掷地有声"。"把方便留给企业和群众，把责任留给自己"，各类经营主体获得感满满。

滨海探"新"，也是保障和改善民生中的再创新。建立京津冀自贸试验区政务服务通办联动机制，深化"跨省通办"，推出4批179项"同事同标"事项，加快建设"零碳小镇""零碳园区"等示范项目……如今，这里天更蓝，水更清，地更绿，百姓脸上乐、心里美、日子甜。

"全面提升产业能级、创新能级、开放能级，更好发挥先行先试作用"……开局之年看滨海新区，高质量发展的宏图正在铺展。

全面贯彻落实党的二十大精神，滨海新区干部群众满怀信心对照"任务书"、排出"时间表"、绘就"施工图"，继续以"时不我待、只争朝夕"的干劲开拓进取、砥砺奋进、勇攀高峰。

不断探"新"的滨海新区，未来更加可期。

（靳博 《人民日报》2023年4月18日第7版）

3

制造业名城展新颜

株洲城市景观。　　　　　谢慧　摄

一片清水塘，映照湖南株洲发展理念之变。

"曾经上班白口罩、下班黑口罩，拿彩色相机只能拍出'黑白'照片。"退休工人张湘东拍了30多年城市风貌，对早年的清水塘记忆深刻。

10年间，搬迁、腾退、治理，当地261家污染企业全部关停。退出落后产能，一年减少300亿元产值，但株洲下定决心，走高质量发展之路。

如今，这里水清岸绿、生机勃勃，一个百亿元产值的产业新城"拔节生长"。

2020年9月16日至18日，习近平总书记在湖南考察时明确指出，

"在推动高质量发展上闯出新路子，在构建新发展格局中展现新作为"。

牢记嘱托，这座制造业重镇再出发，新发展理念落地生根，转型升级结出硕果——

经济总量排在湖南第五，人均 GDP 居全省第二；

全国城市创新能力百强榜排名第三十二位；

全国每 10 台中小航空发动机，有 9 台是"株洲造"；

…………

坚持把发展经济的着力点放在实体经济上。靠制造业起家的株洲，立志靠先进制造业走向未来。行走在湘江边的制造业名城，感受到的，是心无旁骛干实业的专注、咬定创新不放松的坚韧、做强做优制造业的决心。

——活力株洲，制造业名城有朝气。

轨道交通装备，是株洲制造通行世界的"金名片"。

在中车株洲电机公司，机械手臂摆动挥舞。城轨标动牵引电机智能组装线，实现 100 多个型号电机的柔性自动生产，相比传统方式，作业效率提升 2.25 倍。

今年初，"株洲造"地铁列车在土耳其伊斯坦布尔新机场线开通运营。

从老工业基地迈向先进制造业高地，活力着实蓬勃。

这份活力，来自供应链的十足底气。"在株洲，仅需一盏茶的工夫，就能在方圆 5 公里内集齐一台机车的上万个零部件。"中车株洲电机城轨事业部总成车间技术主管陈宇杰说。同样，在株洲经开区北斗大厦，聚集了 23 家卫星制造、应用等领域企业，可能喝一杯咖啡的时间，就能谈成一个好项目。

这份活力，来自产业链的强大优势。"我们做轨道交通时，第一家轨道交通客户就在株洲；做风电材料，第一家风电整机厂客户也在株洲；做航空材料，第一家航空客户还是在株洲。"株洲时代新材料科技股份有限公司技术专家杨军深有体会。

从拼数量到拼质量，从谋速度到谋效益，"株洲制造"正加速向高端化、智能化、绿色化发展迈进，高质量发展动力澎湃。目前，株洲拥有国家级专精特新"小巨人"企业58家，其中国家重点"小巨人"企业25家。

——创新株洲，制造业名城有灵气。

"这就是硬质合金微钻，能在指甲盖大小的精细印刷电路板上精准打出2500个钻孔。"在株洲硬质合金集团有限公司，总经理毛善文拿起一根"细针"，直径仅为头发丝的1/8。

长期以来，这根小针只能依赖进口。株硬集团潜心钻研20多年，终于打破国外垄断。

"转了一圈，最终我选择了株洲，这是一场'双向奔赴'。"株硬集团研发中心主任曾瑞霖，带领团队相继攻克两项关键技术，用创新为这座城市代言。

完整、准确、全面贯彻新发展理念，株洲坚持把创新作为引领发展的第一动力。依托完备的制造业基础和一批科研院所，株洲大力推动产学研深度合作，构建起以2家全国重点实验室、61家国家级创新平台、378家省级创新平台为主的多层次创新体系，支持企业创新攻关、"揭榜挂帅"，把科技力量更好转化为产业优势。

涡桨涡轴发动机等80多项关键技术取得突破，120多项关键产品和零部件实现国产替代……近年来，株洲科技创新对经济增长的贡献率达到65%，全社会研发投入占GDP比重连续4年居湖南第一，每万人发明专利拥有量超过27件，更多"硬核"成果填补了国内外技术空白。

——幸福株洲，制造业名城有福气。

"作为制造业企业，落户株洲很幸福。"今年3月中旬的那场早餐会，三一集团董事代晴华至今难忘，"我向市领导提出投建项目的消防手续问题，第二天住建局就带队来现场办公。"

"说实情、讲真话、办成事。"一场早餐会，让许多企业读懂了株洲的发展密码。一年多来，20场早餐会，上百家企业的难题——破解。

优化营商环境，创造幸福生活，株洲坚持向深化改革要动力。"企业开办一站通"专窗，"企业办事不求人"机制……目前，株洲已推动300多个行政事项实现一次办、线上办，办理时间比2019年平均缩减80%以上。

"感到幸福的不只是企业，员工、居民同样很幸福。"代晴华说，今天的株洲，环境优美、交通便利、宜居宜业，对年轻人特别是高技能人才具有很强的吸引力。

幸福生活，跃动在张湘东的相机里。湘江之畔蓝天白云、搬迁居民住进新房、智轨列车四通八达、绿色工厂生产繁忙……一张张翻看，张湘东露出笑颜："制造业名城展新颜，幸福株洲入画来。"

（本报记者 余建斌 吴齐强 邱超奕 《人民日报》2023年4月26日第1版
本报记者吴秋余、颜珂参与采写）

增强创新动力 壮大优势产业

——湖南株洲高质量发展纪实

一湾穿城而过的湘江水，流淌新中国的工业记忆——

60多年前，我国第一台干线电力机车在这里下线、第一台航空发动机在这里试制成功；如今，这里崛起了先进轨道交通装备、航空动力等两大国家级产业集群……

这里是湖南株洲，长株潭都市圈重要一极。1953 年，株洲被列为全国首批重点建设的 8 个工业城市之一。

2020 年 9 月，习近平总书记在湖南考察时强调，着力打造国家重要先进制造业、具有核心竞争力的科技创新、内陆地区改革开放的高地，在推动高质量发展上闯出新路子，在构建新发展格局中展现新作为，在推动中部地区崛起和长江经济带发展中彰显新担当，奋力谱写新时代坚持和发展中国特色社会主义的湖南新篇章。

新时代新征程，因工业而兴的株洲，靠什么闯出高质量发展新路子？

记者日前走进株洲，感受这座老工业城市的新律动。

聚焦——

一心一意发展先进制造业

党的二十大报告提出，坚持把发展经济的着力点放在实体经济上。

中车株洲电力机车有限公司电力机车总成车间，充满年代感的老梁柱，撑起高大钢结构新厂房，刻录下中国轨道交通持续发展的印记。

绿色智能的"国能号"电力机车和大功率氢能源动力调车机车，即将在这里出厂。

"我们紧紧盯住全球电力机车的技术前沿！"复兴号动车组"绿巨人"，"神 24"电力机车……中车株洲电力机车有限公司副总工程师、产品研发中心总监王位，详细介绍着该公司的拳头产品。

株洲靠制造业起家。聚集轨道交通装备研制基地、硬质合金生产基地、中小航空发动机研制基地……株洲人自豪且自信地说，今后要继续靠先进制造业当家。

2022 年德国柏林国际轨道交通技术展览会，中国中车时速 600 公里的高速磁浮技术引来广泛关注。其中的关键部件长定子直线电机，来自株洲轨道交通产业另一家龙头企业——中车株洲电机有限公司。

"参与多项高速磁浮前沿研究，我们掌握了关键研发设计和制造工艺。"中车株洲电机有限公司直线驱动技术研发部部长何云风说。

大有大的担当，专有专的志气。

走进株洲硬质合金集团有限公司型材分公司，一款比头发丝还细的钻针，引人注意。用这款钻针制成的微型钻头，能够在 1 平方厘米的精细印刷电路板上留下 2500 个大小一致的钻孔，且钻头不断不弯。

"前后摸索研发了 20 多年，为的就是关键核心技术不被'卡脖子'。"总经理毛善文说，"硬质合金市场规模不大，但事关工业基础，我们不拼数量拼质量。"

龙头企业"顶天立地"，专精特新"自立自强"，先进制造业集群发展。

如今的株洲，可以集齐一台机车的上万个零部件。

"先进轨道交通装备零部件，如果全球采购，周期按月计算，在国内各地采购则按周计算，在株洲配套供应，最快可按小时计算。"中车株洲电力机车有限公司供应链管理中心副总监齐然说。

去年工信部公布的 45 个国家先进制造业集群，株洲拥有两个。去年，株洲规模以上工业增加值增长 8.3%，但株洲市委书记曹慧泉格外看中的数据是：制造业占 GDP 比重达 33.9%。

"株洲靠制造业起家，也要靠先进制造业走向未来。"曹慧泉说。

图①：湖南山河科技股份有限公司株洲生产基地的轻型运动飞机。

湖南山河科技股份有限公司供图

图②：株洲城市风光。 谢慧 摄

图③：中车株洲电力机车有限公司与国家能源集团自主研发、联合研制生产的电力机车"神24"。图④：中车株洲电力机车有限公司的城轨标动牵引电机智能组装线。 图③图④均为湖南株洲市委宣传部供图

裂变——

培育高质量发展新动能

轻如泡沫，硬比钢铁，随手拿起一块仔细端详，才知这是高铁车厢不可缺少的芳纶蜂窝材料。

在株洲时代新材料科技股份有限公司的展品大厅，一个个看似不起眼的物件，却是制造高铁车厢的重要材料。

谁能想象，这家去年销售额超过 150 亿元的上市公司，前身只是中车株洲电力机车研究所有限公司的橡胶实验室——一个只有 8 人的创新小团队。

"我们从'两条轨道'起家，走上了高质量发展之路。"公司技术专家杨军说，如今的时代新材已横跨轨道交通、汽车、风电等多个领域。蓬勃兴起的风电和新能源汽车市场，是公司孜孜打造的新动能。

依托优势领域主导产业和龙头企业培育新主体、新项目，开辟产业新领域新赛道，当地称之为"裂变"。调研中，听到不少跟裂变有关的故事。

裂变瞄准强链。挖掘核心优势产业增长潜力和细分市场空间，向产业上下游要增量——

研制大功率 IGBT（绝缘栅双极型晶体管），曾是我国轨道交通领域的"卡脖子"难题。中车株洲所多年攻坚，由此孵化出中车时代半导体有限公司。如今的 IGBT 已走向新能源汽车等多个领域。"近两年销售额中，汽车第一，电力第二，轨道交通反而排在了第三。"中车时代半导体有限公司相关负责人张龙燕说。

裂变也是转型。跨行业、跨领域催生新产品新技术新业态，拓展产业发展新空间——

单层片式瓷介电容器，芝麻般大小，却是 5G 通信的"必需品"。靠着这款"论克卖"的高端产品，株洲宏达电子恒芯公司 5 年内营业额增长 17 倍。

恒芯公司只是宏达电子培育的 17 家电子信息中小企业之一。"10 年前，我们只做钽电容器，如今已开拓出陶瓷电容器、微电路模板、半导体分立器件等多条赛道。"宏达电子副总经理钟少卿说，"创新裂变让我们从'单腿跳'变成了'多路跑'！"

株洲市市长陈恢清认为："优势产业、领军企业在创新领域和技术跃迁中不断裂变，是株洲产业能够保持旺盛生命力的原因所在。"

2022 年，株洲新增国家级专精特新"小巨人"企业 21 家，总数达 58 家；新增国家重点"小巨人"企业 9 家，总数达 25 家。

创新——
产业链创新链深度融合

环顾株洲城，几处产业聚集地，颇具意味。

株洲城北石峰区，中车株机和中车株洲所"双星"闪耀，带动起世界领先的轨道交通制造业高地；城东南芦淞区，中国航发湖南动力机械研究所和中国航发南方工业有限公司相邻而设，构筑起国家级中小航空发动机先进制造业集群……

生产加科研，一厂配一所。"厂所结合"这个株洲的创新密码，而今迈向"升级版"。

走进位于株洲市芦淞区的湖南山河科技股份有限公司生产基地，一型多用途中轻型运输机正抓紧试制。山河科技参与整机设计和制造，动力系统则由中国航发南方公司和中国航发湖南动力机械研究所提供，两地相距不过 6 公里。

从外地搬到株洲，山河科技看中的，就是这里成熟的航空产业厂所资源和完善的航空基础设施配套。"飞机制造离不开动力，发动机研制也需要实验平台，我们期待协同创新下的更多'化学反应'。"山河科技总经理邓宇说。

"升级版"其实也是"融合版"：当年企业"出题"，院所"作答"；如今产业链创新链深度融合，双向赋能。

湖南省首届先进制造业科技创新大赛前不久落下帷幕，株洲硬质合金集团申报的一款硬质合金关键技术及产业化成果，获"十大科技创新技术"奖项。

技术先行突破，应用随之破题：多个牌号硬质合金轧辊用上新技术，实现了汽车行业以及高强度螺纹钢轧制领域的新突破。

"科技成果转化，我们的秘诀就是给每一位科研人员装上市场应用的'发动机'。"株硬集团总经理毛善文告诉记者，通过将产品研发和市场应用挂钩，集团核心研发人员拥有新产品5年内的分红收益权，"如今集团每年的销售额里，新产品贡献率都在30%以上。"

钢索吊起的物件快速移动，停止时却纹丝不动，完全不受柔性细长钢索摇摆的影响，定位精度还能精确到毫米。在株洲天桥起重机股份有限公司研发基地，公司自主研发的闭环防摇精准定位系统，今年5月就要全面市场化。"精准全靠算法。"公司总经理、总工程师郑正国说，"这是我们又一项突破关键核心技术难题的创新成果。"

行走株洲，这份"硬气"处处可见。

紧盯核心技术、核心材料、核心器件的自主可控，编制产业共性技术、核心零部件、关键系统、工控软件等攻关清单，株洲近年来先后突破"卡脖子"技术80多项，聚酰亚胺复合材料、特种高纯功能靶材等120多项关键产品和零部件实现国产替代……"硬核"成绩单背后，是株洲全社会研发投入比持续保持3%以上、连续4年领跑湖南的笃定，是万人发明专利拥有量超过湖南全省平均水平2倍的底气。一句话，靠自信自立、自主创新。

升级——
培育制造业名城，建设幸福株洲

株洲调研，两处"中心"，引人思考。

国家先进轨道交通装备创新中心，整合轨道交通装备领域研发力量，专盯行业关键共性技术难题；

湖南新能源机动车检测中心，配备一流新能源机动车检测设备及专家团队，补齐的是整车及关键零部件产品认证检测的必需环节。

　　两处"中心"，功能各异，目标一致：优化产业生态，为高质量发展添"底气"。

　　"两年多研发，4000万元投入，没想到被一个小技术卡住了。"株洲中车天力锻业有限公司总经理郑业方感慨：公司近年来进军工程机械等新市场，却因激光技术卡了壳。后来，国创中心整合激光技术人才展开攻关，不到3个月就解了难题。

　　"以前做电机控制器的主动短路测试得去外省，设备、人员来回费时费力。"在湖南新能源机动车检测中心动力系统实验室，遇见正在做测试的湖南中车商用车动力科技有限公司电控软件工程师沈凡享，"如今家门口就有这样的公共平台，一个设备的开发周期甚至能缩短一半！"

　　从"一抹绿"到"一片林"再到一个生态空间，背后是发展思路的迭代升级。

　　布局北斗产业，株洲起步之初便注重生态构建：株洲经开区北斗大厦的一栋楼内，聚集卫星制造、运营、应用等领域的企业20余家，商业航天与北斗产业生态链实现全覆盖。"楼上楼下，从卫星总体设计到总装集成，从遥感数据获取到环境测试，一杯咖啡的时间就可能敲定一个项目。"株洲北斗产业园推进工作办公室副主任胡苏湘说。

　　好生态兴业也聚才。从国外攻读完博士学位之后入职株硬集团，曾瑞霖牵头研发的硬质合金微钻技术，如今已跻身世界一流。

　　营商环境也是生态。从洽谈即服务、签约即供地、拿地即开工等"六即"服务，到"企业办事不求人"新机制，再到"一件事一次办"，株洲正在亮出"创业株洲、万事无忧"的营商环境新名片。

　　一次政企之间的早餐会，株洲联诚集团控股股份有限公司董事长肖勇民记忆犹新。"请客"的是株洲市委市政府领导，受邀的是株洲重点民营企业负责人。从行政审批到企业自身改制的制度性障碍，肖勇民一口气提了6个问题，听到的则是"要以心甘情愿、心急如焚的姿态"推进办理的郑重承诺。"不到 1 个月，问题全部解决了。"肖勇民说。

牢记习近平总书记在湖南考察时的殷殷嘱托，全面贯彻落实习近平新时代中国特色社会主义思想和党的二十大精神，把服务"国之大者"与发挥株洲优势紧密结合，踏上新征程的株洲人，将在全力培育制造业名城中建设幸福之城。

（本报记者 颜珂 吴秋余 孙超 邱超奕

《人民日报》2023 年 4 月 26 日第 6 版）

>> 记者手记

因坚守而常新

从第一台干线电力机车到第一台航空发动机，新中国工业史有着浓墨重彩的株洲制造印记。

建功新时代，奋进新征程。株洲制造不断交出优异的成绩单。

作为我国"一五"期间就开始重点建设的老工业城市，株洲何以常新？

在中车株洲电力机车研究所有限公司，我们因企业始终保持"危机感"而受到触动。这家从科研院所改制的高科技型装备制造企业，从轨道交通领域起家，横向"跨界"交通和能源两大领域，培育出新材料、新能源装备、电力电子器件等八大产业板块，去年销售收入近 450 亿元。公司党委书记、董事长李东林始终紧盯行业"风口"，"永远要善于倾听市场需求，不断用创新推动高质量发展。"

在湖南山河科技股份有限公司，我们被企业的"使命感"感染。专注通用航空产品研制、销售、服务20多年，企业最近两年才开始有利润。"我们坚定看好通用航空器的前景，明白市场培育还有一段长路要走，其关键在于战略定力。"湖南山河科技股份有限公司总经理邓宇说。

变与不变的选择里，蕴含着高质量发展的辩证法。

坚守实体经济，是传承，也是使命。坚持把发展经济的着力点放在实体经济上，大力发展先进制造业，因工业起家的株洲，高质量发展更要靠先进制造业当家。

创新第一动力，是路径，也是担当。立足科技创新，以市场需求牵引供给，不断开辟发展新领域新赛道、塑造发展新动能新优势，是株洲产业保持旺盛生命力的秘诀。

在服务国家战略中不断提升自身优势。如今的株洲，正着力构建"3+3+2"现代产业体系，力争形成世界级、国家级、区域级产业集群梯度发展格局。

我们期待，新征程上，这座老工业城市再立新功，展现更为亮眼的中国制造光彩。

（颜珂　《人民日报》2023年4月26日第6版）

4

挑起蔬菜全产业链"金扁担"

强国必先强农。习近平总书记强调："建设农业强国，基本要求是实现农业现代化。"

行走在山东寿光，进大棚、问菜农、访市场，感受到农业现代化的蓬勃脉动。

凌晨3点，孙家集街道范于村菜农李金涛戴起头灯，钻进大棚。棚里，智慧温控机、智能喷灌机等装备一应俱全，一畦畦苦瓜青绿新鲜。李金涛采摘动作麻利，苦瓜纷纷入筐，"这个时间，鲜度最好，能赶上批发市场的早班车。"

凌晨4点，新天地果蔬专业合作社批发市场里车来车往。蔬菜经销商王敏利打开手机，核对产地、生产信息，打包、装车，一车车红红的甜椒即将发往广州，"品牌菜不愁卖，一天能走150多吨。"

这里是"中国蔬菜之乡"，平均每分钟1.7万多公斤蔬菜销往各地。这个"菜篮子"，不仅"买全国、卖全国"，更发展成近千亿元级的蔬菜产业集群。

2013年11月28日，习近平总书记在山东考察工作时指出："我国国情决定了发展现代农业必须走中国特色农业现代化道路。这是一件根本性的大事。"

牢记嘱托，这个曾经让冬暖式蔬菜大棚走向全国的地方，向着农业现代化目标勇毅前行。立足实际、再造优势，寿光挑起蔬菜全产业链"金扁担"，探索既有农业现代化共同特征，又基于中国特色的道路。

农业现代化，种子是基础。一粒粒国产种子扎根，供给保障能力提升。

走进田柳镇后疃村菜农王爱民的大棚，红彤彤的番茄挂满秧藤，尝一口，沙甜多汁。"种子是蔬菜生产的关键。"王爱民深有体会，"10多年前，市面上大都是'洋种子'，价格贵不说，还常被人'拿一手'。现在的'宝禄364'是寿光品种，产量稳，种得踏实。"

三木种苗有限公司董事长刘树森说："为了攻克种子难题，我们常年扎在试验田里，年复一年，成功育出'宝禄'系列品种，农民每亩种苗成本从1000元降到240元。"

一粒良种背后，是现代化的种业体系。攻坚、突围，寿光搭建重量级创新平台，建成山东省最大的蔬菜种质资源库，院士、专家、企业、农户握指成拳，产学研结合、育繁推一体，拥有自主知识产权的蔬菜品种达178个，国产蔬菜种子在寿光市场的占有率从54%提高到70%以上。

攥牢中国种子，寿光蔬菜种植面积稳定在60万亩，年产量450万吨。

农业现代化，科技是动力。一座座大棚的迭代，彰显科技装备能力。

"大棚装'大脑'，种地有准头，咱们有赚头。"孙家集街道三元朱村村民王聪说，"从当年的小土棚，到下挖式卷帘棚，再到现在的智能'云棚'，浇水、卷帘、放风，点点手机就能搞定。"王聪细算"节本账"：人工成本减少20%，水肥能少一半，一座棚一年挣20万元不成问题。

寿光市农业农村局局长王立新说，如今寿光蔬菜大棚已发展到第七代，物联网应用率达到80%以上，节地、节水、节肥，更多菜农从会种地变成"慧"种地。

农业现代化，关键在改革。一个个新型主体的壮大，激发现代经营体系活力。

谁来种地？怎么种地？钱从哪来？

洛城街道东斟灌村，640座大棚鳞次栉比。人均两亩多地的村庄，彩椒年产值超过1.5亿元，去年人均收入4.3万元。村党支部书记李新生一一道来：

村里成立斟都果菜专业合作社，懂技术的"土专家"、有想法的年轻人成为主力军；

党支部领办土地股份合作社，村民土地集中入股，统一流转，发展适度规模经营；

村资金互助合作社对接农商银行等金融机构，给建棚户发放最高 50 万元的信用贷款；

……………

改革解难题。在寿光，3005 家农民专业合作社、2213 个家庭农场、135 家农业龙头企业，把众多小农户"黏"在现代蔬菜产业链上，不断提升组织化、现代化水平。

农业现代化，产业是支撑。一条条拉长的链条，锻造强大产业韧性。

自动生产线转动，切片、注馅、油炸……茄子变身茄盒，寿光蔬菜产业控股集团有限公司车间里一派繁忙。公司副总经理王月娟说："瞄准新市场，发力预制菜，我们全力做好'一桌菜'。"

车间连田间。27 公里外的蔬菜基地，热火朝天。纪台镇孟家村村民孟波干得起劲："茄子应季，一天能摘 5000 多斤，有了订单，销售不愁。"

厚植原料优势，激活加工优势，寿光预制菜产业规模近 250 亿元。"延链、补链、强链，打造现代蔬菜产业体系，让更多生产基地发挥更大优势。"寿光市发展和改革局局长温海涛说。

农业现代化，标准化是标志。一套套标准体系，凸显产业竞争能力。

"过去种菜按亩管，现在要数叶子、算日子。"种了 20 多年西红柿的于家村村民高象鹏说，"咱照着标准干，西红柿含糖量提升一倍，价格也涨了。"从凭经验到靠标准，全村的菜农纷纷加入标准化园区。

全国蔬菜质量标准中心主任付乐启说："我们集成 2369 条蔬菜产业链相关标准，编制完成了 37 种蔬菜的 54 项生产技术规程。"

标准化保障"舌尖上的安全"，一张农产品质量安全监测网覆盖全市，寿光蔬菜抽检年合格率稳定在 99.6% 以上。标准化擦亮"金招牌"，

"寿光蔬菜"区域公用品牌叫响海内外。

寿光经验被多地借鉴。寿光市农业农村局蔬菜产业发展中心副主任张林林介绍，在河北雄安新区城子村，新建的高标准大棚里刚种下新品种西红柿；在重庆市开州区莲池村，25座大棚正陆续投产……一粒粒农业现代化的"种子"破土而出，越来越多的农民挑起了"金扁担"。

（本报记者 赵永平 侯琳良 王浩 《人民日报》2023年4月27日第1版）

蔬菜之乡上扬产业"微笑曲线"
——山东寿光全链条提升蔬菜产业竞争力

寿光蔬菜大棚。 王庆强 摄（人民视觉）

第二十四届中国（寿光）国际蔬菜科技博览会4月20日拉开帷幕。尝七色西红柿，看长在空中的红薯，赏比人还高的丝瓜……人们走进展馆，感受蔬菜市场的新变化。新品种、新技术再次聚集寿光。

山东寿光，中国蔬菜之乡。

行走在弥河两岸，15.7万座大棚鳞次栉比，蔚为壮观。30多年前，冬暖式蔬菜大棚从这里推向全国，改变了北方冬季难以吃到新鲜蔬菜的历史。今天，这里的蔬菜"买全国、卖全国"，从东北黑土地到南方海岛，全国各地的大棚中，不少都有"寿光元素"。

习近平总书记强调，"保障粮食和重要农产品稳定安全供给始终是建设农业强国的头等大事""设施农业大有可为"。

新征程，新使命。

寿光重新审视产业发展方向：根据经济学"微笑曲线"理论，产业链前端的研发和后端的营销，附加值高、门槛高，中间的生产环节往往处于价值链低端。靠拼资源不可持续，出路在于科技创新，做强产前、产后，抢占产业制高点。

锚定农业现代化，寿光蔬菜产业发展路径明晰：咬定创新，做强两端，提升中间，再造新优势，从"一粒良种"到"一桌好菜"，一条上扬的产业"微笑曲线"，令蔬菜产业不断增强竞争力，发展成近千亿元级产业集群。

发力前端：攥牢中国种子，强化标准引领，拎稳"菜篮子"

习近平总书记强调，"农业现代化，种子是基础，必须把民族种业搞上去"。

走进寿光市丹河设施蔬菜标准化生产示范园展厅，仿佛置身蔬菜"奇妙世界"：苹果苦瓜、水果彩椒、香蕉西葫芦，光是番茄就有红、黄、绿、白、紫等10多个颜色。"在这里，小番茄就有200多个新品种，大多是我们自主知识产权产品。攥牢中国种子，才有主动权。"寿光蔬菜种业集团董事长刘欣庆说。

长期依赖进口种子，寿光蔬菜一度遭遇"瓶颈"。"10多年前，进口种子占了约七成市场份额。像番茄进口种子，平均每亩成本要800—1000元，是国内种子的3到5倍。"刘欣庆坦言。

突出重围！"打赢种业翻身仗，我们从来没有动摇过。"寿光市委书记赵绪春说。寿光打响"种子工程攻坚行动"，以建设潍坊国家农综区寿光蔬菜种业创新示范区为契机，12 家种业"国字号"研发平台落户，15 家本土育种企业日益壮大，打造全省最大的蔬菜种质资源保护中心。产学研拧成一股绳，立志攻克"卡脖子"难题。

一批批专家聚集寿光。"这里是蔬菜产业的风向标，寿光农民的需求，是我们种业科研的方向之一。"中国农科院蔬菜花卉所黄瓜课题组副研究员苗晗 2019 年来到寿光，目前课题组已有 9 个黄瓜新品种申请了品种权及品种登记。

实验室在田间，科研紧连市场。"每年我都拿出两垄地，试种五六个新品种，哪个好，来年就种哪个。"古城街道西范村菜农范庆军说，"像今年我选的小番茄品种，坐果实、卖相好，糖度能到 13，而且价格比进口的便宜一半。"

创新要素不断积聚。十年攻坚，寿光自主研发的蔬菜品种达 178 个，国产种子市场占有率提升到 70% 以上，越来越多的寿光蔬菜"装"上了优质"中国芯"。到 2025 年，寿光自主研发蔬菜品种将达 200 个以上、突破性品种达 10 个以上。

良种还需配良法。

什么技术适用？有哪些操作规范？在市场上摸爬滚打的寿光人意识到："谁制定标准，谁就拥有话语权。"

今年 3 月，《农产品产地冷链物流服务规范》国家标准发布，参与这项标准制定的，就有坐落在寿光的全国蔬菜质量标准中心。

"中心成立 5 年来，集成 2369 条蔬菜产业链相关标准，形成十四大类、182 个品类的蔬菜标准数据库，编制完成了 37 种蔬菜的 54 项生产技术规程，6 项全产业链行业标准获农业农村部发布实施，填补了国内空白，一个个寿光标准上升为国家标准。"全国蔬菜质量标准中心主任付乐启介绍。

走进稻田镇崔岭西村众旺果蔬专业合作社，展厅墙上 8 个大字格外醒目："品质蔬菜 一路向北"。

"有了标准，就有了质量保证。"合作社理事长崔玉禄介绍，在全国蔬菜质量标准中心指导下，他们制定了番茄生产技术规程。"按照标准种的'崔西一品'西红柿，销路好，价钱也好。"崔玉禄话语中透着自豪。

"种菜标准化，农民得实惠。"村民崔江元掏出手机，打开智慧农业 APP，给记者演示："提前设定施肥量、给水量、温度等数据，物联网可以全方位监测，遇到问题会自动报警。以前靠经验种菜，现在照着标准干，种出来的菜卖得更俏。"

在寿光，已有 80% 以上的农户开展标准化蔬菜生产。

"以前我们输出产品和技术，现在更看重输出标准和体系。"寿光市副市长鞠洪刚介绍，遍布全国的 8000 多名寿光技术人员，已向 26 个省份提供了大棚蔬菜集成解决方案。

攥牢中国种子，强化标准引领，寿光蔬菜锚定目标、行稳致远。

提升中间：培育经营主体，提升组织化水平，种好"菜棚子"

良种、良法如何落户田间，背后连着"谁来种地、怎么种地"这道必答题。

习近平总书记强调："立足小农数量众多的基本农情，以家庭经营为基础，坚持统分结合，广泛开展面向小农的社会化服务，积极培育新型农业经营主体，形成中国特色的农业适度规模经营。"

古城街道前疃村，1400 多口人，2000 多亩地，典型的人多地少。"我们村是寿光最早种植番茄的村子之一，种了 20 多年，老大棚、老办法，番茄产量上不去。曾经最让大伙儿揪心的是地头价，商贩说啥价就是啥价。"村党支部书记殷凤海坦言。

村民们意识到，种大棚必须换个种法。

种什么、谁来种？村里"土专家"不少，"棚二代"跃跃欲试，村里因势利导，改变一家一户单打独斗的局面，成立旺民蔬菜专业合作社联社，村社互动、协同发展。

带动老棚升级。2016 年，合作社流转土地，规划 100 亩的农业园区，建起 10 座 150 米长的高标准大棚，新大棚年均收入超 20 万元，村民掀起大棚换代潮。

合作社带着农民干，帮着农民赚。合作社实行统一生产、质量检测、市场对接，与商超建立长期合作，日销量超过 1.5 万斤。"有资金支持，又不愁销路，我辞掉超市工作，借了 20 多万元，干起大棚。如今每座大棚两季能收 25 万元。"村民杨晓丽说。

如今，70 后、80 后、90 后成了种大棚的主力军。殷凤海说："'棚二代'有知识有思路，'棚一代'有经验懂技术，两者互补，让蔬菜产业不断发展壮大。"去年，全村蔬菜交易额达 1 亿元，带动村集体增收 30 多万元。

寿光古城街道大棚西红柿喜获丰收。 付冰川 摄（人民视觉）

家庭农场是另一种模式。

走进孙家集街道瑞航家庭农场，运输车一辆接着一辆，通过冷链物流，这里的鲜菜将直销上海、辽宁等地大型商超。

"一个大棚年收入超 40 万元。"农场负责人郑景渠算起账，农场还建起了苦瓜片、苦瓜茶深加工生产线，打通产加销，去年利润 460 余万元。

别看瑞航只是个家庭农场，高科技元素却随处可见。11 个高标准智能化温室大棚里，智能数控设备一应俱全。在农场工作的员工王国伟说："生产效率和蔬菜品质都大幅提高，管理起来也省劲。"

"瑞航家庭农场探索了'互联网管理 + 家庭农场 + 高素质农民'的组织模式，带动 200 多位农户种植茄子、苦瓜。"孙家集街道党工委书记李晓东说。

着力机制创新，提升组织化、科技化水平，寿光蔬菜产业的现代经营体系初步成形。

——壮大产业龙头，塑造先进技术"领跑者"。

在寿光市现代农业高新技术试验示范基地，占地 120 亩的"寿光型智能玻璃温室"引人注目。"这儿的信息化、智能化水平在国际上都领先。"寿光市农业农村局高级农艺师李光聚如数家珍：温室使用了 120 多项专利技术，配置了精准水肥、潮汐灌溉、智慧气象等先进装备，20 多台作业机器人各司其职，全程智慧生产管理，能耗降低 50% 以上，大大提升了生产效率。

示范带动，打通农技推广"最后一公里"，一项项新技术新装备走出展示区、试验田，走进农户大棚，让种菜更高效。

临近中午，前疃村农民殷玉龙来到棚内，按下水肥一体机按钮，1 个小时就浇完了 1 个大棚，"不仅省力，还可以节水节肥 40% 左右，一年一个棚可以省出两三千块钱。以前同样浇个大棚，我们夫妻俩需要干 3 个钟头。"

——提升新型经营主体，壮大标准化"生产者"。

"全市蔬菜大棚智能化装备普及率、物联网应用率、标准化生产推广率都超过了 80%，以往一个家庭两口人只能种植 2 个 70 米长的大棚，现在可以管理 3 个 100 多米长的大棚，生产效率提高了不止 1 倍。"寿光市农业农村局局长王立新介绍。

目前寿光有果蔬类合作社 2149 家、果蔬类家庭农场 1047 家，他们充分运用新技术，大力发展标准化生产，带动全市 85% 以上的农户进入产业化经营体系。

——创新社会化服务体系，打造专业生产"服务队"。

"只要想干，一年到头都有活。"一大早，村民尹汉芳带着 3 名同伴在洛城街道东斟灌村孙振兴的大棚里采收彩椒，"各种大棚里的活，我们都熟练，谁家有活，一个电话我们就去干。"

在寿光，社会化服务覆盖了蔬菜全产业链。只要农民有需要，就可以享受到种苗栽种、田间管理、蔬菜采摘、农机装备、加工运输等全流程服务。

依托现代经营体系，一项项新技术赋能广袤田野，寿光农民种好"菜棚子"的底气十足。

做强后端：把好质量关，提升价值链，端好"菜盘子"

种好"菜棚子"，更要卖上好价钱。

习近平总书记指出，"强龙头、补链条、兴业态、树品牌，推动乡村产业全链条升级，增强市场竞争力和可持续发展能力。"

——守牢质量安全"生命线"，增强市场竞争力。

正是彩椒上市旺季，东斟灌村农户李永采收完毕，拉着满满一车彩椒来到村里的农产品检测站。监管员尹成友快速取样，在仪器上完成一项项检查后，打开手机上的农产品质量安全信息平台，上传结果。

在 30 公里外，寿光市农业农村局的供应链综合管理服务平台上，一条条信息不断汇集。

工作人员打开平台，点开链接，大棚种植户、农资店等信息一目了然。通过大数据分析，实现"生产有记录、信息可查询、流向可跟踪、责任可追究"的蔬菜质量全程智慧追溯。

"守护蔬菜质量安全，在寿光已经成为行动自觉。"寿光市农业农村局农产品质量安全监管科负责人陈永波说，市里组建3级监管员队伍，全域网格化管理，每个蔬菜大棚、每处交易市场、每家农资门店全部纳入监管。"我们年抽检蔬菜样品15万批次以上，合格率稳定在99.6%以上。"陈永波说。

——擦亮金字招牌，迈向产业品牌化。

"从产业化迈向品牌化，是发展的方向。"看准蔬菜产业发展机会，西北农林科技大学硕士研究生齐炳林毕业后回乡创业。

"好口感是打造品牌的着力点。"齐炳林追寻"小时候的味道"，悉心培育了番茄新品种，推向市场后供不应求。

瞄准市场端，发力供给侧，寿光大力推进蔬菜品牌建设。"寿光蔬菜"注册为地理标志集体商标，全市拥有"乐义蔬菜""七彩庄园"两个中国驰名商标，认证"三品一标"农产品390个。计划到2025年认定区域公用品牌5个以上，建立寿光蔬菜品牌联盟，进行品牌营销。

品牌效应凸显。目前，寿光蔬菜销往300多个大中城市，出口25个国家和地区。"我们的番茄注册了'古硕''吉星坡'品牌，供应大城市商超，价格提升了50%还多。"前疃村党支部书记殷凤海说。

——延链补链强链，塑造发展新优势。

抢占风口，端牢"菜盘子"。在金投御达祥加工车间内，刚从基地收割下来的芹菜，通过流水线分切，变成均匀的芹菜段，再经过冰水洗、喷淋洗、气泡清洗、臭氧灭菌4道工序后打包，由冷链物流车送到学校食堂、商超卖场。

"我们采取订单生产模式，对30多个品种的蔬菜进行净菜加工配送，提高了蔬菜附加值。"金投御达祥公司办公室主任陈云瑞说。

融合发展不断提速。"今年以来，我们推进33个预制菜项目建设，培育更多让'菜篮子'提质增效的新业态。"寿光市发改局局长温海涛介绍，截至目前，全市共培育预制菜全产业链经营主体 1525 家，产业规模近 250 亿元。

蔬菜产业"接二连三"，做出一桌桌好菜。"新农人"王建文大学毕业后回到家乡，和几个志同道合者组成团队，入驻鲜馥电商小院直播带货。

6 小时售出 63 万公斤"羊角蜜"甜瓜、一天卖出 10 万公斤无刺黄瓜、单月销售 38 万公斤"贝贝南瓜"……王建文和他的团队，屡创销量佳绩。去年企业带动周边村民户均增收逾 2 万元。

"近年来，电商产业保持了年均 30% 以上的增速发展，为蔬菜产业注入了强劲动能。"寿光市商务局局长张春荣介绍，今年 1—3 月，全市完成电商网络零售额 14.3 亿元，同比增长 41.8%。目前全市有 5000 多种蔬菜网上销售，销往 30 多个省份。

寿光菜博会现场一角。 付冰川 摄（人民视觉）

新征程再出发。对标农业现代化，寿光决策者很冷静：深加工链条有待拉长，高端人才仍然不足、新型经营主体发育不完善、品牌体系建设尚需提高……短板也是高质量发展的"潜力板"。寿光正在积蓄力量，补短板强弱项，推动蔬菜产业高质量发展。

弥河两岸，多姿多彩的蔬菜茂盛生长，正如寿光蔬菜整体上扬的产业"微笑曲线"，多么动人，多么充满希望！

（本报记者 顾仲阳 肖家鑫 王浩 《人民日报》2023 年 4 月 27 日第 7 版）

》》记者手记

利器在科技，关键靠改革

习近平总书记指出："建设农业强国，利器在科技，关键靠改革。"

行走寿光，对这句话的理解更为深刻。

从第一代土棚到集纳 120 多项专利的"七代棚"，寿光人靠科技实现"一招鲜"。育繁推一体，实验室连大棚，分子育种等新技术，让一个个新品种从这里走出。创新经营体系，创新城乡融合机制，"人地钱"要素集聚，"浇灌"蔬菜产业苗壮成长。一幅幅图景，拼接出"蔬菜之乡"发展新貌。科技增动力，改革添活力，双轮驱动，为做大做强"菜篮子"提供了强劲动能。

科技和改革，融入寿光蔬菜产业的发展"基因"。回顾发展历程，产业发展的矛盾和问题，正是靠科技和改革破解。家家户户都种大棚，可土地有限，就建立现代产业体系、生产体系和经营体系，不断提高资源利用率。市场竞争激烈，就抢先发力标准化，牢牢把握发展主动权。消费者要吃得好吃得安全，就深化供给侧结构性改革，加快绿色发展，确保蔬菜质量安全。以科技创新和机制创新扩总量、应变量、提增量，寿光蔬菜产业不断迈上高质量发展新台阶。

从寿光看全国，人多地少是基本国情，超大规模市场对农产品的需求不断增长，化解资源约束、环境压力等，破解"谁来种地""如何种好地"问题，我们比任何时候都更加需要农业科技和改革创新。寿光蔬菜产业的不断升级，深刻地印证了这一道理。

科技创新和机制创新，要瞄准产业所需，聚焦底盘技术、核心种源、关键农机等领域，整合优势科研资源，提升创新体系整体效能；针对农业科技创新周期长等问题，要舍得下力气、增投入。农业技术要在田野生根，把论文写在大地上。政府和市场协同发力，不断完善农业科技推广体系，鼓励各类社会化农业科技服务组织，打通科技进村入户"最后一公里"。针对大市场和小农户的关系，要重点扶持一批家庭农场、农民合作社等新型经营主体，激发经营活力。

全面推进乡村振兴的号角已吹响，久久为功、系统发力，协同推进科技创新和制度创新，开辟新赛道新领域，定能为乡村振兴注入更为强劲的动能。

（王浩 《人民日报》2023 年 4 月 27 日第 7 版）

5

这束光，在创新中持续闪亮

光谷城市风貌。　　*张希祉　摄（人民视觉）*

湖北武汉未来科技城，128 米高的"马蹄莲"形状的大楼，是光谷地标。

极目智能公司的仿真实验室里，主管研发的副总经理王述良正和同事紧盯电脑，手打方向盘，适时调整数据。"通过自主研发的视觉技术，一个摄像头，就能实现标准 L2 级智能驾驶。"王述良说，凭借这样的最新技术，企业成功打开海外市场。

"这里是汇集国际一流人才的'光谷大脑'，创新与全球同步，必须争分夺秒。"武汉未来科技城建设服务中心负责人说。

中国光谷，也即武汉东湖新技术开发区。这里诞生了中国第一根光纤、第一个光电传输系统，成为唯一以"光"命名的国家自主创新示范区。

2013 年、2018 年、2022 年，习近平总书记三赴光谷考察，指出"湖北武汉东湖新技术开发区在光电子信息产业领域独树一帜"。

光谷之"光"是什么？"独树一帜"靠什么？孜孜追光 35 年，这束光在新时代为何更耀眼？

走进光谷可以找到答案。

一束激光，变身"最快的刀、最准的尺、最亮的光"。华工科技激光工艺研究实验室，工程师王熙泽启动机器，激光束溅起火花。101 秒后，薄度 0.6 毫米、周长 3.5 米的新能源汽车电池托盘焊接完成，"这是国内首套新能源汽车电池托盘激光焊接系统，攻克了一系列技术难题。"

一根光纤，不断刷新光通信传输纪录。中国信科集团烽火通信公司，智慧光网络通信设备调测实验室里，研发人员匡立伟正在测试信号，"这个系统全球领先，一根光纤上，能支撑超千万用户同时高清视频直播。"

一条产业链，"卡脖子"堵点跃升全链条国产化。登上 30 米高的拉丝塔，全球最大尺寸的光纤预制棒悬于顶端，头发丝粗细的光纤轻盈飞泻。长飞光纤光缆股份有限公司副总裁郑昕介绍，"过去装备、工艺、原材料都在别人手里，如今关键核心技术自主可控，一根光棒，拉出 1 万公里长光纤。"

一块显示屏，不久的将来能像纸张一样"打印"出来。走进武汉国创科光电装备有限公司，总经理陈建魁率研发团队正持续攻关。新型显示喷印装备工艺将助力中国在 OLED（有机发光二极管）屏上实现弯道超车，"下一步，瞄准更大尺寸新装备。"

一束光，变幻出万千创新因子。

全国首个 400G 相干商用硅光收发芯片、全球首款 128 层三维闪存存储芯片、全国首台最大功率 10 万瓦的工业光纤激光器……518 平方公里的光谷，"创新浓度"不断提升，催生中国最大光电子信息产业基地，全球最大光纤光缆研发制造基地。"独树一帜"的这束光，正代表"国家队"积极参与全球产业话语权、主动权竞争。

创新涌动的背后，是思想的力量。

"一定要坚定不移走中国特色自主创新道路""新发展理念，创新是第一位的""科技自立自强是国家强盛之基、安全之要"……

新时代10年来，习近平总书记3次到光谷，在不同阶段、关键时刻，为科技创新指明方向。

10年前，华工科技从海外采购一台万瓦光纤激光器，忍痛掏了800多万元。

"'一个国家只是经济体量大，还不能代表强。我们是一个大国，在科技创新上要有自己的东西。'总书记的话一下子震醒我们！只有自立自强，才能突出重围。"华工科技董事长马新强当时就暗下决心，一定要实现激光装备核心部件的完全国产。

千难万难，研制出第一批万瓦国产激光设备，"退货潮"兜头浇了盆凉水。

为啥？

"市场不认可，觉得我们的设备不如国外的好。"

牢记嘱托，关键时刻，华工科技人咬紧牙关，坚持创新不动摇，10年投入30多亿元。他们最新推出的全国产化第三代三维五轴激光切割机，国内热销，海外订单也纷至沓来。

华工科技只是缩影。在光谷采访，遇到的每一家企业，都能讲出沐光、追光、聚光、发光的故事。

加快实现高水平科技自立自强，是推动高质量发展的必由之路。统筹"两个大局"，识变应变求变，科技创新既是题中之义，也是关键支撑。

思想之光照亮创新之路。

　　"无人区"跋涉，"深水区"闯关。2022 年，光谷研发经费投入强度达 9.5%，是全国平均水平的 3 倍多。

　　创新延链，产业强链。"光芯屏端网"全面发力，1.6 万家企业，总体产业规模超 5000 亿元。

　　迎难而上，化危为机。光谷经济韧性愈发强劲，地区生产总值连上台阶：2020 年首次突破 2000 亿元；2021 年增至 2400 亿元；2022 年达到 2643 亿元。

　　这束光不断聚集、裂变，锻造武汉产业结构和城市气质，成为湖北谱写高质量发展新篇章、建设全国构建新发展格局先行区的关键变量。

　　"独树一帜"的这束光，靠什么持续闪亮？

　　"今天的光谷，面临新一轮跨越式发展的重大机遇，处于创新动能加速重塑、特色产业加快聚集、新城建设加力提质的战略机遇期。"东湖高新区管委会主任张勇强说。

　　眺望前路，光谷人底气十足：坚持自立自强，把科技创新关键变量转化为高质量发展最大增量。

　　36 岁的华中科技大学教授张宇，上个月刚申请通过一个 1500 万的光电融合研发项目。走进评审现场，不少人这才发现，评委席上有专家，有企业负责人，有投资机构代表。"我们就是要推动形成产学研用高效协同、深度融合的创新体系。"湖北光谷实验室副主任唐江说。

　　原始创新、体制创新、金融创新、协同创新……牵住创新"牛鼻子"，加速追光的"中国光谷"，阔步迈向"世界光谷"。

　　来到光谷，必须看看这束光的起点。

　　南望山下，东湖之滨，武汉邮科院故地风景依旧，赵梓森院士拉出第一根光纤的简易实验室，却遍寻不到。

　　兜兜转转，一扭头，瞥见惊喜——"国家信息光电子创新中心"坐落于此，大厅里醒目陈列的，是全球单片速率最高的 1.6Tbit/s 硅光互连芯片。总经理肖希分享新进展："4 月 26 日，我们刚刚发布国际最高速的硅基相干光收发芯片，单片净速率 1.4Tbit/s，可解决高端光电子芯片'卡脖子'问题。"

创新热土，光的传奇一刻不停。

（本报记者 胡果 禹伟良 冯华 《人民日报》2023 年 4 月 28 日第 1 版
本报记者喻思南、范昊天参与采写）

以科技的主动赢得发展的主动

——中国光谷高质量发展纪实

光谷地标建筑——"马蹄莲"大楼。 武汉东湖高新区供图

有"中国光谷"之称的湖北武汉东湖新技术开发区是个传奇。

1988 年创建，凭借一束光，在新时代成长为中国最大的光电子信息产业基地、全球最大的光纤光缆研发制造基地，光谷做对了什么？

全球最大尺寸光纤预制棒、全国首台最大功率 10 万瓦的工业光纤激光器、全国首个 400G 相干商用硅光收发芯片……"第一""首个"持续涌现，光谷动力何来？

从 35 年前不到 24 平方公里的武汉"乡里"，到如今 518 平方公里的国家自主创新示范区，再到"世界一流高科技园区"，光谷如何落子？

从一束光到一座城，每天 300 多名大学毕业生投身光谷，每年千余家科技企业新认定为高新技术企业……培育创新创业热土，光谷有啥秘诀？

党的十八大以来，习近平总书记三次考察光谷，强调"科技自立自强是国家强盛之基、安全之要。我们必须完整、准确、全面贯彻新发展理念，深入实施创新驱动发展战略，把科技的命脉牢牢掌握在自己手中，在科技自立自强上取得更大进展"。

自立自强，创新创造，宜居宜业。

科学之城，追光之城，向往之城。

开局之年访光谷，一个个问号接连打开，新时代高质量发展的光谷画卷，尽呈眼前。

突破卡点
光电子信息产业"独树一帜"，密码在掌握关键核心技术

在以激光加工见长的德国，上网搜索激光切割，华工科技多个产品排在首页。采访华工科技，这样的"想不到"还有很多。

华工科技的工程师在调试激光切割机。 武汉东湖高新区供图

光谷未来科技城，董事长马新强神采飞扬地介绍起公司新晋"明星"——新能源汽车电池托盘激光焊接系统。"大家伙"占地100平方米，足足有两层楼高。

抢滩电池托盘市场，"先机"来自"倒逼"："国外竞争对手早我们一年研究，如不迎头赶上，丢了市场不说，还可能被'卡脖子'。"

突击队应运而生。仅用9个月，工艺、光学配比、设备结构难题相继攻克。乘势而上，超薄板材电池托盘焊接开发正紧张推进。自主技术过硬，华工科技腰板挺得直。

激光科技馆，以时间为轴，光影长廊托出发展节点。

"2013 年，对华工科技乃至整个行业都极为重要。"马新强记忆犹新：这一年，华工科技通过联合研发，做出了中国首台万瓦级光纤激光器，激光装备核心部件，从此不再受制于人。

接力攻关，后发赶超。2022 年 6 月，习近平总书记在光谷考察时指出："湖北武汉东湖新技术开发区在光电子信息产业领域独树一帜。"

靠啥"独树一帜"？关键核心技术。

从光纤光缆到显示面板，从 5G 通信到智能装备。在光谷，几乎每个龙头企业的成长，都伴随着对"卡脖子"堵点的突围。

一根玻璃棒，拉丝万公里。走进长飞光纤光缆股份有限公司，拉丝塔近 5 层楼高，光纤预制棒悬于顶端，直径似碗口，经高温"炙烤"均匀熔化，流泻成"丝"。

光纤生产难，难在预制棒。1988 年，市场换技术，原国家邮电部、武汉市政府与飞利浦成立合资公司，取名长飞。

原材料、设备、工艺不是自己的，发展处处受制于人。

"唯有自主研发。"公司副总裁郑昕 1998 年进入长飞，苦尽甘来、难掩自豪，"引进、消化吸收再创新，掌握三大主流预制棒制备技术，成功实现产业化。核心技术实现自主可控，还反向输出海外。"

借光、追光到发光。郑昕坦言：最难时，也曾犹疑。咬牙挺下来，证明路是对的。

走出拉丝塔，研发车间里，工程师正在做测试、装配。搞研发，长飞的"规矩"是：投入每年 5% 以上的收入，只有下限、没有上限。郑昕拿起一把光纤，"角逐新一代光纤技术，国际竞争激烈得很，突破少模光纤、多芯光纤的制造难题，长飞走在全球前列。"

高水平科技自立自强，是成长壮大后的必答题。走访中国信科集团烽火通信公司，又见鼓励创新、敢于投入的鲜美果实。

烽火科技园，周末依旧人来人往。园区 3 号研发楼的实验室，遇到正采集网络性能参数的匡立伟。

"这是我们开发智慧光网的功臣！"陪同人员竖起大拇指。匡博士朴实精干，2004年进入烽火通信，自言没啥爱好，就喜欢琢磨点技术。

数字时代，网络传输容量大、速率高，传统光网络弊端日渐凸显。怎么办？2019年，烽火通信牵头提出智慧光网理念，攻克一系列卡点、难点，眼下正为商业化做冲刺。

"开发新技术风险大，失败了咋办？"

"公司考核看研究贡献，只要输出成果有价值，就会得到认可。"

"这种认可重要吗？"

"当然！过去不愿、不敢创新，如今抢着干、争着干，遇到困难，人人琢磨解决办法。"

认可需要支撑。烽火通信董事长曾军毫不含糊："每年收入的10%以上用于研发，逐年递增。"

"三超光传输"技术，5年6次刷新纪录；海底光缆信号传输，多年痛点一朝解决……认可点燃共鸣，烽火创新红红火火。

"独树一帜"就是核心竞争力。去年11月，武汉光电子信息集群，成功入选"国家队"。

创新策源
助力加快构建新发展格局，"世界光谷"建设吹响冲锋号

脉冲强磁场，光谷大科学装置的名片。慕名前往，邂逅"国之重器"的领军者——国家脉冲强磁场科学中心主任李亮。

"今年6月，二期提升工程就要开工了。"一见面，李亮便分享好消息。总投资超过21亿元，未来，这一全球规模最大的脉冲强磁场科学中心，将释放强劲的创新磁力。

"位置在哪？"

"按规划，需紧邻一期，还在华中科技大学东校区。"

规划的二期占地主体，落在其他学院地界。但在现实中，学校寸土寸金，已无合适空地。

决心，决定出路。学校成立工作小组，学院新址有了着落；用地需求得到满足，开工准备如期推进。

科技创新，基础研究是源头，基础设施是保障。

地有了，钱呢？"省里15亿元配套资金已经到位，开工建设不会束手束脚。"李亮感受强烈，"支持大科学装置建设，各方决心大，措施实打实。"

国家脉冲强磁场科学中心的邻居，是湖北光谷实验室。

2021年以来，为提升原始创新策源能力，9个湖北实验室先后挂牌。光谷实验室、珞珈实验室、江城实验室、东湖实验室、九峰山实验室，九剑出鞘，五落光谷。

"光谷光电子信息产业进一步做强做大，必须提高原始创新能力。"对湖北光谷实验室的定位，实验室副主任、华中科技大学光学与电子信息学院院长唐江认识清晰：解决"卡脖子"关键核心技术，开展从"0到1"的创新。

科学布局添动力。光电融合芯片、面向6G的光通信模块、钙钛矿单色显示面板……短短两年，来自光谷实验室的前沿成果，喷涌而出。

2022年4月，武汉获批建设具有全国影响力的科技创新中心，成为国家批准建设的第五个科技创新中心。支撑中部崛起，武汉被寄予厚望，光谷需担起责任。

一路追光再出发，光谷描绘新蓝图：2035年，进入全球高科技园区前列，初步建成"世界光谷"；本世纪中叶，成为具有全球影响力的创新创业中心，全面建成"世界光谷"。

实现高水平自立自强，是构建新发展格局最本质的特征。加快构建新发展格局，又为高水平自立自强开拓空间机遇。

豹澥湖碧波涌动，武汉新城中心片区建设正酣。

去年6月，湖北启动建设全国构建新发展格局先行区。武汉新城是武汉都市圈的核心承载区，光谷74%的区域被纳入其中。

武汉新城中心片区又是重中之重。走进武汉新城科创中心项目工地，塔吊林立、机声隆隆，建设者"一天当两天用"，预计6月底，科创中心一期完成主体结构封顶。

武汉人工智能计算中心、武汉超算中心建成运行，大科学装置紧锣密鼓推进……以湖北实验室、大科学装置、国家创新中心、新型研发机构为基石，光谷战略科技力量矩阵初具规模。

瞄准"世界光谷"愿景，打造原始创新策源新高地，加快建成中部崛起的重要战略支点，冲锋号已经吹响。

武汉超算中心技术人员正在进行技术优化。 武汉东湖高新区供图

汇聚合力

打通链条，融汇资源，创新不再单打独斗

"这个'新星'必须看看！"

"新星"人称"国创科"，全名武汉国创科光电装备有限公司。"必须看看"，源于一项黑科技：发光材料"印"上显示面板，蒸镀工艺有局限，核心装备"卡脖子"。国创科另辟蹊径，喷印替代蒸镀，引领显示面板制造新时代。

从原理样机到量产装备开发，只用了两年多。全球竞逐，国创科跑在前头。

"为啥能这么快？"

"一靠科研人员拼搏，二靠创新生态支撑。"

公司副总经理鲍刚娓娓道来：国创科的技术，来自华中科技大学科研团队十余年积累。出了学校实验室，到国家数字化设计与制造创新中心技术升级，在这里，科学家、产业专家、创业团队通力协作，产学研转化按下快进键。

一墙之隔，便是武汉光电工业技术研究院光电创新园（以下简称"光电工研院"）。来到5楼无尘车间，工程师正操作固晶机，为芯片做"焊接"。运行两年多，这条光电子半导体封装线，需求排到了明年。

"做成果转化，为啥建产线？"

"光电子芯片研发阶段，封装批量小、个性化强，工厂不愿接单。"光电工研院总经理韩道祖露初衷：以优质的公共服务，为初创企业打造"定制车间"。

"红娘"牵线搭桥，极目智能、宇微光学、尚赛光电，这些光谷的未来之星，从光电工研院跨出了第一步。

创新不是单打独斗，而是要打通链条，融汇资源，聚合发力。

围绕产业链部署创新链，围绕创新链布局产业链。加速科技成果转移转化，各类科创平台遍地开花：今年 3 月发布的《2022 年度光谷创新创业发展报告》显示，光谷创业载体近 200 家，其中国家级 74 家，位居全国高新区前列。

2021 年 8 月成立的湖北创新转化医学研究院，人称"转化院"，就是其中的新成员。

转化院到底做什么？

总经理朱湘涛讲了个故事：做肥厚型心肌病手术，华中科技大学同济医院魏翔教授摸索出微创的方法，但实现它，需要新的医疗工具。一番苦寻，找到转化院，方案前后设计 9 版，工艺难点——解决，研制出微创心肌旋切系统。

"从临床挖掘治疗技术的创新需求，以'一站式'服务推进医疗器械产业化，这个做法全国首创。"朱湘涛说，转化院有 200 多款产品在研，其中，已有 3 款进入国家创新医疗器械特别审评通道。

用心用力做平台，统筹好各类资源，捧出的是创新好生态，加持的是科技竞争力。

手握研发化学诱导体系药物核心技术，2017 年，睿健医药首席执行官魏君回国创业，一眼相中光谷。

"做创新药，前期没有营收，光谷高质量的普惠公共创新平台，对我们帮助很大。"魏君说。

从光谷生物城孵化区搬到加速区，睿健医药迈入发展新阶段。魏君带来好消息：前不久，公司首个有关帕金森治疗的新药取得新进展，正申请临床试验。

厚植沃土

光谷在"光"更在"谷"，宜居宜业为创新创业添磁力

科技创新，人才是第一资源。武汉科教资源丰富，区位不如沿海地

区，如何留住人才？

"做人才的合伙人。"

光谷人有新探索。"我们与人才，不只是服务关系，而是要一起进步、一起成长。"招才局有关负责人如是理解。

"没有评审，不用答辩，网上填报个人信息，一个月后就评上了'优秀青年人才'。"在光谷未来科技城，武汉聚芯微电子首席芯片架构师刘览琦，向记者讲述他申报"3551光谷人才计划"的经历。

细问原委，得益于光谷在全国率先实施的人才注册积分制。

"注册积分制"改变了啥？

引才不设门槛条件，没有地域、时间限制；评价不唯学历，一套量化测评模型，包含知识、经验、能力、贡献、诚信等多个维度，动态给人才打分。

人才不是一评了之，创新创业辅导对接跟上。今年3月，首届全球光电子信息卓越工程师大赛总决赛在光谷开赛，刘览琦拿到三等奖后，升级版的导师"一对一"辅导，比名次更让人欢喜。

留住人才就是锁定未来。

光谷在"光"更在"谷"，"光"是产业形态，"谷"是发展环境。创新创业区，也是先行先试区。破除体制机制的藩篱，"谷地效应"更加显著。

敢闯敢试是光谷的传统。东湖高新区管委会主任张勇强介绍，30年前，第一家科技企业孵化器诞生于此，拉开我国创业孵化的大幕；11年前，"黄金十条"由此萌发，科技成果转化收益七成归研发团队，直接推动科技成果使用权、处置权、收益权下放。

"创业十条""互联网＋十条""科创金融新十条"……守正创新，光谷创新举措不断。3月20日，光谷激光产业"黄金十条"新鲜出炉，产业发展基金100亿元，进军新兴应用领域最高奖励1亿元，支持创新创业的政策体系，令人期待。

厚植沃土，创新创业，也要宜居宜业。

在光谷写字楼、厂房间穿行，一座别致的双层建筑映入眼帘。停车询问，是个书店。因在花山，得名"光谷书房花山分馆"。

武汉市民钟女士是常客。小时候住武昌，那时武汉人眼中的光谷，不过"乡里荒郊"。近年因工作搬过来，有花有山还有书，"没想到，光谷这么好！"

在东湖高新区管委会，见到一组数据：

今天的光谷区域，集聚 42 所高等院校、56 个科研院所、30 多万名专业技术人才、80 多万名在校大学生；

70 多名院士、3000 多名高层次人才、1 万名博士在此工作；

2021 年，光谷常住人口达 118 万，比 2020 年增加 16.77 万，是 2010年的 3 倍……

"一束光"到"一座城"，数字背后，是以人民为中心的发展思想。

中小学加速"上新"，15 分钟基本医疗卫生服务圈高质高效，商场、剧院、音乐厅，假日、周末，光谷热气腾腾。

借武汉新城建设东风，北起九峰山，南至龙泉山，10 公里长的生态大走廊，为光谷搭起超级"绿丝带"。观光空轨进入通车倒计时，东湖高新区管委会工作人员热情邀请："下次来，一定要乘车看看光谷美景。"

采访晚归，街灯璀璨，夜色中的高新大道如梦如幻。

一头东湖，一头短咀里湖。高新大道像根扁担，挑起两泓碧波。

当年，东湖南望山下，武汉邮科院的简易实验室里，诞生了我国第一根实用化光纤。今天，短咀里湖畔，新兴产业园拔节生长，创新画卷有新篇。

连日探访，打动我们的还是人。夜以继日的 IT 工程师，连续奋战的建设者，默默奉献的管理团队……未及着墨的追光人，还有很多。

人是创新创造的主体，也是创新创造的目的。

光谷之光，由此闪亮。

（本报记者 冯华 喻思南 范昊天 《人民日报》2023 年 4 月 28 日第 6 版）

》记者手记

光谷的"变"与"不变"

光谷，创新热土。每次探访，总有新的惊喜。

上一次，还在惊叹华工科技 43 秒焊接一辆新能源车车身，这一次，他们又捧出了全球首发 400G 系列相干光模块；上一次，武汉新城中心片区还是一片工地，这一次，科创中心主体建筑拔地而起……

勇担科技自立自强使命，着力发挥"独树一帜"优势，光谷牢记嘱托，加快打造"科学之城、追光之城、向往之城"，奋力建设具有全球影响力的"世界光谷"。

从一束光到一座城，发展变化的背后，是始终如一的品格。

识变、应变、求变，不变的是创新精神。光谷靠创新起家、靠创新当家，始终把创新摆在首要位置。面对世界百年未有之大变局，牢牢把握科技创新这一关键变量，不断完善新兴产业生成机制、培育机制、护航机制，走出一条具有光谷特色的自主创新道路。

借光、聚光、发光，不变的是追光梦想。从最初以市场换技术，到关键核心技术完全自主可控、引领下一代光纤技术，长飞光纤是个缩影。围绕"一束光"，光谷坚持向光生长、追光前行，沿着光电子信息产业一条主线做大做强，35 年持续发力，成长为中国最大的光电子信息产业基地、全球最大的光纤光缆研发制造基地。

宜居、宜业、宜游，不变的是美好向往。如今的光谷，既是产业新城，也是幸福之地。高新大道连接的，不仅是一个个千亿级的产业，还有光谷人的美好生活。光谷中央生态大走廊，穿越城市，山水入画；光谷城市书房、光谷音乐厅、光谷大剧院，星罗棋布，滋养文脉；全区普惠性幼儿园覆盖率超过84%，教育、医疗等民生事业全面发展……以人为本、产城融合，成就人生梦想，澎湃创新活力。

创建35年来，特别是新时代十年来，光谷发展壮大为辐射中部地区的创新高地、产业引擎、人才聚集地、发展增长极。

以"不变"应"万变"，用"万变"固"不变"。

全面贯彻落实党的二十大精神，紧紧锚定科技第一生产力、人才第一资源、创新第一动力，全面深化改革开放，加快构建新发展格局、推动高质量发展，才能牢牢掌握发展的主动权。

（范昊天　《人民日报》2023年4月28日第6版）

6

工业老区焕发澎湃活力

铁西城市风貌。　　叶青　摄（人民视觉）

感受共和国工业的强劲脉动，要看辽宁沈阳铁西。

铁西区兴华北街 8 号，文化广场上，高 26 米、总重 400 吨的"持钎人"雕塑，生动再现了当年产业工人持钎炼钢的劳动场景。

"这里是原沈阳重型机器厂所在地，企业搬迁后改造成市民广场和文创园，变身为城市地标。"铁西区文旅局局长王晖介绍，"我们把工业文化元素有机嵌入城市肌理，让人们在潜移默化间感受城市品格、工匠精神。"

第一台 500 千伏变压器、第一台普通车床和数控机床……铁西是国家在"一五""二五"时期重点支持和发展起来的重工业基地，创造了新中国工业史上几百个第一，是新中国工业的一张名片。

走过辉煌，一度困顿。上世纪末，铁西国有企业 90% 处于停产或半停产状态，有 13 万产业工人下岗。

奋力突围，再度崛起。2003 年 10 月，国家推动实施东北振兴战略，铁西迎来新的历史机遇，通过实施"东搬西建""壮二活三"等，基本完成了老工业区调整改造任务。

2013 年 8 月 30 日，习近平总书记来到铁西区，看到老工业基地发生巨变，他说，我一直关注着东北老工业基地。作为"共和国长子"，这里有过辉煌，也有过低迷，现在又扛起国家重担、焕发青春，我很欣慰。要好好总结经验，推动东北老工业基地进一步发展。

新起点，再起航。进入新时代，铁西完整、准确、全面贯彻新发展理念，加快推动高质量发展，锚定"打造新型工业化示范区的核心区，力争沈阳经开区 3 年进入国家级经开区第一方阵，当好沈阳实现'三个一'目标主力军"的目标，拉高标杆、真抓实干，在新时代东北振兴、辽宁振兴中冲在前，这张新中国工业的名片愈加熠熠生辉、光彩亮丽。继去年 GDP 突破 1200 亿元后，今年 1—3 月，铁西 GDP 同比增长 10.4%，规上工业增加值同比增长 22.4%，实现首季"开门红"。

加快产业转型升级，打造高端装备制造新高地——

沈鼓集团股份有限公司近期捷报频传：3 月 15 日，我国首台套 150 万吨 / 年乙烯"三机"成功发往用户现场，多项指标国际领先；国资委印发《创建世界一流示范企业和专精特新示范企业名单》，沈鼓集团成功入选……

"我们将加快关键核心技术和重大技术装备攻关，打造整零协同共同体，努力为推动制造业高质量发展作出贡献。"蓝工装，披肩发，胸前党徽闪耀，沈鼓集团副总工程师姜妍说。

把装备制造业作为立区之本、振兴之基，铁西加速产业转型升级，推动制造业高端化、智能化、绿色化发展。铁西区工信局局长李梅琴说，截至目前，全区共获批国家和省级首台（套）重大技术装备项目38个；累计建成9个高标准智能工厂，数字化研发工具普及率和关键工序数控化率分别达76%和68%，均高于全国平均水平。

推进科技自立自强，打造振兴发展新动能——

就在前不久，沈阳微控新能源技术有限公司一举斩获电力调频辅助市场10亿元大单。实力源自创新。"凭借领先的磁悬浮飞轮储能技术，我们参与了2022年北京冬奥会应急电源车等多个重大项目。"沈阳微控董事长张庆源介绍，"公司年均研发投入3000万元，共获得专利87项、软件著作权45项。"

抓源头、重孵化，创新要素加快集聚。"通过产学研深度融合、科技创新平台体系建设等方式，促进科技'新苗'在铁西'生根发芽'。"铁西区副区长张悦介绍，截至去年底，全区聚集科技型企业2520家，同比增长33%；其中，国家高新技术企业达591家，"雏鹰"、"瞪羚"、潜在"独角兽"企业达171家。

建设国际化营商环境，打造对外开放新前沿——

今年2月，第500万辆国产宝马汽车在华晨宝马铁西工厂里达厂区下线。"从单一生产基地到研发中心、动力总成工厂，年产量从20年前的8000台到去年的67万台，宝马牵手沈阳20年，一路风雨一路歌。"华晨宝马铁西工厂厂长张涛说。

工业4.0真实案例、先进管理模式……宝马集团落户所带来的品牌效应和溢出价值，铁西人倍加珍视。2015年12月，中德（沈阳）高端装备制造产业园建设方案获国务院批复，着力打造国际化一流营商环境。

"以华晨宝马为牵动，我们大力推进整车、发动机及配套零部件等产业高质量发展，园区汽车产业年产值突破 1000 亿元。"中德园管委会副主任延宁介绍，截至目前，中德园累计引进高质量项目 400 多个，总投资达 3200 亿元，其中外资项目占比达 36%。

提高人民生活品质，打造宜居宜业"新家园"——

走进 1905 文化创意园，穿梭于黑色钢梁铁架间，或是画展，或是演出，随时都要准备与艺术来一场邂逅。"这是一座始建于上世纪 30 年代的老厂房，经过改造实现华丽转身，每年平均要举办 600 多场文化活动。"该园创始人徐比莉说，铁西共划定 70 万平方米的工业遗存保护区，通过植入文化新业态，让老厂房、老车间成为一道亮丽风景。

"工业锈带"蝶变"发展绣带""生活秀带"，背后是铁西始终践行以人民为中心的发展思想，让发展成果更多更好地惠及人民群众。"全区去年改造老旧小区 51 个，惠及居民 1.6 万户；新建口袋公园 270 个，新增绿地 1000 万平方米；大气优良天数达到 309 天……"铁西区委书记郭忠孝如数家珍列出一串数字。

华灯初上，劳动公园热闹起来，67 岁的退休职工毛娜正沿振兴湖畔散步，"吃饭有社区食堂，看病有社区医院，还有志愿者上门嘘寒问暖，日子越来越好！"

春风掠过湖面清波，铁西光华更胜往昔。

（本报记者 冯春梅 刘成友 郝迎灿 《人民日报》2023 年 5 月 5 日第 1 版
本报记者张天培、刘佳华参与采写）

站上新起点　展现新作为

——辽宁省沈阳市铁西区高质量发展纪实

铁西区重型文化广场。　　叶青　摄（人民视觉）

以"铁西"为名的区县不止一个，但最为人们熟知的，还是辽宁省沈阳市铁西区。

新中国第一台普通车床、10吨冲天炉……走进由原沈阳铸造厂翻砂车间改造而成的中国工业博物馆，一股厚重的工业气息扑面而来。这是铁西区的地标之一，诠释着铁西的今天和过往，也浓缩了辽宁乃至整个东北地区的鲜明特点——老工业基地。

20年前，东北地区等老工业基地实施振兴战略，铁西区通过"东搬西建"等方式解决了"钱从哪里来""人往哪里去"等问题，基本完成了老工业区调整改造任务。凤凰涅槃，铁西又站上了振兴新起点。

"我们对东北振兴充满信心、充满期待。"党的十八大以来，习近平总书记多次到东北考察调研，多次主持召开专题座谈会，谋划推进东北全面振兴、全方位振兴。

好风凭借力，腾飞正此时。近年来，铁西区坚定不移贯彻新发展理念，推动高质量发展，努力以"新时代、新铁西"建设的火热实践，在新时代东北振兴、辽宁振兴中展现更大担当和作为。

推动产业转型升级——
夯实高质量发展之基

走进沈鼓集团股份有限公司透平公司转子车间，伴随着机器轰鸣声，天车吊运着各种零部件来回穿梭，工人紧盯数控机床各项参数，各型号压缩机零部件正在紧锣密鼓生产中。

今年2月，由沈鼓集团研制的我国首台（套）9兆瓦级大型海上平台压缩机顺利通过72小时负荷运行考核，标志着我国海上天然气生产摆脱了对进口压缩机组的依赖，填补了海上油气平台用压缩机的国产化空白。

"近5年来，公司承担了我国能源与化工领域所有大型压缩机组国产化首台（套）的研制任务并全部获得成功，研制成功近百种重大技术装备，有力捍卫了我国压缩机产业链供应链的安全、自主、可控。"沈鼓集团董事长戴继双说。

作为国家重要的装备制造业基地，铁西聚焦建设现代化产业体系，扎实做好结构调整"三篇大文章"，加快产业转型升级步伐，着力推动装备制造业向产业链中高端迈进。

"我们投入近亿元支持企业开展首台（套）重大技术装备研发及市场化应用，携手企业扛起大国重器的使命担当。"铁西区工信局局长李梅琴表示，截至目前，全区共获批国家和省级首台（套）重大技术装备项目38个，龙门式五轴铣镗加工中心等25个产品达到世界先进水平，为维护国家产业安全贡献了铁西力量。

在三一重型装备有限公司，通过利用人机协同技术，产能提升110%，产品生产周期缩短27%。"得益于300台智能机器人的协同工作，工厂全工序自动化率达到80%以上，1小时即可生产1台宽体车和1台液压支架。"三一重型装备有限公司数字化总监史鹏飞说。

以新技术、新业态、新理念为引领，铁西加速推进制造业数字化、服务化、绿色化转型。"我们把数字化作为主攻方向，一方面加快5G等新型信息基础设施建设，夯实数字转型基础；另一方面分层有序推进企业全流程和关键环节数字化。"李梅琴表示。

数据显示，截至目前，铁西累计建设5G基站超4000座，实现5G网络全域全覆盖；同时，累计建成13个数字化车间、9个高标准智能工厂，培育数字化应用场景项目30个。

2022年，铁西区获批国家先进制造业和现代服务业融合发展试点区域。"我们发挥重矿、输变电和能源等成套装备领域优势，支持装备制造龙头企业服务化转型。"铁西区副区长张悦介绍，目前全区已经培育近20户系统解决方案供应商，沈阳铸造研究所等8家企业获批国家级服务型制造示范平台、示范企业。

铁西是国企重镇，2022年国有及国有控股规上工业营业收入约占全市的三成，深化国企改革是推动制造业高质量发展的关键一环。

在通用技术集团沈阳机床有限责任公司装备制造车间，一批技术领先的刨台式铣镗加工中心正在进行出厂前的最后调试。今年以来，沈阳机床的在手订单量较去年同期增长了10%。

"前几年，由于外部市场变化和体制机制问题，企业经营一度陷入困境。"沈阳机床副总经理刘春时介绍，2019年，通用技术集团对沈阳机床实施战略重组。

"坚持在改革攻坚中破困局，采取'剥离、换脑、输血'的工作总方法，全面推进改革重组工作，重塑组织架构、压缩职能部门，推行任期制和契约化刚性管理，2022 年实现扭亏脱困。"刘春时说。

改革催生发展动力，激发创新活力。2019 年以来，通过实行科技攻关项目"揭榜挂帅"等机制，沈阳机床已攻克高端数控机床设计及制造等多项核心关键技术。

北方重工生产的装有国产主轴承的盾构机。　　铁西区委宣传部供图

推进科技自立自强——
打磨高质量发展之钥

曾经，铁西创造了新中国工业史上的几百项第一；新时代，铁西把创新作为引领发展的第一动力，仍在继续书写"第一"的故事。

粗细不同的笔直钢柱，大小不一的套管圆环，组成了约十层楼高的试验塔，两名科研人员正在塔下进行参数测试。这里是特变电工沈阳变压器集团有限公司的特高压套管研发制造基地，今年 3 月开始陆续投产。

特高压套管的研制，是特高压输变电装备国产化的一道技术难关。"在铁西区政府相关部门协调下，我们与高校等科研机构在绝缘特性研究、温度场仿真计算分析等方面开展合作，研制出拥有自主知识产权的±800千伏特高压干式直流套管，并顺利挂网运行。"沈变公司副总经理刘宏伟说。

推进科技自立自强，必须打赢关键核心技术攻坚战。北方重工带式输送成套装备获得省科学技术奖，沈鼓集团百万吨级CCUS压缩机填补国内空白……去年以来，铁西辖区内一批企业取得技术和产品突破。

"我们面向高端装备、智能制造、生物医药等重点产业链，瞄准科技领军企业及配套企业关键核心技术需求，解决产业共性'卡脖子'难题。"张悦表示，2022年，全区研发经费投入占地区生产总值比重升至3.3%。

随着沈阳微控新能源技术有限公司董事长张庆源在屏幕上下达指令，几十个重逾百斤的金属飞轮高速旋转，不到2分钟就能完成一个充放电循环，释放出几十度电能。

大自然中忽强忽弱的风、阴晴不定的光，要想变成稳定输出的"绿电"，储能技术十分关键。张庆源介绍，公司凭借磁悬浮飞轮储能技术，解决了行业内一系列"卡脖子"问题，"我们已有近3000台飞轮储能设备在多个国家安全运行，稳定运行时间超10万个小时。"前不久，沈阳微控还斩获山西电力调频辅助市场10亿元大单。

"作为一家成立仅5年多的民营企业，能够健康快速成长，离不开当地政府的扶持。"张庆源坦言，在铁西区工信局等部门的支持下，公司相继被评为国家级高新技术企业和辽宁省潜在独角兽企业。

与沈阳微控类似的一批科技型企业已经苗壮成长，成为铁西经济高质量发展的重要动力。据统计，截至2022年底，铁西区高新技术企业、雏鹰企业、瞪羚企业突破2500户，数量占全市的16.7%，增长30%。

"今年，我们将着力提升科技型企业增长率，构建'科技型中小企业—高新技术企业—雏鹰企业—瞪羚独角兽企业'梯度成长体系，争取科技型企业增长 30% 以上。"李梅琴表示。

3 月 16 日，"科创中国"技术交易大会沈阳专场活动在铁西举行。看着沈阳·中关村智能制造创新中心的 2 家入驻企业上榜"科创中国新锐企业榜"，沈阳中关村信息谷公司总经理史玉珠难掩激动。

"落户铁西 3 年来，我们发挥产业发展、金融服务等功能，合力构建优良创新生态体系，至今已举办双创活动 200 余场，服务企业 3000 余家。"史玉珠说，"铁西区的大国重器叠加中关村的创新旗帜，其创新生态将催发更多科技'新苗'茁壮成长。"

着力提升开放能级——
舒展高质量发展之翼

走进华晨宝马汽车有限公司铁西工厂车身车间，一个个封闭的操作空间里，机器手臂灵活翻转、精准定位，按照事先输入的程序自动完成各项焊接任务，绽出焊花朵朵。"整个车间拥有超过 1000 台机器人，自动化率达到 95% 以上。"华晨宝马铁西工厂厂长张涛介绍。

今年 2 月 20 日，第 500 万辆国产宝马汽车在铁西工厂下线。"2010 年以来，华晨宝马在华总投资累计已超 950 亿人民币，创造超过 2.6 万个工作岗位。"张涛表示，当下，宝马沈阳生产基地集研发、采购、生产于一体，年产能可达 83 万辆，成为宝马集团全球最大规模的生产基地和最重要的新能源汽车中心之一。

"铁西有与国际接轨的公共服务配套设施和发达的商业街区，工作生活环境安心舒适。"华晨宝马汽车有限公司采购及零部件质量管理部副总裁沈竣升是德籍员工，和家人在沈阳工作居住已有 7 年时间。

华晨宝马智能生产线。　　铁西区委宣传部供图

以华晨宝马等龙头企业为牵引，铁西着力实施对外开放提标行动，打造国际化产业工程，构建连通国内国际双循环重要节点。"我们深挖重点外资企业增资潜力，去年外商增资额增长 2.5 亿美元。"铁西区区长赵永圣表示，2022 年铁西完成进出口总额 460 亿元，占全市 1/3；实际利用外资总额占全市 43%。

今年 3 月 27 日，"德国铁西日暨中德（沈阳）高端装备制造产业园产业合作交流会"在德国慕尼黑成功举办，现场共促成中欧数字联盟数字化改造提升项目、德国开元周游集团文旅合作项目等 11 个项目成功签约。

2015 年 12 月，中德（沈阳）高端装备制造产业园（简称中德园）建设方案获国务院批复，这是全国首个以中德高端装备制造产业合作为主题的战略性平台。"作为中国制造与德国工业 4.0 对接战略合作试验区，中德园立志于建设国际化、智能化、绿色化高端装备制造产业园区，吸引了众多外资企业，成为沈阳对外开放的新高地。"中德园管委会副主任延宁介绍。

从成立之初，中德园就坚持市场化改革方向，提高园区发展建设效率和水平。"我们创新'管委会＋平台公司'管理体制，组建 3 家国有全资公司分别负责园区的开发建设、产业运营和金融服务，充分发挥市场在资源配置中的决定性作用。"延宁表示，与此同时，探索市场化选才用人机制，人员平均年龄降至 34 岁。

中德园全力建设国际化营商环境。"我们建设的'一站式'德企（外企）服务平台，集政务服务、企业服务和社会服务于一体，为企业投资发展提供从市场咨询、法律服务、翻译谈判到行政审批等全方位服务。"中德园管委会对外合作部副部长卞毅说。

"我们在全市率先实施产业项目'标准地供应＋带方案出让＋拿地即开工'审批模式，工程项目审批缩短至 35 个工作日内。"铁西区营商环境建设局局长朱敏表示，同时深入推进"全程网办""一网通办"改革，扩大"一件事一次办""只提交一次材料"事项覆盖范围，让数据多跑路、让企业少跑腿。

"在铁西的发展越来越好，现在更有信心加大投资。"赛莱默水处理系统（沈阳）有限公司总经理叶荣军当初建厂选址时几经对比，最终选择落户中德园，"这里提供保姆式政务服务，让企业可以集中精力搞研发、忙生产。"

服务有温度，投资有热度。数据显示，截至目前，中德园累计引进高质量项目 400 多个，总投资达 3200 亿元，其中外资项目占比达 36%。"中德园成立以来，经济总量翻一番，规模以上工业总产值年均增长 19%，进出口总额年均增长 23%。"卞毅说。

努力提高生活品质——
共享高质量发展之果

走进工人村街道工人新村三社区，路面干净整洁，两旁红花绿树随风摇曳，凉亭、健身器材点缀在居民楼前后。"很难想象铁西工人村以前是一个居住环境差、下岗工人聚集的地方。"社区党委书记赵咏梅感慨。

工人村始建于20世纪50年代，曾有沈阳冶炼厂、沈阳电缆厂等40多家国有企业在此设立职工宿舍。岁月流转，到上世纪末，这里逐渐成了居住条件落后的代表：一间屋挤着一家人，楼梯沉降，水电管线跑冒滴漏……

今年51岁的赵咏梅在这里出生长大，经历过困顿，也见证了工人村的新生：2002年，沈阳实施"东搬西建"，将工业企业搬迁到开发区，老城区建设商业和住宅区，发展第三产业。原先杂乱、拥挤的宿舍区经过改造，变成了商场、写字楼和现代化住宅小区。两年前，工人村又进行老旧小区改造，旧貌换新颜，居民幸福感越来越高。

工人村的嬗变，是铁西坚定践行以人民为中心发展思想的一个缩影。长期以来，铁西坚持把提高人民生活品质作为落脚点，着力在发展中改善和保障民生，实施舒心就业、幸福教育、健康铁西、品质养老等民生工程，让发展成果更多更好更公平地惠及人民群众。

"仅去年，全区共改造老旧小区51个，惠及居民1.6万户；改造背街小巷16条，改造老旧管网70余公里；新建养老服务设施8500平方米，家庭医生进社区实现全覆盖……"铁西区委书记郭忠孝表示，人民幸福安康是推动高质量发展的最终目的。

夜幕降临，细河两岸的拱形灯饰流光溢彩，组成一道道"彩虹门"，倒映在河水中更显亮丽，成为一条城市景观带。"这条河前几年还是一条臭水沟，别说遛弯，路过都要捂鼻子。"沈阳市生态环境局经开区分局局长商大为小时候就住在铁西，"细河是一条纳污河，由于流域内重污染企业多，水质常年为劣V类，曾被称为沈阳的'龙须沟'。"

绿水青山就是金山银山。近年来，铁西区将细河综合整治作为重大民生工程，生态修复治理、管网综合整治、污水处理能力提升……一系列治理"组合拳"打出后，细河水质不断好转，两岸环境持续优化。2022年，细河出水断面稳定达到地表水IV类水质标准，获评全国"督察整改看成效"先进典型。

良好的生态环境是最普惠的民生福祉。铁西深入打好蓝天碧水净土保卫战，打造天蓝地绿水清的宜居家园。"我们坚持以绿荫城、以园美城，去年新增绿化面积1000万平方米，新建口袋公园270个，努力让出门见绿成为生活标配；同时，深化大气污染防治，空气质量改善率位居全市前列，空气优良天数达到309天。"商大为说。

一到周末，40岁的王昕喜欢来到家附近的1905文化创意产业园，看一场话剧演出。"这里原先是沈阳重型机器厂的老厂房，没想到企业搬迁后，厂房不仅被完整保存下来，还被植入文化新业态，一下变成了网红打卡地。"

一处处文化新地标，承载着工业文化的丰富记忆。铁西倍加珍惜"东搬西建"留下的百年工业遗产，划定70万平方米工业遗存保护区，目前已建成文化产业园区和基地7家。

采访结束离开1905文化创意产业园，一回头，铁皮墙上"铁西"二字赫然映入眼帘。这两个大字，每个重达3吨，由沈重搬迁停产前的最后一炉铁水浇铸而成。

铁西的第一炉铁水，献给了百废待兴的新中国；最后一炉铁水，浇铸成"铁西"二字，留住了"共和国长子"的根与魂！而今，它正见证着高质量发展理念在铁西的生动实践……

新时代，新铁西！

（本报记者 张天培 郝迎灿 刘佳华 《人民日报》2023年5月5日第7版）

» 记者手记

转型振兴再出发

坐落在铁西的红梅文创园，如今成了年轻人云集的打卡地：原来空旷的原料库变成火爆的音乐演出厅，红梅味精研究所化身酒吧餐厅，发酵厂房被装饰成雅致的艺术中心，运输线站台被打造成"烧烤硬座列车"……

"城区面貌可以换，工业文化记忆不能丢。"在这里经营着一家西餐厅的老板闫琛说。作为地道的"铁二代"，他舍不得离开这片土地，选择了留下，干出了样子。

一片文创园，折射铁西几十年的过去；一个铁西区，浓缩百年工业的发展历程。从腾飞辉煌到困顿衰退，从转型阵痛到新时代奋起赶超、实现高质量发展，铁西经历了太多的变与不变。

变化的，是城市面貌和市民生活。中国工业博物馆的两幅高空俯拍图片，形象地展示了同一片区 20 年间的变化，前一幅灰头土脸、破旧不堪，后一幅绿色现代、整洁大气。生于斯长于斯的市民，眼看着新高楼新厂房拔地而起，眼看着春天的街头绿意盎然、休闲的人们舞步轻盈，能不深切地感受到铁西的巨变，自己的生活也在变？

变化的，还有理念和发展格局。低碳绿色，成为发展底色；创新驱动，成为自觉追求；成果共享，成为社会常态。打破思维定式，摆脱路径依赖，既是逼出来的，也是走出来的。新型工业化道路越走越开阔，现代化产业体系越来越丰富，结构调整"三篇大文章"

正在写就新篇目。

不变的，是内在的精神力量。工业遗址的保护和利用，正是铁西工业文化的另一种传承和延续。这里有勤劳坚韧的劳动精神，让铁西饱经风雨变得愈发强大；有精益求精的工匠精神，在一代又一代人身上传承不灭。坎坷过后的豁达从容，面对挑战的永不服输，踏上新征程的行稳致远、波澜壮阔，共同铸就了铁西的坚硬内核。

不变的，还有初心和追求。甘于奉献、服务国家，是铁西几十年来一以贯之的状态和追求。铁西深深懂得，只有干出来的精彩，没有等出来的辉煌，所以不屈不挠、砥砺奋进。新时代新作为，主动把自身发展融入东北振兴的大局，既为一域争光，又为全局添彩，铁西，一定能！

（刘成友　《人民日报》2023 年 5 月 5 日第 7 版）

7

红土地高质量发展春潮涌

赣州城市风貌。　朱海鹏　摄（人民视觉）

赣南，重峦叠嶂，满目葱茏，岭上开遍映山红。

红军长征出发地，江西赣州于都县，新落成的长征大剧院内，《长征第一渡》演出震撼人心。80 多年前，飘扬的红旗，正是从这里出发，在大地上走出一条"红飘带"。

对这片英雄的土地，习近平总书记念兹在兹。2019 年 5 月 22 日，在听取江西省委和省政府工作汇报时，习近平总书记要求江西"努力在加快革命老区高质量发展上作示范、在推动中部地区崛起上勇争先"。

2012 年 6 月，国务院出台关于支持赣南等原中央苏区振兴发展的若干意见；2022 年 3 月，国务院正式批复同意建设赣州革命老区高质量发展示范区。进入新时代以来，赣州乘势而上，奋勇争先，在高质量发展的轨道上奏响了崛起奋进的昂扬乐章。

深入这片革命老区，发现这里变了，变得更加年轻、更加从容，实现目标的信念更加执着而坚定。

行走赣州，看什么？

看交通，通江达海，活力迸发——

坐上赣深高铁，翻越岭南群山，只需两个小时便到达深圳。"背包客"们乘坐高铁来赣州看古城、逛宋街，品尝客家美食。"节假日要排队等座呢！"餐饮店老板喜笑颜开。

一年来，瑞梅铁路、长赣高铁开工，瑞金机场、五云码头主体完工，寻龙高速建成通车，"三纵三横六联"的高速公路网初步形成，7 条 59.1 公里快速路投入使用，综合交通路网加速成形。

大动脉通，微循环畅。车行赣南，青山绿水间，柏油路串起一个个白墙黛瓦的村落。老区人民从双脚丈量到抬脚上车，驶入发展致富的快车道。

交通先行百业兴。江西供销（信丰）冷链物流园里，大屏幕上的中国地图，数据闪烁，一条条物流线，汇成"金色飘带"。沿着这条"飘带"，香甜可口的赣南脐橙，发往全国各地，走向百姓餐桌。

82 岁的袁守根不曾想到，他 50 多年前带回的脐橙树苗，如今已漫山遍野，山上果园甜蜜生金，老区人民喜上眉梢。

围绕小小脐橙，赣州文章越做越大，种植面积达 178 万亩，形成了果汁、精油、分选设备制造等全产业链条，一二三产融合发展，品牌价值686.37 亿元，"世界橙乡"名扬天下。

看创新，换挡升级，动力澎湃——

在赣州大地上，如脐橙一般蓬勃生长的，还有一株株"科技树""产业树"，创新驱动，发展跃上新平台。

在定南县岭北镇三丘田稀土矿山的数字化信息控制中心，工作人员正在智能显示屏上观察着一个个数据。"通过矿山生产过程控制，劳动生产效率提高了 2 倍，成本降低了 10% 左右，形成了离子型稀土矿山智能、高效、绿色开采新模式。"矿企负责人黄凯龙介绍。

走进赣州富尔特电子股份有限公司烧结生产车间，高性能烧结炉在高速运转，却只见一两名工人。公司改变传统生产方式，实现智能化改造，研发的稀土电子材料绿色设计平台成为国家级绿色制造系统集成项目。

"在赣州，你可以看到稀土产业正在从单一资源开采，向补链、延链、强链的高质量方向奔跑！"在中科院赣江创新研究院党委书记齐涛看来，在新材料产业的带动下，未来赣州有望成为科技高地、人才高地。

2022 年，赣州有色金属和新材料、电子信息、新能源和新能源汽车三大产业规上营收分别突破 2000 亿元、1600 亿元、700 亿元，分别增长 24%、21% 和 79%。

看开放，内引外联，抓住机遇——

赣州国际陆港，龙门塔吊下五颜六色的集装箱整齐排放。随着汽笛响起，满载着农产品、电子产品、家具的铁海联运班列驶出陆港，驶向粤港澳大湾区，走向全世界。

一子落定满盘活。国际陆港使赣州融入新格局，服务大战略，赢得了前所未有的发展空间。

"赣州最大的区位优势是毗邻大湾区，我们要紧紧抓住国家战略提供的历史机遇，对标湾区打造一流的营商环境，实现产业承接和产业升级。"赣州市市长李克坚说。

"大湾区能做的，我们也要做到"，昔日苏区干部好作风，化为护航高质量发展真行动：80% 以上服务事项实现"掌上办"，企业开办半天办结，超过 1300 项惠企政策"免申即享、即申即享"；建立产业链链长制、政企圆桌会议、安静生产期等制度，对企业"有求必应、无事不扰"……

2023年一季度，赣州市外贸进出口232.4亿元，比去年同期增长32.1%，对"一带一路"沿线国家和地区进出口65.9亿元，同比增长36.9%。

看民生，安居乐业，美丽平安——

今年4月，赣州市在江西省高质量发展考核中拿到第一名。这是江西省委、省政府2013年开展分类综合考核以来，赣州市连续10年获得全省先进。

高质量发展带来实实在在的获得感，更宜居的环境、更稳定的收入和更幸福的生活，986万赣州百姓分享了发展的成果。

"出门就是公园，空气清新，健身设施齐全，每天都是好心情。"赣州蓉江新区温馨家园小区的居民廖桂香难掩喜悦。

2022年，全市民生支出达849.08亿元，占一般公共预算支出的82.6%；城镇新增就业7.93万人，新增转移农村劳动力11.56万人；新增学位7.02万个，总量达到159.4万个；城镇居民人均可支配收入突破4万元，农村居民人均可支配收入增幅连续10年全省第一。

当然，赣州人最骄傲的，人们必要去看的，还是那条永不褪色的"红飘带"。

4月18日一大早，于都县梓山镇潭头村，红军烈士后代孙观发老人便起身收拾，将桌椅擦得一尘不染。

2019年5月，习近平总书记视察赣州期间来到潭头村，同孙观发一家和当地镇、村干部围坐在一起拉家常，询问他家收入怎么样、儿子儿媳在哪里就业、孩子在哪里上学、孩子在学校吃得好不好，家里还有什么困难和愿望。

如今，村子人气越来越旺，发展越来越红火，村民们纷纷开起了民宿。一张桌子、几杯清茶，孙观发老人跟远近客人讲红军的故事，讲总书记来到潭头村的故事。

这天，孙观发等候的是于都中学高二年级的孩子们。学校组织"感悟长征精神徒步行"活动，同学们徒步跋涉3个多小时，来到潭头村。看着涌进屋里满头大汗的孩子们，孙观发乐呵呵地迎接着："先喝口水，歇一会儿，然后再来听故事。"

英雄桑梓地，遍开幸福花。老区精神，湾区思维，特区干劲。当年那条"红飘带"留下的红色基因，映照着为民初心，更激励着使命担当，引领着赣州广大干部群众向着新的目标，进发！

（本报记者 张毅 郑少忠 刘维涛 《人民日报》2023年5月9日第1版 本报记者朱磊、史一棋参与采写）

发展勇争先 老区谱新篇

——江西赣州市高质量发展纪实

江西省赣州市章贡区城市面貌。 赣州章贡区供图

江西赣州，高质量发展春潮涌动，焕发出勃勃生机，老区发展谱写出新的篇章。

2019 年 5 月，习近平总书记在江西考察时指出："努力在加快革命老区高质量发展上作示范、在推动中部地区崛起上勇争先"。习近平总书记的重要指示为赣州革命老区高质量发展指明了前进方向、提供了根本遵循。

2022 年 3 月，国务院正式批复同意建设赣州革命老区高质量发展示范区。革命老区有了新使命。

潮头登高再击桨。2022 年，赣州主要经济指标增幅继续保持在全省第一方阵，GDP 总量达 4524 亿元，有色金属和新材料、电子信息、新能源和新能源汽车三大产业规上营收分别突破 2000 亿元、1600 亿元、700 亿元，分别增长 24%、21% 和 79%。

科技创新，撬动产业升级
曾经"金子卖出白菜价"，如今"土里资源变黄金"

"成为世界稀土永磁行业领军企业"，走进江西金力永磁科技股份有限公司展厅，这条标语立刻映入眼帘。

习近平总书记在赣州考察时强调："要加大科技创新工作力度，不断提高开发利用的技术水平，延伸产业链，提高附加值，加强项目环境保护，实现绿色发展、可持续发展。"

"我们持续加大科技创新工作力度，强化试验和研发投入，掌握了晶界渗透技术等一批核心技术，加快推进钕铁硼等稀土新材料开发利用。"金力永磁公司董事长蔡报贵介绍。

连年努力，不断赶超。公司已经成长为全球领先的稀土永磁企业之一，主营业务收入比 2019 年增长了 3 倍多。

"攻克更多尖端技术，向全球第一发起冲锋！"蔡报贵信心满满。

加大科技创新力度，企业单打独斗可不行，必须延伸产业链，提高附加值。

为提升稀土产业链稳定性和竞争力，赣州梳理稀土钨稀有金属产业链情况，编制《赣州市稀土钨稀有金属产业发展规划（2021—2025年）》。"瞄准有色金属产业中高端应用延伸产业链，推动产业向稀土永磁电机、永磁变速器等深加工及应用产品延伸。"赣州市工业和信息化局副局长赖庆华说。

产业高质量发展，离不开产业平台的硬支撑。

省内首个央企总部中国稀土集团挂牌成立，中科院赣江创新研究院、国家稀土功能材料创新中心等"国字号"科研平台落地……赣州稀土正从世界级储量向世界级创新进军，曾经"金子卖出白菜价"，如今"土里资源变黄金"。

去年11月，赣州市稀土新材料及应用集群成功入选国家级先进制造业集群名单，成为江西省首个国家级先进制造业集群。

除了向传统产业挖掘存量，赣州还牵住科技创新这个"牛鼻子"，瞄准新兴产业寻求增量。

新信息技术产业多点开花——位于经开区的赣州区块链技术产业园，位于南康区的中国赣州数字科技产业园，位于蓉江新区的赣州大数据产业园、北斗时空大数据产业园……人工智能、区块链、大数据、5G等数字经济产业从无到有、加速发展，不同区县各打各的优势牌，各炒各的特色菜。

新能源汽车产业蓬勃发展——赣州新能源科技城在荒地上崛起一座产业新城，集"整车＋零部件＋研发＋检测"于一体的产业新城，吸纳了一大批优质科技企业入驻：孚能科技研发出的下一代新能源汽车电池填补行业空白，金瑞琪拥有国际领先的低速自动驾驶技术……在赣州，智能制造风采得到精彩展现。

医药健康产业由弱到强——青峰药业在上海、波士顿等地建立"科创飞地"，形成全球研发体系；组建赣南创新与转化医学研究院，成功争创全国重点实验室，一次性引进包括 30 名博士的团队……10 年间，章贡区实现了从一家药企独大，到生物制药、高端医疗器械、宠物经济 3 条赛道齐头并进、123 家医药健康企业聚链成势的华丽升级，平均每年产业营收增长 20% 以上。

赣州市委书记吴忠琼表示，继续坚持以科技创新撬动产业升级，建强用好国家级创新平台，提升现代家居、有色金属和新材料、电子信息、纺织服装、新能源及新能源汽车、医药食品等特色产业集群的层次和能级，做优做强数字经济，打造具有较强竞争力的科技创新高地和现代产业聚集区。

产业兴旺，助力乡村振兴
蔬菜成为继脐橙之后产值超百亿元的富民支柱产业

喜获脐橙丰收的果农。 张元兵 摄（人民视觉）

沿着蜿蜒曲折的乡村公路，记者来到赣州经开区三江乡赤湖村蔬菜基地。数千亩蓝色大棚依缓坡而建，大棚里辣椒满挂，芹菜油绿。村民吴金兰和她的"棚友"们一捻一放十分娴熟，不一会儿工夫便采摘了一篮子新鲜辣椒。

"螺丝椒长势喜人，也是我们赣州一家餐饮连锁公司的主打菜品，可受欢迎了！"吴金兰喜笑颜开。

"八山半水一分田，半分道路和庄园"，寸土寸金的赣州如何解决发展产业和粮食用地矛盾？让大棚"爬"上山！赣州绘就蔬菜产业的神奇一笔。

"通过盘活荒山、荒沟、荒丘、荒滩等'四荒地'，我们探索出了蔬菜大棚'上山下滩'的发展模式。"赣州市农业农村局副局长周昱说。

近年来，赣州市利用"四荒地"等未利用地，发展大棚设施蔬菜9832亩。目前，全市有相对集中连片50亩以上的设施蔬菜基地近1200个，累计建成大棚设施蔬菜基地面积29.2万亩。

赣州是众人皆知的"世界橙乡"，脐橙连续多年位居全国地理标志产品区域品牌水果类第一，"如今，蔬菜成为继脐橙之后又一产值超百亿元的富民支柱产业。"周昱说。

在全南县中寨乡中寨村自然之星露天种植基地，村民陈良贵正在松土除草。"再过一阵子，这些有机蔬菜就可以采摘发货，直供大湾区各大商场超市。"他高兴地说。

解决了产量，销路是关键。直供大湾区，这里的市场非常广阔。

"融湾！"采访中，赣州市各职能部门说到高质量发展时，都提到了这个词，农业高质量发展自然不能缺席。

近年来，赣州着力打造大湾区优质农产品供应基地，成为共建粤港澳大湾区"菜篮子"平台城际合作城市。目前，已认定粤港澳大湾区"菜篮子"生产基地84家，每年累计有10万吨蔬菜销往大湾区；引进了一批湾区企业前来建设蔬菜直采基地和发展订单农业，涵盖种植、加工等全产业链发展。

一步一个脚印！10年来，赣州农业发展步步高：全市农林牧渔业总产值从 2012 年 405.4 亿元，增加到 2022 年 735.38 亿元，增长 81.4%。

芝麻开花节节高！10 年来，赣南乡亲们的钱包鼓了起来：农村居民人均可支配收入由 2012 年 5301 元提高到 2022 年 15900 元，增速在全省实现十连冠。

一座座新居亮丽整洁，一条条道路四通八达，一项项产业生机盎然，乡村振兴新画卷正在铺展。

融入湾区，推动开放合作
开放大门越开越大，改革发展步履不停

南康区赣州国际陆港，蓝天之下，五颜六色的集装箱整齐而立，一列全程冷链的进口班列正缓缓驶入港区。班列上，15 个集装箱满载着 390 吨巴西果汁，从南美的圣多斯港经海上运输至深圳，再经陆路送至赣州。

外国友人早已尝过本地的生鲜副食，老区人民也喝上了进口果汁。去年 8 月，赣州首趟出口冷链专列通过海关查验发往俄罗斯，产自老区的冷冻鳗鱼和蔬菜装了满满 50 个集装箱。

"一瓶果汁，一棵蔬菜，看似不起眼，想通过铁海联运全程冷链实现进出口，对铁路安检、通关效能和口岸衔接提出更高要求。"赣州国际陆港发展集团有限公司副总经理刘立平告诉记者，"冷柜进来越多，出去也就越多。这为未来常态化生鲜冷链进出口奠定了基础。"

生鲜冷链专列的开通，是赣州国际陆港深度融入"一带一路"、加快构建新发展格局的重要举措，也是赣南老区在对外开放层面不断追求高质量发展的生动展现。

2021 年 4 月，赣深组合港模式启动，在全国首创跨省、跨关区、跨陆海港的通关新模式，使赣州国际陆港成为全国首个内陆海港，真正实现同港同价同效率；2022 年 4 月，首次与国外港口德国威廉港签署战略合作协议；2022 年 6 月，赣深城际高速货运班列"融湾号"首发，缩短两地线路

运行时间 6 至 8 小时……

"组合港模式使外贸企业在出口货物时减少约 40% 的运输时间，运输成本可降低 30%。"刘立平说。今年 3 月，赣州国际陆港开通首趟 RCEP（《区域全面经济伙伴关系协定》）专列，加速融入全球最大自贸区。

多口岸直通、多品种运营、多方式联运，如今的赣州国际陆港，已成为赣州连接全球的枢纽。累计开行中欧（亚）班列超 1200 列、铁海联运"三同"班列和内贸班列超 11000 列。一趟趟班列，经由各类创新通关模式，驶向中亚五国及欧洲 20 多个国家 100 多个城市。

赣州国际陆港货场，集装箱装卸现场。 朱海鹏 摄（人民视觉）

2021 年底，赣深高铁正式开通。一面走向世界，一面区域深融；一面货畅其流，一面人畅其行。

"老区精神、湾区思维、特区速度"，开始成为往来两城客商口中常常听到的话语。对标高质量发展示范区，赣南人民更是喊出"大湾区能做到的，老区也能做到"的坚定声音。

融湾，老区的要素资源却没有单向地流入大湾区。加快对接融入粤港澳大湾区，是推动江西与国际一流湾区融合发展的大机遇，也是推进江西高水平开放合作、实现高质量发展的重要途径。4月20日，赣州市"粤企入赣"招商推介会在深圳举行，61个大湾区项目成功落户，为赣州"1+5+N"特色优势产业再添动能。

"着力推动基础设施、产业协作、营商环境、公共服务加速融湾，要让广大客商在赣州投资放心、办事顺心、生活舒心。"赣州市市长李克坚表示，创设产业链链长制、政企圆桌会议、安静生产期等制度，赣州的营商环境不断完善，努力实现对企业"有求必应、无事不扰"。

融入，更是接轨。通过建立深赣政务服务全域通办机制，在老区可以提供与大湾区无差别的办事体验。如今，赣州与广州、深圳等6个大湾区城市实现151个高频政务服务事项跨省通办、一次办成，127项深圳市政务服务事项在赣州实现跨省24小时自助办。

"开放大门越开越大，改革发展步履不停！"赣州市商务局局长杨小妹说，"格力电器、富士康、大自然家居等粤港澳大湾区企业以及相应人才、技术、资金要素等纷纷落户，赣州在服务和融入新发展格局中努力抢得先机。"

惠及民生，享受幸福生活
赶上好时代，老百姓的生活芝麻开花节节高

赣江河畔，置身赣县区湖江镇洲坪村蜜月岛景区，一旁是古树参天，一旁是江水滔滔。

"清风拂面，卸去满身疲惫，一家老小围坐大榕树下，好好享受生活。"游客何妙妍从广东深圳市乘高铁到赣州，只需2个多小时。

为激活乡村旅游资源，湖江镇引进社会资本3亿元，通过村民、村集体、企业三方参与的方式，打造了以渔岛风情、浪漫色彩为主线的蜜月岛景区。

"通过引进公司经营，村集体每年固定收益15万元，公司还在景区

包购了 400 天的民宿住宿，村集体可以获得民宿、餐饮、停车等多项收益。"湖江镇党委书记蔡联慧说。

为了让村民共享这碗"旅游饭"，湖江镇分类施策：对有意愿、缺资金的村民，开出村集体出资入股、政府政策奖补、村民分红回本的方子；对在外务工不能及时返乡的村民，采取村民资源出租、集体筹资引导、企业市场运营的办法。蔡联慧告诉记者，在不同经营业态的运行下，村民户均年增收 3 万元左右。

湖江镇洲坪村是赣州人民共享发展成果的一个缩影。近年来，赣州坚持以人民为中心的发展思想，持续推进民生实事工程，基础设施日臻完善，民生保障不断加强，城乡面貌日新月异，群众的日子越过越红火。

一排排精致的楼房错落有致，一家家亮堂的商铺开门迎客……走进石城县易地扶贫搬迁铜锣湾集中安置区，一幅宜居宜业、温馨和谐的画面展现眼前。

石城县高田镇祠江村村民刘礼炕得益于深山移民搬迁政策，在铜锣湾集中安置小区分到了一套 120 平方米的新房子，从此告别了居住多年的土坯房，"户型、采光都合适，一家 5 口住在这里很舒心。"

住房，关系千家万户基本生活保障，关系经济社会发展全局。"10 年来，赣州累计下达农村危房改造指标 45.2 万户，安排补助资金 56.02 亿元，赣南老区 69.52 万户、近 300 万农村贫困人口告别了危旧土坯房，完成城市棚户区改造 21 万户，让群众住上'放心房'。"赣州市住房和城乡建设局局长余钟华说。

与此同时，赣州城镇居民人均住房建筑面积由 30 平方米提高到 50 平方米，人均住房建筑面积比全国平均水平高出 10 平方米，高于小康的标准，基本实现从"有没有"到"好不好"的转变。

"生态环境没有替代品，用之不觉，失之难存。"对于这句话，老家在寻乌县文峰乡七嶝石片区的村民谢慧感体会很深，"山绿了，杜鹃花开了，没想到废弃矿区也能变成风景如画的新景区。"

赣州始终牢固树立"绿水青山就是金山银山"的理念，全面推进美丽赣州建设，持续开展废弃矿山生态修复、低质低效林改造、水土流失治理等工作。据统计，截至目前，生态修复废弃矿山204.8公顷，完成500多万亩低质低效林改造，全市森林覆盖率稳定在76%以上。

据赣州市生态环境局局长傅小新介绍，赣州制定碳达峰碳中和"1+N"政策体系，编制碳达峰碳中和实施意见、碳达峰行动方案，目前已有5个典型案例被列入长江经济带绿色发展示范实践探索典型案例汇编。

赣州市大余县黄龙镇风景。　　朱海鹏　摄（人民视觉）

蓝图已经绘就，奋进正当其时。

今年是全面贯彻落实党的二十大精神的开局之年，也是加快推进示范区建设的关键之年。赣州将聚焦"作示范、勇争先"目标定位，深入实施"三大战略、八大行动"，全力以赴加快推进示范区建设，在新征程上创造新的业绩。

（本报记者 朱磊 史一棋 吴储岐 王丹
《人民日报》2023 年 5 月 9 日第 6 版）

》》记者手记

对标一流看变化

于都河畔潭头村，每一次到访都能感受到它的变化。

从小菜园到万亩蔬菜大棚，从提篮叫卖到并入湾区大市场，从请人劳作到共享农资服务，在以丘陵山地为主、农业资源禀赋并不优越的赣南大地，渐渐实现基础设施、经营主体、科技投入的不断革新，农业生产迈向规模化、专业化、智慧化的高质量发展之路。每年累计有 10 万吨蔬菜销往大湾区，富硒蔬菜成了继脐橙之后赣州的又一个农业经济增长点。

赣南更是一片改革热土、开放高地和创新沃野。"放管服"改革全域试点有力推进，235 项对标提升改革任务较好完成；设立赣州 RCEP 创新服务中心并开行首趟 RCEP 专列，融入全球最大"自贸圈"；中科院赣江创新研究院运行良好，赣州获批首批国家知识产权强市建设试点示范城市；全市最大水利工程梅江灌区开工建设，黄金机场升格为国际空港，瑞金机场主体完工……红土地上，涌动着逐梦奋斗的豪情。

成就何以写就？"作为一个经济欠发达的革命老区，如何实现赶超和高质量跨越式发展？走老路或低水平的重复路，肯定不行。必须要有开放创新的远见，对标一流。"赣州市相关负责人表示。作为江西"南大门"，赣州是江西对接融入粤港澳大湾区的桥头堡。近年来，"老区精神、湾区思维、特区速度"是赣州发展最生动的写照，"大湾区能做到的，老区也能做到"是最响亮的回答。主动融入、全面对接，深入推动赣南革命老区和粤港澳大湾区设施建设、产业转移、市场融通、资源共享，"老区＋湾区"深度合作，既是区域协调发展的典范，也成为赣南老区高质量发展的新引擎。

对标一流，关键是要落实在行动上。如今，老区干部纷纷南下，向湾区取经、争做排头兵。在全省率先创新推出惠企政策兑现改革、"市县同权"改革，118项市级权限"市县同办"；在全国率先推行全产业一链办、工程建设项目一站式集成审批……

梅江灌区工程在宁都县全面开工建设，打破了赣州近30年没有国家重大水利项目的局面。这得益于一套为梅江灌区工程争资争项的省市县乡四级联动协同机制，不到两年，完成过去8年才能完成的前期工作。努力打造"干就赣好"营商品牌，正从理念化为行动，从愿景逐步变为现实。

新时代新征程上，赣南儿女正继续发扬老区精神，以开放包容、脚踏实地的作风态度，书写建设革命老区高质量发展示范区的壮丽诗篇。

（王丹　《人民日报》2023年5月9日第6版）

8

给农业现代化插上科技的翅膀

杨凌职业农民创业创新园俯瞰。　杨凌农业高新技术产业示范区供图

"我的这块地上，'种'着 19 个科研课题。"指着一片 1200 亩的麦田，年过七旬的育种专家宋协良如数家珍。

走进陕西杨凌，田野里扑面吹来科技风。

习近平总书记强调："中国现代化离不开农业现代化，农业现代化关键在科技、在人才""给农业现代化插上科技的翅膀"。

脚踩黄土，行走杨凌，目之所见，创新的故事时刻在上演。

在长达 18 年的时间里，这里是我国唯一的国家级农业高新技术产业

示范区——国务院 1997 年批准建立杨凌农业高新技术产业示范区，2015
年后陆续批准建立其他农业高新技术示范区。

杨凌在哪里？地处关中平原腹地，距西安、咸阳、宝鸡均在 60 公里
以上。

杨凌以前是小镇，只有 4 平方公里。现在是小城，全域 135 平方公
里，人口 25 万多，其中 8 万多农民、6 万多学生，西北农林科技大学、杨
凌职业技术学院坐落于此。

先行十八载，这座闻名遐迩的"农科城"名不虚传——

在这里，能看到无土栽培的植物工厂。蔬菜种水盆里，能种满 10 层
钢架。人工模拟的"太阳光"全天照射，营养液通过管道循环供给，全年
无间断生产。

在这里，"南橘北枳"的定律被打破。青皮甘蔗、火龙果等曾经只在
南方生长的水果品种，通过温室大棚的光热调控，实现"南果北种"。

在这里，农民会种地，"慧种地"。大棚连上物联网，水肥一体化一
键调控，节水节肥超过六成。

从植物工厂，到"南果北种"，再到智慧农业，这些科技感十足的现
代农业技术，源自对困难的克服：干旱缺水、土地贫瘠，曾严重制约西北
干旱半干旱地区农业生产。怎样种地最节水？怎样用水更高效？发展设施
农业，推广无土栽培、水肥一体化等技术，是杨凌给出的答案之一。

"背靠大西北，面向黄淮海，国家在区位优势明显、农业科教资源丰
富的杨凌设立示范区，旨在通过深化科教体制改革、探索我国干旱半干旱
地区现代农业发展，以农业科技现代化推动农业现代化。"杨凌农业高新
技术产业示范区党工委书记黄思光说。

聚力西北干旱半干旱地区及全国现代农业发展，担当创新源、辐射
器，杨凌人坚守初心——

黄土高原水土流失曾经多严重？"我老家在延安，小时候上山放羊，

风一刮黄沙漫天。下了雨，泥水冲下来，常常把羊就冲跑了。"西北农林科技大学水土保持研究所副所长许明祥说。

被问到自己对黄土高原水土治理的贡献，许明祥连连摆手："我做的这点工作不算啥，一代代人的坚守才值得书写。"

构建黄土高原生态修复技术体系，把论文写在祖国的大地上，将成果转化到千沟万壑。黄土高原已历史性实现主色调由"黄"转"绿"，黄土高原植被覆盖度由本世纪初的30%上升至目前的60%以上，陕西绿色版图向北延伸400多公里。

数据无言，却凝结着杨凌一代代科研工作者的心血。

延安的苹果红了，陕西苹果产量全国第一。这背后，闪动着杨凌科研人员风餐露宿的身影，离不开他们研发的黄土高原旱作果园节水高效生产关键技术；

使全国小麦条锈病发病面积降低50.83%，每年挽回损失40多亿斤。这背后，映照着杨凌科研人员科技报国的情怀，离不开他们掌握的世界领先的小麦赤霉病和条锈病防治技术；

中国杨凌农业高新科技成果博览会今年将迎来第三十届。创办以来，博览会累计吸引国内外上万家涉农企业和科教单位参展。3000多万客商和群众参展参会，既"传经"又"淘宝"。

打量一项项农业科技进步的背后，常有让人意想不到的杨凌元素。

融入"一带一路"建设，以科技助力全球粮食增产，杨凌人坚韧不拔——

走进杨凌智慧农业示范园，10多种大棚映入眼帘，棚高、材质、用途各有不同。相同的是，这些大棚都属节水型，棚外有集雨窖，雨水经收集过滤后，可用于作物灌溉。

这里还是上海合作组织农业基地实训基地之一。"不少'一带一路'沿线国家的农业发展受到干旱缺水等因素制约，我们根据其气候特点设计不同类型的温室，开展线下培训、示范推广。"杨凌智慧农业示范园总规划设计师邹志荣介绍。

2019年6月，习近平主席在上海合作组织成员国元首理事会第十九次会议上指出："中方愿在陕西省设立上海合作组织农业技术交流培训示范基地，加强同地区国家现代农业领域合作。"2020年10月，该基地在杨凌揭牌，平均每年开展线上线下农业交流培训30余期。

"在与哈萨克斯坦合作共建的农业科技示范园，我能感受到他们对现代农业技术的渴求。"每年春耕秋收时节，西北农林科技大学教授张正茂常前往哈萨克斯坦，在当地试种杨凌良种，推广现代农业技术，"带动示范园区及周边农场粮食增产20%以上。"

锚定农业现代化，孕育农科新成果，杨凌人坚持不懈——

"地里的事儿，咱到地里谈。"记不清多少次，宋协良一个电话，不到一小时，示范区相关部门干部就来到试验田，帮助协调解决项目难题。

"19个科研课题，涉及田间管理、良种选育、智慧农业等方面。我们要在典型的旱地上示范良种良技良法，用科技挖掘旱地农业增产潜力。"宋协良说。

几年下来，宋协良的试验田里搭建了农业物联网，配套了节水灌溉设施，30多个农作物品种在这里选育，建起种子仓储、加工车间。他说："建设农业强国，就要供给保障强、科技装备强、经营体系强、产业韧性强、竞争能力强。将来在我们试验田，在杨凌示范区，这些方面都能看得见。"

这也是杨凌人的心声：大国农业需要什么，杨凌就干什么。

（本报记者 王乐文 孔祥武 孙振 《人民日报》2023年5月10日第1版
本报记者高炳参与采写）

耕好现代农业"试验田"

——杨凌农业高新技术产业示范区高质量发展纪实

杨凌农业高新技术产业示范区城南片区航拍图。

杨凌农业高新技术产业示范区供图

"枕头"上能种果蔬？

杨凌高级职业农民马新世向记者展示"有机营养枕"：55厘米长、30厘米宽的小枕头，装的是牛羊粪、枯枝落叶、植物秸秆等调配的营养基，成本7元多，实现农业废弃物利用，还能供两茬果蔬生长。再配套水肥一体化滴灌，节水节肥六成以上。

小枕头，大用场。马新世联合西北农林科技大学专家研发的这项技术，已在西北地区多个市县推广。"西北戈壁荒滩土地瘠薄，研发不受耕种环境限制的农作物生长基，结合当地光照充足、昼夜温差大等自然资源优势，种出的果蔬产量高、品质好。"马新世说。

111

小枕头，服务的是农业生产需求，彰显的是思想引领行动——

习近平总书记强调："农业现代化，关键是农业科技现代化。"新时代十年，杨凌农业高新技术产业示范区坚持科技创新，服务推动西北干旱半干旱地区及全国现代农业发展，年科技示范推广面积约 1 亿亩。

"胸怀'国之大者'，我们将持续耕好现代农业'试验田'。"杨凌农业高新技术产业示范区党工委书记黄思光说。

改土增效

用科技改良土地，助推黄河流域生态保护和高质量发展、高标准农田建设

听说张小阳家的苹果园有"三宝"，记者慕名前往。

一是油菜秸秆。头年冬天，陕西延安市宝塔区河庄坪镇万庄村村民张小阳在果树行间套种油菜，初春花开，吸引游客，4 月下旬花落，就地深翻还田。"一花两用，发展了乡村旅游，还培肥了地力。"扒开果树根系覆着的油菜秆，张小阳捧了一把土给记者看：深褐色的土壤，潮湿松软，可见腐熟的小颗粒。

二是地里的土坑。果树行间相隔不远便有一个，里面插着管子，管子里放营养液，等降雨时，水流进管子，带着营养液渗入地下，汇入四周果树根部。"用土坑存蓄雨水，解决黄土高原农业用水难题。"张小阳说。

三是枯枝落叶。镇上利用黄土高原沟道气温低、适合育菇的独特优势，建起食用菌加工厂，专收枯枝落叶制菌棒。张小阳家有 16 亩果园，他说："去年卖枯枝落叶，赚了约 1000 元。"

目前，河庄坪镇已发展油菜套种 3 万多亩，带动春季乡村旅游超过 2 万人次，食用菌产业年产值超过 2000 万元。

为河庄坪镇农业发展提供技术支持的，是位于杨凌的西北农林科技大学水土保持研究所。

这里，有老一辈杨凌人的坚守。已故中国科学院院士朱显谟，为攻克黄土高原水土流失难题，40 多岁时举家从江苏南京迁往杨凌，毕生致力于让黄河水变清；90 岁的中国工程院院士山仑，60 多年辛勤跋涉在黄土高原，至今仍指导科研工作……老一辈水保所的杨凌人，常年吃住在野外试验站，向国家献策黄土高原国土整治、建议退耕还林还草，研发推广配套技术，助推陕西绿色版图向北推进 400 多公里、黄土高原年入黄泥沙量降低约 80%。

这里，有新一代杨凌人的传承。这些年，水保所所长冯浩带领团队常年在设于河庄坪镇的试验站开展科研。"综合利用地貌、气候、水土等条件，提升旱地农业效益，开展小流域系统治理。老一辈杨凌人让千沟万壑的黄土高原绿起来，我们要让它富起来，助推黄河流域生态保护和高质量发展。"冯浩说。

用科技改良土地，杨凌紧跟国家需求拓展新课题——

陕西宝鸡市凤翔区柳林镇东吴头村，绿油油的小麦正抽穗扬花。"今年这穗子，明显好过往年。"村党支部书记王仓儒说，去年村里开展高标准农田改造，修道路、建泵站，还给土壤体检。"地里缺哪些元素，杨凌的专家取土化验，指导我们科学施肥。"王仓儒说。

2021 年 4 月，杨凌耕地保护与质量提升创新中心成立，去年在宝鸡凤翔区等 10 个县区开展 19.5 万亩高标准农田示范改造，还从全国各地采集 11.4 万份土壤样品，涵盖 60 个土类、229 个亚类的土壤类型。

"党的二十大报告提出'逐步把永久基本农田全部建成高标准农田'。我们开展示范建设，同时研究不同地区土壤类型成分、土地退化因素，为全国耕地保护和质量提升、高标准农田建设提供科研支撑。"杨凌耕地保护与质量提升创新中心副主任罗林涛说。

精育良种

坚持种业优先发展，突出体制机制创新，激发科研人员创新活力

西北农林科技大学教授吉万全没想到，老天爷的三次考验，让"西农

511"小麦品种脱颖而出。

2015 年冬，该品种在某地做区域试验，第二年春天便赶上当地小麦赤霉病流行。许多测试的新品种都蔫了，"西农 511"依然长势良好。

此后两年，当地先赶上小麦条锈病流行，后遭遇严重的倒春寒，"西农 511"凭借亮眼的表现，2018 年通过国家审定，迄今已在全国推广近3000 万亩，并被纳入农业农村部发布的《国家农作物优良品种推广目录（2023 年）》。

杨凌良种，源自杨凌人的长期耕耘。2006 年起，为培育"西农 511"品种，吉万全历经十几个寒暑，经常待在地头观察小麦长势——蹲下去又站起来，这样的动作一天重复几十次。他笑言："常能听到膝盖'嘎嘣嘎嘣'响。"

育种工作苦，吉万全不怕。如今通过设施大棚，室内就能实现种子的全年繁育，他仍坚持到南方地区的试验田，利用当地光热条件开展种质资源加代繁育。他说："自然条件下长出的种子，产量、性状表现最真实。"

杨凌良种，还得益于协同创新、区校融合机制的有力推动：研究作物抗逆性的专家团队为吉万全团队提供影响小麦生长的病菌，用于检验选育小麦品种的抗病能力；学校打造共享试验平台，组织多学科协同创新；杨凌示范区帮着示范推广，利用在多地的试验站开展品种示范种植。

协同创新，激励跟上。按相关政策，"西农 511"小麦品种通过科技成果转让，获得 455 万元转让费，80% 奖励给吉万全团队。

"我们坚持种业优先发展，突出体制机制创新，激发科研人员创新活力，探索建立以小麦、玉米、油菜、马铃薯等为代表的生物育种技术体系。"杨凌示范区科技创新局局长赫思远说，近年来示范区审定通过农作物新品种 806 个，其中小麦良种在黄淮海地区累计推广 3 亿亩。

2021 年初，杨凌示范区成立种业创新中心，进一步创新体制机制，探索政府、科研、市场协同推进种业发展新机制。

当年 7 月，吉万全团队通过"揭榜挂帅"，成功竞标种业创新中心发布的"优质高产抗病耐旱节水小麦新品种培育"研究项目。单看名称就知道，这个项目不容易做，但吉万全有信心："项目实施单位有学校、示范区、种业企业，政企研携手，协力攻关。"

西北农林科技大学教授吉万全在实验室做分子育种实验。

新华社记者 李一博 摄

发展产业

试验站示范带动，打造发展现代农业产业前沿基地，持续做好"土特产"文章

记者前往延安市洛川县采访时，塬上漫山遍野的苹果树盛开着粉白色的花。石头镇果农崔卫东带记者参观他家果园：一人多高的果树，都是矮

化品种。果树株距很窄，相隔 1 米便有一棵，行距很宽，足足 2 米，方便机械化采摘。

矮化品种叫"秦脆"，优点不少：树矮能密植，好管理，节水肥，还高产。"头一年种，第二年就开花结果，加上种得密，产量自然高。"崔卫东说，过去种高大的乔化果树，剪枝采摘要爬梯，果树株距要拉大，产量低，还耗水肥。

"秦脆"研发地——西农大洛川苹果试验站，坐落在几十公里外的凤栖街道芦白村。2012 年 3 月试验站开始建设，洛川县出地，学校出技术，杨凌示范区提供项目课题等支持，开展苹果品种选育、技术示范推广。

2019 年 8 月的一天，听说试验站组织观摩新品种，崔卫东一早就来了。"'秦脆'酸甜可口，营养丰富……"试验站首席专家马锋旺、副站长邹养军被果农围在中间，人越围越多，他们讲得越发起劲。崔卫东既心动又纠结："头一年家里果园更替老化品种，5 亩地刚种上苹果苗，难不成给拔了？"

两个月后，试验站种的苹果成熟，崔卫东赶来品尝，咬一口"秦脆"，又甜又脆。第二年 3 月，他当真拔掉头年种下的乔化果树，将 5 亩果园全部换种"秦脆"。

2020 年春，新品种定植，次年便挂果。2022 年是栽植第三年，崔卫东的 5 亩苹果套了 2.8 万只果袋，卖了 18 万元，"果型好的装礼盒，一个苹果卖 15 元！"

好树好果，离不开专家指导。"邹养军教授定期到我的果园转一转。"崔卫东边说边指：水肥一体化滴灌，将一株株果树根部串点成线，果树上方搭起细密的防雹网，他说："这些节水防灾的好办法，都是专家支的招。"

近年来，一个个苹果试验站从杨凌铺设到黄土高原，培育"秦脆"等新品种 10 多个，示范推广超过 100 万亩。通过与高校、企业、当地政府合作，杨凌在全国建成农业科技示范推广基地 350 个，既推广良种良技，更聚焦培育发展特色主导产业。

"一个试验站，就是一个发展现代农业产业的前沿基地。"杨凌示范区党工委副书记何玲说，通过试验站示范带动，当地持续做好"土特产"文章，开发乡土资源，突出地域特色，推动产业振兴。

培养人才

做优培训、跟踪服务，就地培养爱农业、懂技术、善经营的新型职业农民

"没想到，杨凌农民在外地受到那么高的礼遇。"杨凌本地农民王艳告诉我们。

一次驾车去外省指导果农种火龙果，看到果园拉起的"热烈欢迎杨凌专家"横幅以及赶来的乡镇领导，王艳说："当时自己有些不好意思下车。"

专家称号，王艳其实当得起。她是高级职业农民，还是火龙果种植大户。2008年初，她返乡试种适宜南方地区种植的火龙果，大获成功，并把种苗卖往全国，多数还是西北干旱地区。

南果北种靠什么？

走进王艳经营的杨凌青皮她园火龙果示范基地，大棚里一株株果树枝条细长，根茎不粗，耗水少，都是耐旱品种。大棚装上物联网，通过手机操控水肥光热等，便能模拟出南方的温润气候。

"南果北种，看品种，看管理，关键靠科技。"王艳感慨，试种头几年，果树干枯、冻伤、病害，都遭遇过，很多原本可预防。"比如冻伤，提前在风口搭草帘子，做好大棚保温就能大大缓解。"王艳说。

2013年初，王艳报名参加杨凌职业农民培训，到一些田间学校参观，看品种选育、栽培技术，开了眼界，回家后立马照着学。农业部门牵线，还给她介绍了杨凌职业技术学院专家牛永浩。

王艳说，这些年基地培育的火龙果树苗销往10多个省份，推广种植5万多亩，"牛老师常年在我们基地选育品种，都是耐旱型的，很受市场欢迎。"

树苗热卖，还得益于线上销售。直播间设在基地，王艳讲栽培方法，还带着网友"云参观"，看果树长势，用事实说话。说到兴头时，切几个果子，晶莹透亮的果肉，既印证树苗好，还捎带着卖果子。

2019 年初，农业部门面向职业农民、种植大户组织电商培训。王艳报名参加，收获不小，"过去，我们带着树苗、果子线下给客户推销，成本高，效率低。如今网上带货，客户更多，去年靠卖树苗、果子，纯收入超过 400 万元。"

政策好，人努力。2019 年初，王艳获评高级职业农民，种植基地也从起初的小规模试种扩大到 200 亩。大棚扩建后，设施配套、种苗选育，样样花钱。2020 年 7 月，她向银行申请到 300 万元贷款，"按照支持高级职业农民创业的政策，其中 100 万元贷款额度免担保、免抵押，这可是真金白银、雪中送炭。"王艳说。

"农业科技，要靠示范带动。我们做优培训、跟踪服务，就地培养爱农业、懂技术、善经营的新型职业农民。"杨凌示范区现代农业和乡村振兴局副局长杜伟莉说，杨凌持续培育新型职业农民，2200 多人通过初、中级资格认定，40 余人通过高级资格认定。

政策好，示范带动热情高。王艳每年要自驾穿越 10 多个省份，行程超 5000 公里，"线上卖树苗，线下教技术，我们每年上门指导新客户，回访老客户，把新技术送到千家万户。"王艳说。

国际合作

"一带一路"建设让杨凌连通世界，为全球粮食增产贡献力量

盼了好几个月，等快收获时，西北农林科技大学教授张正茂心里凉了半截：开春时种下的小麦、油菜、大豆，苗长得不理想，有的甚至没抽穗、没开花。

2017 年 7 月，张正茂收到哈萨克斯坦专家发来的引种试种失败的照

片。就在几个月前，他作为学校专家到那里，同对方两所农业大学推进在当地共建农业科技示范园的合作。

没过多久，张正茂便飞往哈萨克斯坦，同当地专家分析原因，还到与中亚地区气候、土壤条件等相似的我国西北部分地区调研，筛选适合哈萨克斯坦推广的良种和栽培技术。每到春播秋收，他和同事都要多次往返杨凌与哈萨克斯坦，同合作专家开展试验示范。

几年下来，边试种，边总结，张正茂对示范园能种什么品种、怎么开展田间管理了然于胸：当地日照长，作物生育期短，一些作物要选晚熟品种；小型农机、节水灌溉等要配套……

"我们在示范园试种良种，筛选优质本地品种，还带去国内先进的小型农机具，推广良种良技良法。"张正茂说。

西北农林科技大学教授张正茂（右一）在哈萨克斯坦北哈州一处农场调查引种小麦的生长情况。 郭东伟 摄（人民视觉）

示范推广带来效益。位于哈萨克斯坦北哈州的一处示范园，试验示范小麦良种，带动周边家庭农场种植，增产 20% 以上。北哈州农场主鲍尔江是受益者之一。过去，他家农场闲置地多，粮食产量低，销路成问题。现在他按杨凌专家的方法试种，地盘活了，产量增了，粮食由西安爱菊粮油工业集团订单收购，收入也提高了。

依托科研示范，西安爱菊集团近年来在位于北哈州的示范园周边 150 万亩的家庭农场开展订单农业，去年带动当地农产品销售约 14 万吨。张正茂和同事定期为集团员工、周边农场主开展农技培训，产学研融合，带动当地粮食增产、农民增收。

融入"一带一路"建设，依托高校、企业，近年来杨凌示范区在"一带一路"沿线国家建成 15 个农业科技示范园，带动当地增产，还增进了人员交流。

这两年，杨凌果蔬种植大户李海平的设施大棚里多了位外国专家。来自巴基斯坦的留学生金乐天，2022 年 9 月博士研究生毕业后一直在西农大从事博士后研究。他常到李海平的大棚取土化验，指导他科学施肥、改良土壤，两人成了好朋友。"去年春节，他就在我家过的。"李海平说。

金乐天这几年走访了杨凌在黄土高原的多个农业试验站，对中国农业科技进步感受更加真切。李海平则获评高级职业农民，还定期参与上海合作组织农业技术交流培训示范基地组织的线上培训，为"一带一路"沿线国家农技人员、专家、种植户授课，主讲适合在中亚、西亚干旱地区推广的设施大棚管理、节水技术。

2020 年 10 月，贯彻落实习近平主席重要倡议，上海合作组织农业技术交流培训示范基地在杨凌揭牌。此后，平均每年开展线上线下农业交流培训 30 余期，张正茂、金乐天、李海平、王艳都曾参与授课。

"'志合者，不以山海为远'，这些年来杨凌参观的外国专家多了，来西农大深造的留学生多了，'一带一路'建设让杨凌连通世界，为全球粮食增产贡献力量。"张正茂说。

（本报记者 孙振 高炳 《人民日报》2023 年 5 月 10 日第 7 版）

》》记者手记

把论文写在大地上

行走杨凌，惊叹于一项项科技成果，更为背后的故事感动。

88岁的杨凌职业技术学院研究员、小麦育种专家赵瑜，在北京农业大学（现中国农业大学）毕业后放弃留校任教的机会，60多年来吃住在陕西扶风县豆村农场试验基地，只因他深信"搞育种离不开土地和农民。"

习近平总书记强调："要加强农业与科技融合，加强农业科技创新，科研人员要把论文写在大地上，让农民用最好的技术种出最好的粮食。"

行走杨凌，对这句话的理解更加深刻。

说起杨凌小麦育种史，赵瑜语带自豪：上世纪全国六大小麦品种换代，4个出自杨凌，其中"碧玛一号"等品种累计推广超过4亿亩，极大地提高了小麦产量，"那时育种追求的是高产，现在追求的是优质，老百姓要吃饱，更要吃好。"

为培育高产优质农业种质资源，杨凌农业高新技术产业示范区近年成立种业创新中心，下设5个专家工作室，与17家高校院所、35家企业开展合作，年培育作物新品种20余项，推广超过5000万亩。赵瑜前年受聘为杨凌种业创新中心小麦工作站专家，承接中心高产优质小麦品种培育课题。课题研发学校提供多学科团队支持，种业创新中心提供科研经费，企业负责示范推广、成果转化，政企研协同攻关。

从主攻高产到培育建立高产优质农业种质资源，杨凌的实践告诉我们：把论文写在大地上，需要坚持坚守。要始终紧盯国家发展需求，服务国家发展战略，把科技成果应用在实现现代化的伟大事业中。

从专家团队单兵作战到政企研携手，杨凌的探索告诉我们：把论文写在大地上，需要求新求变。要不断完善农业科技创新体制机制，整合各级各类优势科研资源，构建梯次分明、分工协作、适度竞争的农业科技创新体系。

把论文写在大地上，我们期待更多这样的坚持坚守、求新求变，期待更多好技术、新成果，种出最好的中国粮。

（孙振　《人民日报》2023 年 5 月 10 日第 7 版）

9

绿色转型打开发展新空间

宁东能源化工基地。　　郭永顺　摄（人民视觉）

　　宁夏银川灵武市，宁东能源化工基地（以下简称宁东），一座座巨型装置高耸林立。今年以来，宁东重大建设项目、新建产业项目、投产产业项目取得新进展。

　　看数据，一季度宁东地区生产总值逾149亿元，增长11.4%，同比提高7.9个百分点；规上工业增加值增长13.2%，同比提高9.6个百分点。

　　观态势，经济运行稳中有进，新动能加速集聚，产业结构调整提速。

　　开局之年，实现开门稳、开门红。一个位于西部地区的能源化工产业开发区，充满旺盛活力，发展势头强劲。

2016 年 7 月，在宁东能源化工基地考察时，习近平总书记满怀深情，"我的心情也很激动"，感慨"社会主义是干出来的"。

2016 年年底，神华宁煤煤制油示范项目建成投产，习近平总书记作出重要指示，勉励"不断扩大我国在煤炭加工转化领域的技术和产业优势，加快推进能源生产和消费革命"。

作为国家亿吨级大型煤炭基地、国家级现代煤化工产业示范区，宁东给人的最初印象，就是"黑色"。然而走近宁东，却让人想不到——

精致的香水、高铁上的隔音阻燃材料、汽车的保险杠……这些高附加值产品的一些原材料，都是从煤炭中得来的。

关键就是技术创新，这是宁东从"靠煤吃煤"到"点煤成金"的奥秘。

"技术不能受制于人，否则太难受了！"谈起技术创新，宁夏泰和芳纶纤维有限责任公司董事长姜茂忠深有感触。

2019 年除夕夜，外方设备供应商一个电话打来，表示不能再供货了，让企业负责人"惊出一身冷汗"。

自此，泰和芳纶发力自主创新，与国内供应商联合攻关，仅用 3 年时间，就补上了相关领域的技术短板。

创新，已经成为宁东的基因。

从出台科技创新"20 条"，到大力推动现代煤化工中试基地，宁东在创新上用行动说话。2022 年，宁东全社会研发经费支出较上年增长 23%，有研发活动的规上企业占比达到 55%。

聚焦现代煤化工产业全链条，以创新为第一动力，把煤炭这块"乌金"的价值发挥到极致。但宁东更进一步，决心把"黑"变"绿"。

"一般企业只对危废进行处置，我们则通过技术手段对危废进行分离和反应，得到新的产品，相当于变废为宝。"宁夏睿源精细化工有限公司副总经理刘志强对企业的危废循环再利用充满信心。

以绿色发展理念为引领，宁东在企业循环式生产、产业循环式组合、园区循环式发展等方面同样走在前列。

深耕存量，也拓展增量。推动现代煤化工绿色转型，宁东人把目光投向氢能。

太阳能电解水制氢厂、氢能汽车……今天的宁东，氢已经成为煤以外的"第二燃料""第二原料"。

一条现代煤化工与清洁能源产业互补融合发展之路徐徐铺开，展现新的机遇。

习近平总书记深刻指出："始终以创新、协调、绿色、开放、共享的内在统一来把握发展、衡量发展、推动发展"。宁东用好新发展理念的指挥棒，打开了发展的新空间。

今年一季度，新增规上工业企业7家，总量突破100家；单位GDP能耗下降9.6%，同比多下降7.7个百分点——宁东"开门红"背后，发展质量和效益的提升，更令人惊喜。

从"傻大黑粗"向"高精特新"转型，宁东转得精彩！

夯实绿色发展根基，才能"红"得持久。

有家企业想在宁东建设一个产值不小的大项目，但几乎要耗掉宁东一半的用电量。"这笔账不划算"，宁东人守得住。

"质量不高，效益不好，宁可不要。"宁东人的"挑剔"与"固执"，成就了更加优化的产业结构。

先是泰和新材看准产业链投资建厂，后有一家外企3次追加投资打造世界级氨纶生产基地，另一家外企又建设年产10.8万吨差别化氨纶项目，"中国氨纶谷"应运而生……今天的宁东，大项目加快建设、好企业不断入驻、产业链深化延展。

"'十一五'时期，煤大概占到整个产业的70%，化工很少；到去年，化工已经接近60%。"聊起产业结构的变迁，宁东管委会经济发展局局长田彦虎充满自豪。

2022 年，宁东被四部委评定为国家产业转型升级示范区建设优秀等次。

让质量更高、效益更好、结构更优，宁东正通过短板产业补链、优势产业延链、传统产业升链、新兴产业建链，推动产业链、价值链不断向高端延伸。

习近平总书记深刻指出："必须更好统筹质的有效提升和量的合理增长"。宁东坚持质量第一、效益优先，积蓄了发展的后劲。

发展出题目，改革做文章。

宁东的"红"，还体现为改革释放的红利。

在宁东调研，感觉这里的改革总能先人一步、快人一拍、胜人一筹。

"对企业、群众来说，服务的关键诉求就是方便快捷，能不见面办的就不见面办，能立刻办的就立刻办，能就近办的就就近办。"宁东管委会政务服务中心主任杨克峰说。

把"放管服"改革作为激发经营主体活力的催化剂，把营商环境作为项目建设的支撑点，宁东持续优化政务服务，企业满意度连续 3 年居宁夏第一。

"管委会专门为我们成立专班，从入园办理各种手续，到路上有个坑、原料进不来，再到电线没有拉到施工现场，大事小事，只要提出，相关负责人当场就给解决。"一家企业的总监赵维家，谈起"宁东速度""宁东效率"，赞不绝口。

这家企业一期工程从开工到投产，仅用 280 天，刷新了氨纶全行业建设的最快速度，成为宁东深化"放管服"改革的生动注脚。

纵深推进"放管服"改革，扎实推进排污权、用能权、碳排放权等"六权"改革……宁东坚持改革赋能，不断为发展注入新活力。

习近平总书记深刻指出："以效率变革、动力变革促进质量变革"。宁东坚定不移深化改革开放、深入转变发展方式，赢得了发展的主动。

走过二十载，奋楫再出发。宁东正以推动国家能源基地高质量发展为目标，以"二次创业"为抓手，瞄准产业"高端化、绿色化、智能化、融合化"，着力建设"一个基地"和"五个示范区"。

"习近平总书记发出的'社会主义是干出来的'伟大号召，是我们的宝贵精神财富。宁东能源化工基地要做实践的先行者，牢记幸福是奋斗出来的，树立争先领跑意识，努力在落实'双碳'战略、保障国家能源安全、创新驱动发展、煤炭清洁利用等方面创造更多典型，作出更多示范。"宁夏回族自治区党委主要负责同志表示。

（本报记者 陈家兴 李增辉 彭飞　《人民日报》2023 年 5 月 15 日第 1 版

本报记者张文、尹双红参与采写）

"点煤成金" 惟有创新

——宁夏宁东能源化工基地高质量发展纪实

宝丰 1GW 智能光伏电站。　宁东管委会供图

127

这里曾是茫茫荒滩戈壁，如今已成为国家重要能源基地。

20年，从无到有、由小到大，一座现代化工业新城拔地而起。

宁夏，宁东能源化工基地（以下简称宁东）。

2022年，地区生产总值达到620亿元。2022年，全国643家化工园区高质量发展综合评价排名第五，连续5年入围全国十强。

今天的宁东，成为宁夏经济发展的重要引擎，产值近2000亿元的化工园区、国家产业转型升级示范区和现代煤化工产业示范区。

于一穷二白中奋起，在披荆斩棘中奋进。

"在我国西部建设这样一个能源化工基地，特别是建设一个目前世界上单体规模最大的煤制油项目，具有战略意义。"

2016年7月，习近平总书记赴宁夏考察，来到宁东。2008年，他也曾踏上这块热土。抚今追昔，习近平总书记即兴讲话，声音充满了力量：

"我的心情也很激动，看到了社会主义的大厦在一砖一瓦地建起来。"

"社会主义是干出来的""中华民族积蓄的能量太久了，要爆发出来去实现伟大的中国梦。"

习近平总书记热情洋溢的话语，感染了现场每个人，更鼓舞和激励着亿万人民共同团结奋斗、实现伟大梦想。

站在新的起点上，宁东乘势而上，开启二次创业和高质量发展之路。

从"靠煤吃煤"到"点煤成金"

在"宁东会客厅"，存放着一块乌黑发亮的煤炭样本。

这是拥有"煤中之王"美誉的"太西煤"，因品质优良而被列为宁夏五宝之一。

因煤而建、因煤而兴。宁东20年，实质就是如何"玩转"这块能燃烧的"石头"。

由于煤炭储量丰富，历史上的宁夏"靠煤吃煤"、粗放发展，但随着产能过剩、盈利下滑，煤炭产业一度成了"烫手山芋"。

如何更好挖掘煤炭的经济价值，打造更强劲的工业引擎？

向现代煤化工领域进军！

攻克现代煤化工这块高地，将助力宁夏走出一条新型工业化之路。

拉长煤炭产业链，让煤炭就地转化，把资源优势变为经济优势，将推动宁夏加快转变经济发展方式，加快产业转型升级，加快新旧动能转换，加快高质量发展。

2003 年，宁夏决定举全区之力建设宁东能源化工基地，并将其确立为自治区"一号工程"。

蓝图由此铺展。

宝丰能源装置区。　　　宁东管委会供图

然而，困难比预想的还要多。

"那个时候，掰着几个手指头都能把所有项目数过来。"回忆创业初期的艰辛，田彦虎颇为感慨。作为宁东管委会经济发展局局长，他见证了宁东的成长壮大。

那时候，产业集聚尚未形成，同类产品竞争激烈，价格一降再降，效益上不去。

如何形成独特优势，赢得市场竞争？

局部问题，往往要从全局中寻找答案。

党的十八大后，习近平总书记提出了一系列关于发展的重要论断。

"全方位推进科技创新、企业创新、产品创新、市场创新、品牌创新""走老路，去消耗资源，去污染环境，难以为继""推动经济发展质量变革、效率变革、动力变革"……

让创新成为第一动力、协调成为内生特点、绿色成为普遍形态、开放成为必由之路、共享成为根本目的，新发展理念成为引领发展的"指挥棒"、破解难题的"金钥匙"。

思想之光照亮航程，宁东掀起新的建设热潮。

"越是欠发达地区，越需要实施创新驱动发展战略。"习近平总书记的深刻论断，在宁东得到生动呈现。

2013年9月，神华宁煤煤制油示范项目开工。该项目年产400万吨，全球单套装置最大。

2016年12月，项目建成投产。宁东依靠科技创新实现蝶变迈出关键一步。

习近平总书记对项目建成投产作出重要指示强调："转变经济发展方式、调整经济结构，推进供给侧结构性改革、构建现代产业体系，必须大力推进科技创新，加快推动科技成果向现实生产力转化。"

今天，煤制油产品愈发精细，不仅能产出高端润滑油、食品蜡等，还能作为航空航天燃料使用。

以前按吨卖煤炭，现在按克卖煤化工产品。新时代以来，从挖煤卖煤、以煤发电到煤制油化工，再到拓展新材料等新兴产业，宁东华丽转身，实现了从"地下"到"地上"、从"黑"到"白"、从"白"到"彩"的产业三级跳。

2020 年 12 月 3 日，嫦娥五号着陆器携带的五星红旗在月球表面成功展开，惊艳太空。这面红旗不仅能抵御月球表面恶劣环境，还能保证不褪色、不串色、不变形。

谁能想到，制作红旗的基础材料之一——高性能芳纶纤维，竟是以黝黑的煤炭为原料加工而成。生产这种材料的泰和新材料股份有限公司，是宁东的骨干企业之一。

聚焦"煤头化尾"，将煤"吃干榨净"，产品附加值呈几何级数增长。今天的宁东，正着力打造煤制油、高性能纤维等八大细分产业链和高端产业集群，着力培育清洁能源等三大战略性新兴产业，不断向产业更高端迈进。

"惟创新者进，惟创新者强，惟创新者胜。"一路走来，宁东人真切体会到，"点煤成金"，惟有创新！

谈起煤化工，很多人第一印象就是"黑"：地是黑的，天是灰的，甚至连空气中都弥漫着烧焦的味道。

但走进宁东，感受到的却是干净、整洁、清新。

如何摆脱"黑色印象"，凸显"绿色主题"？

"如果把宁夏比作一套房子，那么我们毫无疑问就是最容易产生油烟的厨房。"对环保面临的压力，宁东人并不讳言。

把高污染的标签撕下来！把高能耗的印象扭过来！宁东人有一股倔劲、拼劲。

"尽管我们是工业园区，但在环境方面的指标完全参照城市建设标准。"谈及污染防治，管委会生态环境局二级调研员刘浩说："空气自动监测站，我们就建在烟囱边上。"

2014 年，宁夏第二条电力外送通道项目向有关部门报批，宁东提出将火电排放标准对接国家最新"超低排放"标准，一度引起"能否实现"的质疑。管委会将最新标准纳入新建火电项目环评。2016 年，基地所有 30

万千瓦以上火电机组全部实现"超低排放"。

正如习近平总书记强调的："决不以牺牲环境为代价去换取一时的经济增长，决不走'先污染后治理'的路子"。

从设定更严格的环评标准，到严厉查处环境违法案件；从出台奖补政策为企业环保改造和技术升级提供支持，到鼓励应用二氧化碳捕集、利用与封存等新技术推动节能减排……一系列有力举措，打造出绿色低碳发展的"宁东样本"。2022 年，宁东环境空气质量地级市排名全区第三，水环境质量排名全区第一，固废资源化利用率达 59%。

新时代 10 年，宁东变化沧海桑田，源自矢志不移的艰苦奋斗，更源于新发展理念撬动的深层变革。

"增强能源自主保障能力、推动煤炭清洁高效利用、促进民族地区发展""不断扩大我国在煤炭加工转化领域的技术和产业优势，加快推进能源生产和消费革命"，习近平总书记的重要指示，为宁东未来指明了方向。

以新发展理念为指引，宁东今天让世人瞩目，明天有无限可能。

经过整治，石槽村煤矿采空区变成绿地。　宁东管委会供图

"安全生产是民生大事，一丝一毫不能放松"

安全是"1"，发展是"0"，有了前面这个"1"，后面的"0"才能成立。

在宁东，看到、听到最多的词之一，就是"安全"。

习近平总书记指出："安全和发展是一体之两翼、驱动之双轮。安全是发展的保障，发展是安全的目的。"

如何更好统筹发展和安全，是宁东高质量发展绕不过去的命题。

化工产业天然具有一定风险。但另一方面，它又是国民经济的基础性产业，塑料、橡胶、油漆、药品、服装……生活中，化工产品无处不在。同时，它在国民经济中地位突出，既关乎经济发展和社会就业，也和产业链下游的电子信息、新材料、新能源等战略性新兴产业发展高度相关。

当许多东部化工企业选择到欠发达地区"安家"，在带来项目、资金、就业的同时，也引发一些质疑：化工企业污染大、安全性低，对欠发达地区是利大于弊，还是弊大于利？

田彦虎说："'十三五'时期，宁东实现跨越式发展，关键就在于抓住了东部产业转移的机遇。"

产业梯度转移符合经济规律，有利于区域协调发展，但承接产业绝不意味着"捡到篮里都是菜"。

在安全、环保、能耗等方面提高门槛，明确技术改造升级要求，变被动接受为主动选择，最后留下的，才是好企业、好项目。

"'傻大黑粗'我们不会要，安全管理能力跟不上的更不行。"管委会招商局职员徐渊浩说："因为不符合要求，我们挡出去的百亿项目比引进来的还多。"

化工产业转移绝不意味着"事故转移""污染转移"。只有牢牢守住安全生产、生态保护的底线，加强技术改造升级，才能形成双赢乃至多赢局面。

习近平总书记指出："安全生产是民生大事，一丝一毫不能放松""始终保持如履薄冰的高度警觉"。宁东人时刻铭记在心。

面对安全风险，技术能力是第一道闸口。

宁东距离黄河仅 30 公里，如何守护黄河流域水安全，是一道必答题。

近年来，宁东大力推广工业水循环利用、重复利用等节水技术，鼓励企业通过技术改造将尾水废水处理后实现资源化利用。特别是基地内的现代煤化工产业区，建成国内技术领先的化工废水及矿井水处理装置。

安全生产也是管出来的，严格的管理、完善的制度是重要保障。

"我们要求所有企业都提供一张图，包括所有装置、原料、产品的位置和储存，以备应急时使用，确保采取的措施安全、有效。"谈及安全生产，管委会应急管理局副局长马仪宏说。

从划定安全控制线、修订"禁限控"目录、完成园区深度风险评估，到开展化工和危化企业"带病运行"等专项整治，再到强化队伍建设……一系列有力举措，织密安全网、筑牢安全墙，把安全生产融入园区每个细节。

常态化开展各类应急演练，开展"安全生产月""煤矿安全警示周"等活动，组织高层次安全管理人员前往国内知名高校进行培训……宁东创新方法和手段，不断提升安全意识。

夯实安全地基的宁东，在高质量发展道路上行得更稳、走得更远。

"社会主义是干出来的"

十多名工人撸起袖子、目光灼灼，在荒原上挥汗如雨、辛勤劳动……走进宁东"社会主义是干出来的"主题教室，一面鲜红的浮雕震撼人心。

短短 20 年，宁东奇迹的背后，凝结着多少奋斗者的汗水，蕴藏着怎样的精神密码？

习近平总书记在宁东考察时指出"社会主义是干出来的"，这是宁东发展历程的深刻总结，已经成为宁东人自觉践行的座右铭，为宁东在新征程上开拓创新、拼搏进取提供了强大精神力量。

大道至简，实干为要。

20年来，宁东人始终锚定奋斗目标，一张蓝图绘到底，一任接着一任干，一棒又一棒接力奔跑。

在这里，那种攻坚克难的勇气令人震撼。

在煤制油项目厂区，回想当年煤制油项目建设中的情景，最多时有3万名工人同时施工；为了创新突破，大家发扬拼搏精神，全力攻坚克难；有的工人坚守一线，连续60天不回家……

哪有什么"一夜功成"，其实都是"百炼成钢"。

工人检查设备运行情况。 宁东管委会供图

今天的宁东，尽管早已走过创业阶段的艰辛，但新的战斗还在继续。

"再干一个二十年！"宁东人无私奉献的精神令人动容。

"刚到宁东，才20多岁，只见一片黄土、沟壑很深，我不知道自己在这里能发挥什么作用。"管委会自然资源局职员韩韦深有感触："今天，看到园区的道路、管廊，很有成就感。我们也随着宁东一起成长，把青春献给了这片热土。"

"已经有半年多没回家了。"谈及远在江苏的家，苏利（宁夏）新材料科技有限公司总经理常诚表示："怎么会不想家，但实在走不开，这边工作太多，需要我坚守。"

从冲锋一线的党员干部，到兢兢业业的产业工人；从努力拼搏的企业家，到刻苦钻研的技术人员……无私奉献的劳动者，是宁东最可爱的人。

宁东的今天，源自无数人的奉献；宁东的明天，还要在奉献中前行。

在这里，那种积极作为的担当令人钦佩。

一家当地企业向银行申请贷款，须在晚8点前递交材料，但要先在政务服务中心完成股东变更登记手续。眼看就要到下班时间，企业自己内部程序都还没走完，怎么办？

政务服务中心立即启动"延时服务"。"什么时候解决完问题什么时候下班。"中心负责人的一席话，给企业吃下定心丸。

"亲而有度"，加强自我约束；"清而有为"，以高效服务锻造"宁东速度""宁东效率"……

宁东干部深知，好项目是宁东发展的生命线，好企业是宁东高质量发展的本钱，企业家是宁东的宝贵财富，为他们办实事、解难题，就是真正的担当作为，就能为发展增添更多活力。

在这里，那种敢闯敢试的劲头令人赞叹。

在排污权、用能权等"六权"改革中先行先试、创新突破、开题破局；在全区率先推行多评合一、全程代办、证照分离、预审代办等"放管服"改革举措；出台"宁东创新20条"政策，激励企业开展创新活动；建立以岗位管理为核心的人事管理体系，推动二次创业和高质量发展人事薪酬制度改革……敢为人先、敢闯敢干，宁东全力推进改革创新。

俯瞰宁东，曾经的采煤沉陷区，一块块光伏板整齐排列在起伏的大地上，犹如一片蓝色海洋，蔚为壮观。

煤制油项目厂区，"社会主义是干出来的"几个红色大字熠熠生辉，催人奋进。

习近平总书记强调："我们靠实干创造了辉煌的过去，还要靠实干开创更加美好的未来。"铿锵的话语，照亮了强国建设、民族复兴的新征程。

（本报记者 李增辉 彭飞 张文 尹双红

《人民日报》2023 年 5 月 15 日第 6 版）

》》记者手记

宁东，成于实干

一到宁东，心生感慨。这座现代化工业新城，从茫茫戈壁荒滩拔地而起。一路探访，倍感振奋。20 年间从无到有、从小到大，宁东始终涌动着开拓创新的激情。

回顾历史，宁东人对老一辈建设者的远见卓识充满敬佩之情。20 年前，宁东建设者们意识到，光靠挖煤卖煤肯定不行，角色需要转变，欠发达地区凭什么就不能生产出高附加值工业品？能源化工基地的诞生与发展，集中体现了当地向产业链更高端迈进的不懈探索，彰显了宁夏充分发挥资源优势、推动工业转型升级的决心。

敢想，还要敢干！20 年来，宁东选择的是一条上坡路。靠什么披荆斩棘、爬坡过坎？创新，无疑是其中的关键一招。

"什么是'CCUS'？"与当地干部座谈时，我们深入了解了这项节能降碳前沿技术——CCUS（碳捕集、利用与封存）。正在建设的百万吨CCUS示范工程，不仅将显著降低宁东碳排放量，还将捕集的二氧化碳输送给长庆油田，实现"变废为宝"。

如今的宁东，推陈出新、打破惯例已成常态。政策创新，让28个行政部门统一入驻政务大厅，实现企业办事一站式服务；技术创新，让宁东产品一次次吸引眼球——高性能纤维细如发丝却能承受重型卡车的拉力，特殊防火布料阻燃耐高温、离火即熄……没有一股拼劲，宁东就不会有今天。

越是欠发达地区，越需要实施创新驱动发展战略。宁东人明白，必须在创新中求发展、谋未来！

实干之风扑面而来。电梯里，结伴而行的人兴致勃勃地讨论项目；展板旁，企业负责人目光坚定，对产业蓝图详细规划；车间内，技术工人围坐讨论，为完善一项操作规范集思广益……这里，有一群兢兢业业、干事创业的人；这里，是一片让实干者踏踏实实奋斗的热土。

实干不意味着只埋头、不看路。宁东人还善于寻找方向，一旦认准方向，就一张蓝图绘到底，一任接着一任干。如今的宁东，聚焦煤制油、煤基烯烃等八大细分产业链，发力清洁能源等三大战略性新兴产业，朝着产业"高端化、绿色化、智能化、融合化"奋力前行。

新的起点，新的出发。结束宁东之行，展望宁东未来，留在心里的，唯有坚实的信心和满满的期待！

（张文 《人民日报》2023年5月15日第6版）

10

努力打造发展新高地

北京亦庄景观。　　景阁轩　摄（人民视觉）

三十而立再逢春，北京经济技术开发区（北京亦庄）今年第一季度几组数字让人振奋——

工业总产值占比达北京全市的22%。完成全社会固定资产投资218亿元，同比增长6.9%；其中规模以上工业固定资产投资82亿元，同比增长7.1%。

集成电路产业专班、新一代信息技术产业专班、生物技术和大健康产业专班、汽车和智能制造产业专班正式挂牌，覆盖新一代信息技术、新能源汽车和智能网联汽车、机器人和智能制造、生物技术和大健康四大主导产业，总规模近4703亿元。高端汽车和新能源智能汽车产业产值突破610

亿元；机器人与智能制造产业同比增长 8.7%；制造业新升规企业产值同比增长 26.6%。

新增外资企业 14 家。实际利用外资 2 亿美元，同比上升 104%。

…………

2017 年 2 月，习近平总书记在北京考察工作时强调："北京的发展要着眼于可持续，在转变动力、创新模式、提升水平上下功夫，发挥科技和人才优势，努力打造发展新高地。"

从 30 多年前 3.83 平方公里的亦庄工业小区到如今 225 平方公里的亦庄新城，从工业总产值占全市比重仅 0.1% 到占比排名全市第一，北京亦庄已成为首都高精尖产业的主阵地。

开局决定全局，起步就要冲刺。北京市委主要负责同志表示，北京深入贯彻习近平总书记对北京一系列重要讲话精神，坚定实施创新驱动发展战略，在打造国家战略科技力量、构建高精尖产业结构、建设高水平人才高地等方面持续发力，奋力谱写全面建设社会主义现代化国家的北京篇章。

行走亦庄，一幕幕蕴涵着科技感与想象力的场景令人印象深刻——

从通明湖畔的大厦高处眺望，只见湖似日月环抱，碧水清波荡漾，杨柳夹岸，步道蜿蜒，宜人景色呈现盎然生机。这里是风景宜人的公园，更是前景动人的信创园——通明湖国家信创园和国家信创基地，是高端、高新、高价值信创产业聚集中心。"近 250 家企业覆盖芯片、超算、数据库、传感器等领域，全国 90% 以上信息技术头部企业已在这里落户。"园区负责人语带自豪。链条完整、体系完备的科创生态，与园湖一体、绿色发展的环境生态，奇妙呼应又相互融合促进。

数万平方米的仓库不见人影，只有一群红色机器人在货架间上上下下忙得不亦乐乎。"基于人工智能，我们可对一定区域内的货物购买情况进行精确测算，从而更好准备货源，精准度大约在 92%，而且预测技术研发全自主。"京东集团副总裁吴猛推介智能仓储解决方案。

"脂微球在电子显微镜下是一个直径 200 纳米左右的'小球',它的靶向递送技术,能够像导弹一样将这些'小球'运送到病变血管位置,从而实现靶向治疗。"北京泰德制药股份有限公司副总裁赵焰平指着展柜里一款产品,介绍医药技术的研究成果。

北京奔驰总装二工厂车间内的柔性产线,多种车型正在混线生产,45 秒就能"跑"出 1 台成品车。"我们同时拥有前驱车、后驱车、电动车三大车型平台,以及发动机与动力电池工厂,并实现了发动机核心零部件与整机的出口。"北京奔驰党委副书记、纪委书记、工会主席孙辉介绍。

北京经开区管委会主任孔磊表示,作为北京市唯一一个国家级经济技术开发区,亦庄始终坚持"国家需要的就是亦庄要干的",全力聚焦前沿产业布局和科技创新引领,将打造高质量发展"新高地"作为职责使命。

抚触亦庄脉动,能感受到这里到处充盈着打造发展新高地的信心与活力。

——破解"高精尖"难点。如果问亦庄的产业布局有何特点,用两个关键词可以回答:制造业、高精尖。"我们干的就是'高精尖',企业要来,必须符合产业定位。"孔磊透露,亦庄新城单位土地产出强度不断加密,目前地均工业产值约 310 亿元 / 平方公里。

开局之年,亦庄如何进一步聚焦国家战略和产业发展重大需求,加大企业创新支持力度?如何积极鼓励、有效引导企业参与国家重大创新,推动企业在关键核心技术创新和重大原创技术突破中发挥作用?孔磊说:"要干,就干最难的、最缺的。聚焦'国之大者',参与全球竞争。这就是亦庄的发展定位。"

走进京东方技术创新中心,琳琅满目的显示屏,大至整面墙,小至需要放大镜才能看清,共同展示着多姿多彩的视觉盛宴。

实现高水平科技自立自强，围绕全国重大战略产业的核心技术和核心设备加大产业投入，亦庄孜孜以求。

——化解"转化难"卡点。"目前，我们正在努力以联盟形式推动行业的技术协同，通过与上下游企业对接形成产业集群，在亦庄形成较为完整的芯片创新产业链条，把新能源汽车产业的关键核心技术掌握在我们自己手中。"国家新能源汽车技术创新中心主任原诚寅介绍。

在施耐德电气有限公司5500多平方米的DR生产线车间，职工正在认真组装零件，300多台自动化生产设备平稳运行。十几英寸的平板电脑屏幕上，整条生产线的工作状态一目了然。车间负责人指着屏幕说："借助平板电脑实时读取设备参数，6名工厂维修工程师就能高效完成数百台生产设备的日常检测和维护工作。"

赛诺威盛科技（北京）股份有限公司攻克CT探测器等核心技术，成为首个跻身国际一流CT制造商阵营的国内企业。在经开区区史馆里，一项令人振奋的技术创新成果赫然在列。这项成果的出现，对于破解医疗领域关键核心技术具有重要引领和示范作用。

从高端医疗设备制造企业在亦庄布局全球创新中心，到超高清、柔性显示等技术国产化突破和规模应用……北京经开区正成为创新资源集聚平台和成果转化枢纽。

无人驾驶技术在这里成为现实；神州细胞的原研药物，在这里实现量产走向市场……对于亦庄来说，加速推进科技成果转化和产业化步伐，是使命更是任务。"我们积极探索更多的以产促研、交叉融合、大中小融通发展的亦庄案例。"北京经开区管委会副主任刘力表示。

——疏解"放管服"堵点。从"一堆证"到"一张证"，从"几次办"到"一次办"……亦庄推进审批服务从"便利化"加快向"极简化"转变，全面推进以"市场化、法治化、国际化、便利化"为目标的营商环境改革。北京经开区政务服务中心大厅里展示着"亦庄效率"：100多项营商改革优化举措全部完成，多项举措为全国或全市首创、首试。

"原来有企业反映，不同的问题要对接不同部门，效率不高。现在只有专班一个入口，企业有需求可以找到专班，由专班负责同志找管委会相关部门协调解决。"北京经开区管委会副主任沈永刚介绍，机构改革大幅缩减了行政机构，亦庄成立 5 个产业专班，服务企业的效率进一步提升。

北京经开区政务服务中心工作人员涂瑞敏举例："以往办理外国人工作许可和工作类居留许可，需要跑两个部门、两个地点，至少往返 4 次，17 个工作日才能办完。现在单一窗口进行联办，办理时限缩短为 5 至 7 个工作日。"

外国投资者用实际行动对亦庄的营商环境投下"信任票"：自建设以来，亦庄累计吸引外商投资企业 1043 家，实际利用外资近 110 亿美元。

4 万平方米的公园、多元文化交融的配套服务设施、全智能绿色生态社区场景……北京首个百万平方米规模的国际人才社区，日前在亦庄开工。"这是我们打造'人才矩阵'配套服务的重要一环，为的是吸引更多人才。"北京经开区工委副书记、组织人事部部长于森说，经开区人才总量目前达 34.92 万人，人才贡献率超过全市平均水平 7.35 个百分点，万人发明专利达 839 件，是全市平均水平的 3 倍以上。

世界 500 强企业的高管、百度的程序员、奔驰的工程师、小米智能工厂的产业工人、科技企业的年轻创业者……亦庄为无数追梦者提供筑梦圆梦的机遇和舞台，奋斗者用拼搏创造着一个又一个发展奇迹。

永葆开路先锋的勇气锐气朝气，新时代的亦庄前景广阔、未来可期。

（本报记者 袁新文 杜尚泽 虞金星 《人民日报》2023 年 5 月 17 日第 1 版）

创新之城拔节生长

——北京亦庄高质量发展纪实

北京亦庄宏达路街景。 北京经济技术开发区工委宣传文化部供图

这是一片涌动着智能与创新的沃土——

无人驾驶汽车穿梭在大街小巷，厂房可以叠在一起变成智能摩天工厂，高清裸眼 3D 屏让影像如真立现，24 小时运转的生产线上看不见工人身影；

这是一个承载着梦想与实干的地方——

新一代信息技术、高端汽车、产业互联网、生物医药等 4 个千亿级产业集群迅速崛起，以北京 0.35% 的土地贡献了全市近 30% 的工业增加值。

这里是北京市唯一的国家级经济技术开发区，是首都高质量发展的开路先锋，是首都创新驱动的前沿阵地——这里就是北京经济技术开发区（亦庄）。

2017年2月，习近平总书记在北京考察工作时强调，北京的发展要着眼于可持续，在转变动力、创新模式、提升水平上下功夫，发挥科技和人才优势，努力打造发展新高地。

牢记嘱托，踔厉奋发，亦庄创业者们在新时代新征程上描绘出锐意进取的崭新画卷。在这里，人们真切感受到高质量发展的强劲脉动：

获批全国首个人工智能高新技术产业化基地，智能制造标杆企业数量占全市38%，居全市第一；

公园绿地500米服务半径覆盖率超过94%，污水收集率、污水处理率均为100%；

以新一代信息技术、新能源汽车和智能网联汽车、机器人和智能制造、生物技术和大健康四大主导产业为引力的高精尖产业格局构建明晰，产业集群化发展优势愈发明显。

开局起步坚实，锚定目标奋进，只为"打造具有全球影响力的高精尖产业主阵地"。

加快成果转化——
"我们要让每个梦想都发光"

打开投影，点开PPT，在北京神州细胞生物技术集团股份公司的办公楼，董事长谢良志向记者展示着研发产品的特质和细节。字符与图表交织的页面上，记录着首个国产重组凝血八因子药物，历时14年研发与上市的不易，也描绘着一项项科研成果量产投用后的振奋与喜悦。"研发新药周期长、败率高，但自主研发是我们的优势！"谢良志话语中充满自信与自豪。

在高精尖科研成果与产业化大众应用之间，隔着一道技术转化的鸿沟。"我们的目标就是要跨越这道鸿沟。"国家新能源汽车技术创新中心主任原诚寅坚定地说。

瞄准国际科技创新中心建设，亦庄以多元平台打造创新生态雨林，搭建全链条服务体系，为基础研发提供转化支持，提升从实验室到产业化效率。

"科创成果，既要找得到、引得来，更要落得下、能推广。"经开区管委会主任孔磊说，"我们要让每个梦想都发光。"

对此，张逸凌感受尤深。作为长木谷医疗科技股份有限公司的董事长，张逸凌长期专注于骨科人工智能与手术机器人的研发与应用。在公司办公区，一台智能手术机械臂吸引了记者的目光。

"依据患者 CT 影像，我们用一套智能算法通过三维建模设计治疗方案，再用手术机器人按术前计划精准实施手术，有效提高手术效率和安全性。"张逸凌一边说着，一边在电脑前向记者展示治疗方案的设计过程。"全国有数百家医院的医生使用我们的产品；很多县医院也开始使用。"

落户亦庄绝非偶然。在生物医药产业，经开区有覆盖上下游完整的产业链条，机器人和智能制造作为经开区的主导产业之一，产业基础强大，人才储备丰富。

作为北京国际科技创新中心建设主平台"三城一区"中的"一区"，经开区担负着"承接三大科学城创新效益外溢"的重任，据统计，自 2017 年以来，经开区累计承接"三城"科技成果转化项目超 700 项，产学研合作研发新技术新产品超 1200 项。

北京奔驰总装装焊生产线在工作中。

北京经济技术开发区工委宣传文化部供图

创新体制机制——

"在竞争中跑出加速度"

系好安全带，点击启动键，"萝卜快跑"小汽车载着记者稳速启程，车前的屏幕实时显示着周边路况信息，不论是遇到红绿灯，还是驶向拐弯处，乘客都感觉舒适自然。而这居然是一辆无人驾驶车。

来自百度智能驾驶事业群组的宋德王介绍："今年3月，'萝卜快跑'首批获准在京开展车内无人自动驾驶示范应用，这是全球范围内全无人自动驾驶车首次在首都城市落地。"

2020年，北京市正式提出在亦庄建设高级别自动驾驶示范区，"北京市高级别自动驾驶示范区工作办公室"应运而生。办公室副主任陈严说："大家跨部门、跨专业，集中统筹资源，提高工作效率，在竞争中跑出加速度。"

实现科技创新，离不开体制机制保障。围绕重点产业成立工作"专班"——"专项、专班、专人、专责"，是亦庄的一种探索。

"专班实行相对独立的运行模式，结合产业发展特性，加强招商引资，为企业提供一对一的'一站式''管家式'服务。"经开区管委会副主任左仁贵说。

"前两天专班的人还帮我们解决了一个文件审批的事。"在北京泰德制药股份有限公司大楼，公司副总裁赵焰平向记者介绍，"大到企业用地、投产审批，小到日常水电、办公问题，我们有事都找专班。"

左仁贵介绍，包括高级别自动驾驶在内，这样的专班在亦庄共有5个，涵盖新一代信息技术、生物技术和大健康、汽车和智能制造等领域。

改革体制机制，亦庄从未停步。

走进经开区区史馆，一块硕大的"箭头"展板夺人眼目——箭头左侧，是机构改革前的62家单位名称；箭头指向"14+9+4"，改革后27家单位，精简比例近60%。

随着北京市委市政府提出调整经开区管理体制和扩区发展的要求，经开区再次摁下"改革"键——

打破行政机关和事业单位界限，坚持"全员聘任，岗位管理，绩效薪酬，任期考核"；

"对标国际标准，全面推进以'市场化、法治化、国际化、便利化'为目标的营商环境改革，我们建立了'审批—监管—执法'链网模式，将789项审批权限归于行政审批局，6747个行政处罚及与其相关的行政强制权归于综合执法局，实现一枚印章管审批、一支队伍管执法。"经开区管委会副主任郑海涛说。

向创新要动力，向改革要活力。体制机制的改革创新，成为推动亦庄高质量发展的"关键一招"。

京东方第 8.5 代薄膜晶体管液晶显示器件（TFT—LCD）生产线投入使用。
北京经济技术开发区工委宣传文化部供图

推动"四链"融合——
"'盯大树'，也要'育小苗'"

高山流水从墙面扑来，浩瀚星空映射在脚下……走进京东方技术创新中心展厅，折叠屏、全面屏等各种柔性显示应用，让记者目不暇接。目前，全球每 4 个智能显示终端，就有一块显示屏来自京东方。

聚焦前沿科技领域提前布局，围绕重大基础性科研项目加强平台建设和资源整合，亦庄从政策导向、资金流向、产业扶持方向上加大创新链产业链资金链人才链深度融合，为高质量发展夯基筑底。

各个城市的"国货"消费偏好是哪些，不同年龄段对哪些"国货"更偏爱……在京东集团展示厅的一块巨屏上，记者看到了一项项关于"国货"消费的精准答案。"京东物流快，不只是时效快，更是算法和供应链层面的快。"京东集团副总裁吴猛介绍。

高效背后是"四链"的深度融合。截至 2022 年底，京东体系在基础科学和技术研发上的累计投入已近 1000 亿元。吴猛表示："京东自主研发的仓储自动化解决方案处于全行业领先地位，这也是我们供应链强大的关键。"

站在信创园的大楼上远观通明湖，一幅产业发展与生态留白交相辉映的画卷徐徐铺展开来。一期项目提速封顶，国内首个开放原子开源基金会落地……近 250 家信创领域企业落户信创园，集聚起全国 90% 以上信息技术头部企业。

统信软件总经理刘闻欢介绍："国产操作系统迁移的基础，是营造一个创新的生态圈。生态圈内除了我们操作系统厂商外，更要聚集整个产业链的合作伙伴。"

经开区从政策、资金等方面扶持科创企业整体发展，并依托中芯国际、北方华创等龙头企业，培育、引聚一批"专精特新"企业进行强链补链，构建起集成电路、高端显示、信创等各细分领域全产业链协同发展生态。截至目前，亦庄共有各级专精特新企业 619 家，其中国家级专精特新"小巨人"企业 87 家。

"'盯大树'，也要'育小苗'。我们以每 2 平方公里左右为单位，明确一个细分领域，引导创新要素和产业要素聚集，推动全产业链集群发展。"经开区管委会副主任沈永刚介绍。

人才链是"四链"的基础链。围绕引才聚才，亦庄打出"组合拳"——

与北京大学、清华大学、中国科学院微电子研究所签署 10 年战略合作协议，设立产教融合基地。

出台"人才十条"政策，每年设立 10 亿元人才发展专项资金，完善人才支持保障系统，形成人才队伍梯次。

北京首个百万平方米规模的国际人才社区破土而起，智能家居与居室设计全面融合，实现舒适入住、科技生活。

经开区工委副书记、组织人事部部长于淼透露，如今亦庄人才总量达到34.92万人，人才贡献率超全市平均水平7.35个百分点。区内国家级、市级人才计划入选者等高层次人才在全市占据重要比重，人均发明专利数量等关键指标全市领先。

优化营商环境——
"企业吹哨、部门报到"

京东七鲜超市工作人员拿到综合许可证。
北京经济技术开发区工委宣传文化部供图

"看，这是亦企服务港工作人员发来的信息，问题已在港内解决。"

经开区工委宣传文化部常务副部长陈建民拿起手机，向记者展示"亦企服务工作调度群"的群消息。经开区的各级领导都在群内，"港内办不了的，会直接安排到相关部门，限时解决。"陈建民说。

"天天在企业身边，大家怎么能不熟呢？"亦企服务港（通明湖港）总干事毕诗豪介绍："按照'企业吹哨、部门报到'的思路，像这样的服务港亦庄新城范围内共有11处，我们的承诺是，3天回复、15天跟踪。"

高质量发展，离不开高质量的营商环境。

"从没想过这么快就能办下来！"北京亦盛精密半导体有限公司的负责人至今还感叹，土地摘牌3天后，公司就拿到施工许可证。这样的高效源于经开区主动靠前的服务意识，最大限度压缩审批时限，通过市区两级部门动态协同，保障项目实现"拿地即可开工"。

一块桌牌立在经开区政务服务中心大厅前台显要处，反映"办不成事"窗口吸引着记者目光。

"企业群众遇到任何没解决的事，都可在这里反映，我们登记问题台账，派单至相关部门，推动问题限时解决。"政务服务中心工作人员介绍，"可能一个月接不到一起情况，但是设立这个窗口就是我们的态度和决心。"

早上8点，孔磊将早餐地点从管委会搬进了科技园，与来自生物医药界的5名企业家代表和1名医院代表，围坐在食堂的餐桌前敞开了心扉。"大家边吃边聊，有哪些困难尽管说，有什么建议尽管提。"

"能否帮我们再多引进些人才？""希望能加大生物医药企业对用地需求的研究。"……能现场解决的立即答复，不能现场解决的形成督办清单，马上发到相关部门协调落实。

这样的"企业家晨会"，从2019年至今已经办了4年。"如今已举办46期，帮助145家企业，解决了400余件问题。"经开区管委会的工作人员说。

"一件事一次办"、"一业一证"、"零接触"审批……聚焦对企服务相关环节，亦庄先后出台区级营商环境改革示范区建设方案和提升方案。"我们要在首都营商环境建设中发挥'试验田'和示范引领作用。"经开区经济发展局局长伊元甲说。

贯彻落实新发展理念——
"坚持一张蓝图绘到底"

回首 30 多年，经开区将"解放思想、改革开放、抓住机遇、真抓实干"的光荣传统充分发扬，创造了经济社会发展的奇迹。

如今，亦庄从 60 平方公里拓展到 225 平方公里，亦庄新城正向着 2035 年建设成为全球产业新城综合发展标杆奋进。

"新使命交给我们新任务，务必要坚定贯彻落实新发展理念，我们要坚持一张蓝图绘到底。"经开区形成这样的共识。

聚焦高精尖产业——

2022 年 8 月，世界机器人大会在经开区成功召开。4 万平方米的展区，国内外 130 多家机器人企业参加，500 余款机器人亮相竞技……自 2016 年世界机器人大会在经开区永久落地，机器人与智能制造产业已经成为经开区的"金名片"。

制订机器人高质量发展行动计划，出台机器人与智能制造扶持政策，亦庄通过制订发展行动计划大力推动机器人从产品研发、规模制造、场景应用到市场推广的加速转化，吸引了凌天、博雅工道等百余家机器人企业来到经开区发展。"我们在中国设立研发中心，加强本土研发能力，大力提高机器人核心零部件国内市场研发及供应链水平。"SMC 投资管理有限公司总经理马清海表示，"中国机器人产业的蓬勃发展为 SMC 带来良好发展机遇。"

营造绿色低碳生态——

走进金风科技亦庄智慧园区，"退役"的风机叶片横切下来做成储物立柜，光伏智能温室以无土栽培技术种植新鲜的蔬菜……通过部署风电、光伏及不同形式的储能系统，园区实现绿色电力的自发自用。通过10余年的发展，金风科技亦庄智慧园区占地面积提升60%、园区产值提升100%、园区人员规模提高100%，而万元产值碳排放从29.1千克下降到10.9千克。

北京亦庄荣华中路风景。 北京经济技术开发区工委宣传文化部供图

"亦庄是入选全国'十四五'时期'无废城市'建设名单的唯一经开区。"经开区管委会副主任刘力指着远处的一大片厂区介绍，"亦庄绿色工厂已达33家，占北京市总数近30%。"

与经开区7万多家企业做"邻居"的，是青头潜鸭、东方白鹳等一批国家级保护动物。南海子公园环湖垂柳飘扬，是众多鸟类的栖息地，凉水河滨河公园每年都可以欣赏到大批鸟类水中嬉戏的景象。

目光投向世界——

在瓦里安医疗的生产装配车间中，企业负责人张晓自豪地介绍用于无创癌症放射治疗的设备"Ethos"。这是全球首个人工智能在线自适应放射治疗医用直线加速器。亦庄是它全球唯一的产地。

张晓介绍，自2007年在北京亦庄落地投产后，瓦里安中国研发和生产基地已成为该企业全球最全产品线的所在地，"过去4年，我们追加了3次投资，产能扩大了6倍，预计今年全年产量比去年增加50%。"

当年，亦庄初创者们在宏达路两旁，亲手种下一排排泡桐。如今，满街葱茏，呈现勃勃生机。亦庄这座创新之城，也在拔节生长。

（本报记者 王昊男 王子潇 赵渊杰 《人民日报》2023年5月17日第6版）

》记者手记

坚持向改革要动力

回望亦庄30多年的发展，从一片阡陌农田到现代化产业新城，从传统制造业到"高精尖"产业。潮起潮落中，有过扩张式发展，也经历过调整转型的阵痛。

不屈不挠、砥砺向前。亦庄的同志说，实现"超常规、高水平、跨越式"发展，靠的就是"坚持向改革要动力"。

探访亦庄，听闻两则故事，回味悠长：

其一，某个知名地产集团，在很多地方被奉为座上宾，在亦庄却屡屡碰壁，"入门"不得。"要算长远账，'高精尖'是坐标，不符合产业定位，虽然挣钱快，我们也不能要。"亦庄拒绝得很干脆。

其二，一家集成电路企业，当年落户时还看不到效益，亦庄却宁可花费多年的时间培育，其间还投入了大量人力物力和资金。"要算大账，'卡脖子'问题总要有人去突破，即便一时半会收效甚微，我们也要做。"亦庄的态度很坚决。

算大账，算长远账，"舍"与"得"之间蕴含着高质量发展的辩证法。

行走亦庄，看到一增一减，印象深刻：

减机构，实行"大部制"。亦庄将机构数量，由 62 个缩减为 27 个，精简比例近 60%。全员聘任，优胜劣汰，能上能下。亦庄的同志说，"剩下的都是硬骨头，打破藩篱就是要敢于从自己下手。"

设专班，集中统筹资源。亦庄将不同部门不同专业的人员聚在一起，5 个专班涵盖集成电路、自动驾驶等重要产业领域。亦庄的同志说，"不论怎么改，解决问题是关键。"

迎着困难上，奔着问题去，"破"与"立"之中闯出高质量发展新路子。

改革，说到底是变，是转换，是超越。细思量，亦庄的高质量发展，就在于坚持改革开放，坚持创新驱动，坚持产城融合，不断激发发展新动能，寻求发展新机遇。

不久前，习近平总书记在主持召开二十届中央全面深化改革委员会第一次会议时强调："实现新时代新征程的目标任务，要把全面深化改革作为推进中国式现代化的根本动力，作为稳大局、应变局、开新局的重要抓手，把准方向、守正创新、真抓实干，在新征程上谱写改革开放新篇章。"

改革永远在路上。开局起步，亦庄改革创新再启新程！

（王昊男　《人民日报》2023 年 5 月 17 日第 6 版）

11

努力建设贯彻新发展理念的示范区

毕节市威宁彝族回族苗族自治县风光。　　何欢　摄（人民视觉）

乌蒙腹地，乌江源头，贵州毕节黔西化屋村。山水之间，茂林深处，民居整齐有致。走进赵玉学家的二层小楼，客厅茶几上，摆着几盒刚制作好的黄粑。

"2021年2月3日，习近平总书记来到我们家，和我们两口子一起包黄粑。总书记对我们说，'外出务工也行，在家门口就业更好，可以好好照顾孩子。把孩子教育培养好，未来就更有保障了。'那时候我们两口子还在福建打工，3个孩子在老家读书，我们总是心挂两头。总书记的话坚定了我们回乡创业的信心。"赵玉学说。

如今，赵玉学和妻子杨鹏英经营着黄粑作坊，还开了个农家乐。"山好水也好，不愁没人来，现在游客越来越多了。我们加油干，一定能把日子过得像黄粑一样甜美。"

实现小康不是终点，而是新的起点。牢记习近平总书记的嘱托，在历史性地打赢脱贫攻坚战之后，毕节广大干部群众满怀信心踏上新的征程。

毕节曾是西部贫困地区的典型。上世纪80年代，在党中央亲切关怀下，国务院批准建立了毕节"开发扶贫、生态建设"试验区。30多年来，毕节坚持一张蓝图绘到底，试验区建设取得显著成效，2020年完成了脱贫攻坚任务。如今，毕节正朝着"贯彻新发展理念的示范区"这一目标迈进。

——从"试验区"到"示范区"，"要接续推进乡村振兴，加快推进农业农村现代化"。

2019年脱贫的化屋村，现有39家农家乐、21家民宿、23户移动商铺，还组建了一支导游队。2021年以来，累计接待游客92万人次，实现旅游综合收入3亿元。2022年，化屋村人均可支配收入约2.5万元。"进化屋村有'二十八拐'，昔日的悬崖峭壁，阻隔了祖祖辈辈走出大山的路；如今的'悬崖经济'，成了化屋村村民的致富路。"化屋村党支部书记许蕾说。

在七星关区朱昌镇的小屯农业科技园，57个冬暖式大棚颇为壮观。"一年种三季，这个季节是黄瓜、番茄，冬天种羊肚菌，去年的产值2000多万元、利润200多万元。"科技园负责人冯树会来自山东寿光，他在贵州建了8个这样的大棚蔬菜基地。

"一个月工资3000元，而且还能学到种植技术。"大棚里，邱会云和几个村民在给西红柿整枝、打杈、点花，动作娴熟。"多的时候一百三四十人，平时也有七八十人，一年给大家发工资就要拿出300多万元。"冯树会说。

——从"试验区"到"示范区"，"要牢固树立绿水青山就是金山银山的理念，守住发展和生态两条底线"。

从化屋村码头放眼远眺，乌江北源六冲河与南源三岔河两水汇流、蜿蜒而去，两岸悬崖峭壁，遥相对峙，险峻壮美。

作为贵州的"母亲河"，乌江流域承载了全省一半以上的人口和经济总量。曾有一段时间，由于沿岸工业企业经营粗放、沿河网箱养殖超载、两岸污水处理滞后等原因，乌江环境受到污染。近几年来，贵州着力治污，乌江生态环境质量得到明显改善。黔西市完成74个集中式饮用水源地规范化整治，建立饮用水源监管平台，2022年以来，集中式饮用水源地水质达标率100%。六冲河化屋村水质稳定保持地表水Ⅱ类水质以上，化屋村也成为贵州省首批6个"两山"基地之一。

暮春是百里杜鹃最美的时节，高峰时每天接待游客超过10万人次。今年3月15日到5月1日，共接待游客351万人次。百里杜鹃管理区党工委宣传部长赵刚介绍，"管理区成立之前，这里有3800多个黑煤窑，有43个合法的煤矿。这些年，我们把黑煤窑全部取缔，合法的煤矿也进行了整合，目前保留了22个。"

百里杜鹃的"美"与"煤"，生动诠释了"绿水青山就是金山银山"。"我们还要对景区进行深度开发，一年除了观花季，还要有避暑季、康养季，做到全年无淡季。"赵刚说。

——从"试验区"到"示范区"，"要始终牢记党的初心和使命""走好新时代的长征路"。

百里杜鹃索玛剧场，一场彝族风情歌舞《索玛花开》正在进行，500人的剧场座无虚席。彝语称杜鹃花为"索玛"。一曲《索玛花开》，唱出了彝家儿女对生活的热爱，也唱出了毕节人民奋进新征程的豪迈。

"努力把毕节试验区建设成为贯彻新发展理念的示范区"，习近平总书记的重要指示，为毕节的高质量发展指明了方向。

绿色是毕节最大的发展优势和竞争优势，绿色发展是毕节高质量发展的应有之义。

走进位于毕节高新区的贵州贵航新能源科技有限公司，一片繁忙景象。"我们的主要产品是手机电池，订单排到了8月份，去年产值5亿元，今年预计能达到7.2亿至7.5亿元。"公司负责人邓文书信心满满。

"生产过程有没有污染？"邓文书说："所有废料吃干榨净，哪里舍得乱扔哟！"在毕节高新区，目前已经聚集了贵航新能源、清华同方等17家高新技术企业。"毕节人口多，我们需要引进一些劳动密集型企业，但污染企业我们一概不要。"毕节高新区党工委副书记顾韬说。

毕节有950多万户籍人口，约占全省的1/5，是贵州人口最多的地级市。人口资源怎样变成人力资源、人才资源？"关键是要有一技之长，特别是年轻人。"毕节职业技术学院院长池涌说。这几年，学院与广州岭南集团、广州港、广汽集团等合作，设立"订单班"，学生全部来自之前的建档立卡贫困户，高职3年，他们在学院学习2年，再到广州见习1年，"毕业即就业"。"'广汽班'的学生，有34人毕业后留在广汽工作，31人现在都买车啦！"池涌为自己的学生感到自豪。

19岁的李文武也是"订单班"的学生，他学的是烹饪工艺与营养专业，现在已经能做一手好菜，不过他并不满足。"2021年到广州学习，遇到了很多烹饪大师，真是大开眼界，我希望以后也能成为那样的人。我不但要学会做粤菜，也要把我们的黔菜发扬光大！"

每一代人有每一代人的长征路，每一代人都要走好自己的长征路。采访中，不止一次听到当地干部讲起红军强渡乌江的故事，讲起长征精神。"总书记勉励我们走好新时代的长征路，我们始终牢记在心。建设贯彻新发展理念的示范区，需要我们继续弘扬伟大的长征精神，拿出红军强渡乌江的那股劲儿！"毕节市委副书记、七星关区委书记周舟表示。

（本报记者 汪晓东 汪志球 朱俊杰 《人民日报》2023年5月22日第1版）

走出生态优先绿色发展的新路子

——贵州毕节高质量发展纪实

毕节乌江源百里画廊。　　　　毕节市委宣传部供图

"日子越过越红火，像黄粑一样甜咧！"贵州省毕节市黔西市新仁苗族乡化屋村农民赵玉学忙里忙外，喜笑颜开。这两年，赵玉学一家的生活变化很大，两口子以前在福建打工，2021年返乡经营起一家黄粑作坊，还注册了"赵玉学黄粑"商标。眼瞅着乡村游越来越热，赵玉学又在自家的二层小楼开农家乐，"今年客人明显多了"。

2021年2月，习近平总书记到贵州考察。在赵玉学家，习近平总书记亲手包了一个黄粑，笑着说："祝你们今后的日子过得更加幸福、更加甜美！"

在村文化广场上，习近平总书记对乡亲们说，中华民族是个大家庭，五十六个民族五十六朵花。全面建成小康社会，一个民族不能落下；全面建设社会主义现代化，一个民族也不能落下。

毕节曾是西部贫困地区的典型。上世纪80年代，在党中央亲切关怀下，国务院批准建立了毕节"开发扶贫、生态建设"试验区。多年来，习近平总书记一直牵挂着贵州的脱贫攻坚工作，牵挂着毕节"开发扶贫、生态建设"试验区的发展。30多年来，毕节坚持一张蓝图绘到底，试验区建设取得显著成效，2020年完成了脱贫攻坚任务。

脱贫后乡亲们的生活什么样？"守好发展和生态两条底线"，毕节采取了哪些新举措？建设"贯彻新发展理念的示范区"，毕节取得了哪些新成效？带着这些问题，本报记者来到毕节。

推进乡村振兴——
把乡村产业发展得更好，把乡村建设得更美

"各位嘉宾到苗村，苗家儿女喜盈盈……"化屋村文化广场上，乡亲们打鼓吹箫，载歌载舞，唱起欢快的苗家迎客歌，引得游客驻足观看，拍手叫好。

近年来，化屋村立足资源禀赋和独特民族风情，推动农文旅融合发展，村里的观光旅游、苗绣蜡染、特色种植养殖等产业风生水起。2022年，化屋村村民人均可支配收入达2.5万多元，是2020年的两倍多。

习近平总书记在化屋村考察时强调：脱贫之后，要接续推进乡村振兴，加快推进农业农村现代化。希望乡亲们继续努力奋斗，把乡村产业发展得更好，把乡村建设得更美。

化屋村的发展变化，是毕节全面推进乡村振兴的缩影。作为典型岩溶山区，毕节大部分乡村山高谷深、土地破碎，不具备发展规模农业的条件。为此，毕节因地制宜发展特色农业产业，加快建设现代山地特色高效农业强市。

七星关区朱昌镇小屯农业科技园的蔬菜大棚里，一株株瓜苗沿着吊蔓向上生长，层层叠叠的绿叶间，挂满了顶花带刺的鲜嫩小黄瓜。村民邱会云正和几位老乡忙着修枝，动作娴熟流畅，就像一位经验丰富的农技师。

以前，跟很多村民一样，邱会云一家靠种苞谷和打零工过日子。2020

年，当地政府从山东寿光引进一家蔬菜种植企业，在朱昌镇建起了57个冬暖式大棚，还配备了冷链仓储配送中心、包装车等配套设施。

科技园投产后，邱会云应聘来到这里上班。种植、修枝、授粉等各个环节都严格按流程操作，刷新了她对种地的认识。"有没有技术就是不一样，现在每月能挣到3000元。"

大棚蔬菜基地给周边村寨百余村民提供了岗位。在这里上班，不仅收入稳定，还能学到农业技术，而且方便照顾孩子，可谓一举多得。

毕节市七星关区一座智慧温室大棚内，村民在管护农作物。

王纯亮　摄（人民视觉）

毕节市委有关负责同志介绍，脱贫攻坚取得全面胜利以后，毕节用好5年过渡期政策，将工作重点从解决"两不愁三保障"转向推动乡村振兴，出台了《毕节市高标准农田建设推进方案》等10个推进农业现代化工作方案，同时大力实施"制造能手""种养能人"等培训工程，培育懂技术、善管理、会经营的新型职业农民。

截至2022年底，毕节农业总产值达921.4亿元以上，同比增长4.5%；全市农村常住居民人均可支配收入达13311.87元以上，同比增长7%；脱贫人口家庭人均纯收入达12733元，同比增长15.5%。

推动绿色发展——
坚决守好发展和生态两条底线

从山巅俯瞰，漫山遍野的杜鹃花绵延百里，姹紫嫣红，仿佛画家在苍穹间打翻了调色盘……今年赏花季，毕节的百里杜鹃景区游人如织，直升机往来盘旋，欢笑声此起彼伏。

"除了深度赏花，还能泡温泉、品美食、买特产、看民俗演出，好看好吃又好玩。"重庆游客陈女士对景区的产品和服务赞不绝口。

百里杜鹃管理区党工委宣传部部长赵刚介绍，今年赏花季，景区推出"买一张门票，可游玩3天"优惠措施，设计了20条运动康体、温泉养生、乡村生态等旅游线路，举办了17个文旅嘉年华系列活动，新打造的彝族风情歌舞《索玛花开》驻场演出几乎场场满座。3月中旬至4月中旬最佳赏花期，景区共接待游客207.81万人次。

人不负青山，青山定不负人，优良生态环境是贵州最大的发展优势和竞争优势。

"守好发展和生态两条底线"，这是习近平总书记对贵州改革发展提出的明确要求。在化屋村考察时，习近平总书记强调："贵州真是山好水好，一定要保护好这片绿水青山。"

从化屋村码头登船，沿着乌江顺流而下，两岸悬崖遥相对峙，险峻壮美。落日余晖下，宽阔的江面泛起粼粼波光。

乌江是贵州的"母亲河",承载着全省一半以上的人口和经济总量。过去,沿岸不少地方"靠山吃山、靠水吃水",开荒种粮、网箱养鱼、驾船捕鱼、污水直排……乌江水质一度变差。

近些年来,贵州掀起"铁腕"治污风暴,全流域取缔网箱养鱼,全面落实长江十年禁渔措施,全面推行五级河长制,大力整治沿岸磷化工污染……乌江生态环境质量得到明显改善,干流水质已全面达到Ⅱ类标准。

每天清晨,天蒙蒙亮,刘广惠就会背上相机和望远镜,拄根竹杖,来到草海国家级自然保护区。作为保护区巡护员,34年来,他一直在草海守水护鸟,见证了这片高原湖泊从"城进湖退、水体污染"到"山清水秀、鸟欢人和"的变迁。

过去很长一段时间,随着排水造田和城市化进程加快,草海水域面积急剧萎缩,水质一度处于Ⅴ类和劣Ⅴ类。为了挽救草海,近年来,威宁彝族回族苗族自治县大力实施退城还湖、退村还湖、退耕还湖等六大工程,推进草海生态保护与综合治理。

短短数年,草海的保护与治理取得明显成效,包括黑颈鹤、灰鹤等国家珍稀保护鸟类,越来越频繁地出现在刘广惠的镜头里。

如今,草海候鸟已由2016年的220种增加到246种,生物物种数由2016年的1954种增加到2600种。一年四季呈现不同景致,草海成为贵州生态环境治理的生动典范。

抢占新赛道,培育新动能,毕节把新能源作为绿色发展的重要抓手。

"锂电池供不应求,订单已经排到今年8月。"即便在周末,位于毕节高新区的贵州贵航新能源科技有限公司生产车间依然开足马力,国外催促发货的电话不断,公司负责人邓文书忙得不亦乐乎。

针对生产过程中的"三废",公司建立了一套完善的处置体系:废料送往回收公司,让里面的锰、镍等金属"颗粒归仓";通过化学等手段,实现废气零排放;装配高效技术装备,实现工业废水循环利用。

"与东部地区相比，毕节的电力价格、人力资源、厂房租金等比较优势明显。"邓文书介绍，目前公司已建成 3 期生产线，投入 8000 万元的 4 期生产线已开建，预计今年产值达 7.5 亿元。同时，高新区围绕锂电池已布局上下游 30 余家企业。

2022 年，毕节获批国家废旧物资循环利用体系建设重点城市、全国林业碳汇试点市等，县级以上城市环境空气质量平均优良天数比率达 98.9%，森林覆盖率从 2017 年的 52% 上升到 60%。

开发人力资源——
把人口规模优势变成人力资源优势

备菜、加料、颠勺、摆盘……毕节职业技术学院的烹饪实训室里，烹饪工艺与营养专业学生李文武正在上实训课。

前几年，家里刚刚脱贫摘帽，父亲就在意外事故中失去部分劳动能力，家庭再度陷入困境。"好在学校对于我们家庭有困难的学生，减免每学期 3500 元的学费。如果不是这样，我可能辍学外出打工了。"去年顺利完成中职学业后，李文武又成为学校"粤菜师傅"订单班的高职学生。

"毕业即就业，平均年薪 8 万元。"毕节职业技术学院院长池涌介绍，乘着东西部协作的东风，学院与广州市 18 家企业签订合作协议，打造了多个培训基地。目前学院共有 52 个订单班、1896 名学生，80% 来自低收入家庭。

人多是毕节的一大市情，当地户籍人口 950 多万，平均年龄 31 岁。然而，这座人口资源丰富的"年轻"城市，面临着劳动年龄人口平均受教育年限较短、劳动技能不足等问题。

2018 年，习近平总书记对毕节试验区工作作出重要指示强调，"着力推动绿色发展、人力资源开发、体制机制创新，努力把毕节试验区建设成为贯彻新发展理念的示范区。"

把人口规模优势转化为人力资源优势，毕节市一方面聚焦经济社会发展需求，狠抓职业教育，大力培养高素质劳动者；一方面坚持引才与育才并举，为高质量发展夯实人才基础。

"天麻没有根须也没有叶片，主要依靠蜜环菌供应营养……"在大方县长石镇一处天麻种植基地里，毕节市中药研究所副所长张翔宇正在为农户们讲解种植技术，耐心解答着大伙儿提出来的各种难题。

37岁的张翔宇，是毕节市引进的高层次人才。10年来，张翔宇先后主持或参加数十项科技研究项目，申请发明专利30余项，为毕节市中药产业的快速发展提供了智力支持。

高质量发展，离不开高质量人才支撑。围绕建成西部地区重要的人力资源开发培育基地，毕节市不断健全完善人才薪酬待遇、医疗、子女教育、配偶就业等保障措施，通过实施"人才强市"引才计划和"揭榜挂帅"引才制度，不断汇聚的人才凝聚起强大合力。

2022年，毕节市全职引进高层次急需人才381人，引进62名高层次经营管理人才；全面推行职称线上评审服务，9293人取得专业技术职称；实施中长期项目制、证书直补、企业新型学徒制等职业技能培训6.3万人次，评选认定"毕节工匠"1.03万人……目前，全市人才资源总量达83.4万人，比2017年增加34.67万人。

贵州是劳务输出大省，毕节在外务工人员最多时达到189万人，不少有一技之长的年轻人在外闯出了一番天地。随着毕节全力打造"贯彻新发展理念的示范区"，越来越多高新企业在这里落户生根，越来越多"东南飞"的"孔雀"们又回来了。

曾常年在东部地区新能源行业打拼的蒙晓云，多次动过返乡的念头。2017年，得知毕节高新区发展锂电池产业，引进了一批高科技企业，蒙晓云下决心回到毕节。如今他已是贵航新能源的质检部经理。

"现在每周都能开车回家，工资也可观。"蒙晓云很满意。"晓云来了之后，公司质量管理水平明显提升，产品外观不良率从 3% 降至 0.8%，我省心多了！"邓文书也很满意。

工人在毕节一家计算机生产企业产线上组装产品。　　陈曦　摄（人民视觉）

建强基层组织——
让社区成为居民最放心、最安心的港湾

清早，姚再科把女儿送到幼儿园，就抓紧赶回村里。

2021 年 5 月，威宁县林业局干部姚再科主动请缨，到黑土河镇高山村担任驻村第一书记。带着女儿去驻村的他，拉近了干群关系，增进了相互信任。

"巩固脱贫成果，推进乡村振兴，要把基层党组织建强。"习近平总书记在化屋村考察时强调。

"访遍家家户户，弄清点点滴滴。只有这样，老百姓才能相信咱。"化屋村党支部书记许蕾回忆起成立合作社的过程：起初，很多农户不愿参与，后来村两委挨家挨户走访，先动员6名村干部、23名党员带头入股，其他人看到后，也跟了上来，不久就筹到近50万元。

如今，化屋村农户入社率达100%，2022年合作社经营性收入达800多万元，村民分红100万元。此外，化屋村还获得"全国乡村旅游重点村""2021年中国美丽休闲乡村"等荣誉称号。

基层强则国家强，基层安则天下安，要"让社区成为居民最放心、最安心的港湾"。

黔西市锦绣社区的夏维林在社区干部帮助下，在当地一家环境工程公司找到了工作，每月收入3000元，实现了就近灵活就业。

锦绣社区是黔西市最大的易地扶贫搬迁安置点，安置了全市24个乡镇的近1.8万人。社区69栋居民楼、185个单元，每个单元都有一个二维码。"老百姓有什么诉求，扫一扫就能随时填写提交，方便群众随时反映就医、就学、就业等问题。"锦绣街道党工委书记王清龙介绍。

毕节市黔西市新仁苗族乡易地扶贫搬迁安置点。 毕节市委宣传部供图

除了"一码解民忧"，锦绣社区还精心打造智慧社区平台。在智慧社区平台，居民最多的需求是"找工作"，这也是社区干部倾注精力最多的事情。为了让易地搬迁群众"稳得住、有就业、逐步能致富"，锦绣社区采取了"六个一批"的办法：技能培训就业一批、引导外出务工就业一批、就近自主创业就业一批、公益岗位安置就业一批、引进工厂带动就业一批、发展经济实体就业一批。目前，社区 8000 多易地搬迁劳动人口的就业率达 91.5%。

（本报记者 汪志球 朱俊杰 段宗宝 程焕
《人民日报》2023 年 5 月 22 日第 8 版）

》》记者手记

人的变化最可喜

今日毕节，处处呈现新气象：水电路都通了，"麻窝寨"变二层小楼了，不少外出务工的村民在家门口找到工作了，手工黄粑变成"网红"商品了，一大批高科技企业在这里落户了，乌江的水更清了，百姓的口袋更鼓了……在如期打赢脱贫攻坚战后，900 多万毕节人民意气风发踏上新的征程。

最大的变化是人的变化，最可喜的变化也是人的变化。眼界宽了，心气高了，信心足了，最重要的是对新发展理念的认识更全面、更深刻了，并且自觉落实到行动上。

化屋村"七仙女"导游队的苗族姑娘何兰，能唱能跳，在社交媒体上开设了短视频账号，她说，能唱能跳还不够，要会用互联网，

"让外界了解我们苗寨";

七星关区朱昌镇的村民邱会云，已经熟悉掌握大棚蔬菜种植技能，她说，同样是种地，"有没有技术，就是不一样"；

黔西市锦绣街道党工委书记王清龙说，现在做基层工作要学会走网上群众路线，利用好智慧社区平台；

毕节高新区党工委副书记顾韬说，做梦都希望招来大项目，但不能捡到篮里都是菜，"有污染的项目，即使再挣钱也一概不能要"；

贵航新能源科技有限公司质检部经理蒙晓云说，以前在外地打工，没想到自己如今成了企业中层，"现在毕节的发展机会也很多，不一定都要'东南飞'"；

毕节职业技术学院的学生李文武说，以前都是别人帮我，我要好好学一门技术，将来也要帮更多的人……

精气神很重要。依靠这种精气神，毕节历史性地战胜了贫困。踏上新征程，依然需要这样的精气神。

说到毕节、贵州，不能不说到长征，不能不谈到长征精神。当年长征时，红军在贵州活动时间最长、活动范围最广。2021年2月，习近平总书记考察贵州时强调，"我们要始终牢记党的初心和使命""走好新时代的长征路"。采访中，当地干部不止一次讲起长征故事。对毕节来说，从"开发扶贫、生态建设"试验区到"贯彻新发展理念的示范区"，就是一场新的长征。弘扬伟大长征精神，拿出当年红军强渡乌江那股劲儿，毕节一定能够续写新的长征故事，一定能够走好新时代的长征路。

（段宗宝·《人民日报》2023年5月22日第8版）

12

建设山水人城和谐相融的公园城市

四川天府新区兴隆湖景观。　　马骥　摄（人民视觉）

"湖水的色彩深浅不一，说明水深不同。"在兴隆湖畔，四川天府新区公园城市建设局工作人员卢谦边走边介绍。

宛若天成的兴隆湖，其实是利用低洼地势壅水而成。湖中水草摇曳，湖边鸟啼婉转，市民们悠闲地在湖畔草坪漫步。环绕兴隆湖畔，成都超算中心、成都科创生态岛等错落有致，整个城市仿佛置身一座大公园中。

2018年2月，习近平总书记来到天府新区考察，详细了解兴隆湖生态治理成果、沿湖产业规划布局、中国（四川）自由贸易试验区建设情况。

习近平总书记强调："天府新区是'一带一路'建设和长江经济带发展的重要节点，一定要规划好建设好，特别是要突出公园城市特点，把生态价值考虑进去，努力打造新的增长极，建设内陆开放经济高地。"

作为1578平方公里天府新区的建设者和见证者，卢谦的手机里保存着兴隆湖在不同时期的照片：

一张拍摄于2014年，一片荒芜的红土地，鹿溪河的老河道依稀可辨。

一张拍摄于2016年，蓄水后的兴隆湖初具规模，但周边配套还稍显单薄。2017年，天府新区从"沿路"布局调整为"拥绿亲水"布局，兴隆湖的定位也从"装饰品"变为城市"必需品"。

一张拍摄于近期，升级之后的兴隆湖，湖面开阔、楼宇环绕。天府新区从"公园城市"的定位出发，突出原真性、完整性保护，开展了兴隆湖水生态综合提升工程。

一大批重大项目和国家级创新平台在兴隆湖畔布局，根据市民、企业意见，完善一系列公共设施……人和、城美、境优、业兴，一派勃勃生机景象。

兴隆湖的发展，是天府新区成长的缩影。近年来，天府新区在探索建设践行新发展理念的公园城市中，先行先试、闯出新路。

——聚焦发展理念之变，铺就公园城市底色。

兴隆湖北岸，一座由10多个建筑模块错落"堆叠"而成的现代建筑引人注目。作为成都首个"近零碳建筑"，中建低碳智慧示范办公大楼比成都市办公楼平均能耗低1/3至2/3。

绿意盎然的屋顶花园，玻璃幕墙外垂吊的油麻藤，为建筑穿上一件绿色"外套"。夏季，楼内不开空调，温度却明显比室外低；大厅没有开灯，室内光线却明亮柔和。

"外墙的玻璃幕墙采用三银双中空玻璃，热反射性能和保温性能更好，夏天室内温度能比室外低9摄氏度。通过合理设置采光天井、光导管，将自然光引入室内，可以有效减少白天开灯时长。"中建西南院总建筑师刘艺介绍，通过保温隔热、光储直柔等技术，大楼每年可节省用电约186万千瓦时，减少碳排放约1027吨。

城市景观与公园景色有机结合。天府新区第一再生水厂地上是鸟语花香的开放公园，地下是智能高效的污水处理厂；华阳街道安公社区对餐厨垃圾进行生物发酵，实现小区80%以上有机垃圾就地处置……

以新发展理念之"魂"，塑公园城市之"形"，让城市风貌与公园形态交织相融。走在天府新区，新发展理念落地生根的生动实践处处可见。

——推动发展布局之变，积蓄产业发展持续动力。

在调研中，一个数据被频频提起：70.1%。这是天府新区全域生态控制区所占比例。

"我们对环境资源承载能力等进行科学计算，确定了70.1%这样一个比例。"天府新区公园城市建设局公园城市推进处副处长高国瀛说。

国画中的留白，留下了意境延伸的空间；城市建设中的生态"留白"，积蓄着长远发展的潜力。压缩生产空间、调优生活空间、扩大生态空间，天府新区持续优化生产生活生态空间比例。

今年4月，位于天府总部商务区的中国西部国际博览城迎来了第108届全国糖酒商品交易会。掩映在天府公园和鹿溪河生态区之间的西博城展区，3天累计入场21.1万人次，碧水蓝天下，人来人往，热闹非凡。

"在西博城参展，既能享受高标准的配套设施，又能欣赏好风景。"一位参展商说。

一个"城市组团"就是一个产业功能区。各"城市组团"之间避免毗邻相连，而是以生态廊道作为物理区隔，并以具体的产业功能进行区分，形成了公园城市内组团式的城市结构。

按照"拥绿亲水、组群发展、城乡融合"的发展思路，天府新区沿鹿溪河布局天府总部商务区、成都科学城、天府数字文创城3个"城市组团"，不仅将好山好水引入城市内部，也让产业发展更有优势、更具活力。

——实现发展路径之变，推动公园城市有机生长。

"在永安湖城市森林公园散步时，与你擦肩而过的，可能是某个专业领域的人才。"成都优赛诺生物科技有限公司负责人郭宇杰说，"优美的生态环境，现在已经成为科研工作的'刚需'。"

通过宜居生态环境吸附集聚高能级产业，天府新区不断探索与城市形态相匹配的发展方式，在加强基础研究、强化科技创新、培育新兴业态上下足功夫。

近年来，西部（成都）科学城和天府实验室正式揭牌，布局电磁驱动聚变大科学装置等重大科技基础设施和科教基础设施 12 个；持续完善高技术服务业生态体系，集聚高新技术企业 3407 家、科技型中小企业 2558 家、新经济企业 13.6 万家。

兴隆湖东南一角，盟升科创中心园区的 5 栋楼里"藏"着一条条"空中生产线"。"从生产到研发，距离被浓缩在'分分钟'的路程里。'工业上楼'为企业提供了高效便捷的科研和生产环境，也和湖区风光相得益彰。"成都盟升电子技术股份有限公司有关负责人说。

以公园城市建设为引领，把绿水青山蕴含的生态产品价值转化为金山银山。近年来，天府新区培育形成 3 个千亿产业集群、11 个百亿产业集群，2022 年地区生产总值达到 4532 亿元，综合实力进入国家级新区第一方阵。

"天府新区将高质量建设公园城市先行区，加快形成一批功能突出、特色鲜明、动能充沛的公园城市示范单元。"天府新区管委会主任陈历章说。

一幅山水人城和谐相融的大美公园城市画卷，正在这里徐徐铺展。

（本报记者 杨学博 王明峰 许晴 《人民日报》2023 年 5 月 30 日第 1 版

本报记者钱一彬参与采写）

让公园城市有机生长

——四川天府新区高质量发展纪实

兴隆湖畔游人如织。 贾樊 摄（人民视觉）

沿着笔直宽阔的成都天府大道驱车南下，高楼慢慢隐去，城市日渐舒朗。

远望兴隆湖，水光潋滟，鹭鸟翔集；漫步城市生态绿道，笑语欢歌，生意盎然；邻水而建的成都科学城，楼宇错落有致，一批重大项目和创新平台拔节生长。

依山水建城，以自然营城。

四川天府新区牢记习近平总书记在天府新区考察时的嘱托，坚持在公园城市建设中先行先试，着力厚植绿色生态本底，建成生态绿道360公里、连片蓝绿空间7.5万亩，加快构建城市与自然和谐共生的城市形态。

城绿相合，聚人兴产。2022年，天府新区地区生产总值达到4532亿元，累计形成电子信息、汽车制造、数字经济 3 个千亿级产业集群，创新引擎动力充沛，建圈强链加速推进。

水清，岸绿，业兴，人和。开局之年寻访天府新区，新时代高质量发展的公园城市山水画卷渐次铺展。

高起点规划——
让好山好水好风光融入城市

生产空间集约高效，生活空间宜居适度，生态空间山清水秀，让城市不再是一块密不透风的"水泥板"。

白纸作画，2014 年 10 月获批为国家级新区的天府新区，坚持高起点规划，从各个空间维度深化城市与自然的关系，让工作和生活在其中的人们，感觉城市是从自然中有机生长出来的，走出家门时就像走在自家花园一样。

区别于传统的"摊大饼"式布局，天府新区沿鹿溪河自北向南布局天府总部商务区、成都科学城、天府数字文创城等 3 个城市组团，组团之间以生态廊道相连，形成"拥绿亲水"组团嵌套式发展。

"每个城市组团内部进一步划分为若干公园片区、公园社区和公园街区，形成公园城市四级空间结构。"天府新区管委会主任陈历章介绍，通过四级空间体系协调城市与自然的关系，不削山头、不填沟壑、不改水系，不仅把好山好水好风光融入城市，还能最大程度降低城市开发对生态环境的影响。

近看兴隆湖，碧波荡漾，水草丰茂。曾经，这里还只是鹿溪河流域的一处滞洪洼地。

2013 年 11 月，设计团队充分利用自然低洼地形特点，尽量保持原有的地貌、地势，壅水成湖。2020 年 8 月，兴隆湖水生态综合提升工程启动。如今，兴隆湖水质从总体的地表水Ⅳ类稳定到Ⅲ类，有些地方甚至达到Ⅰ类或Ⅱ类，部分水体透明度达 4 米以上。

"我们采用基于自然手法的生态修复手段，在湖底进行地形设计和地形修复，营造有利于水生动植物的生态环境。"天府新区公园城市建设局相关负责人表示。

因天材，就地利。公园城市建设以自然为美。

不仅是兴隆湖，天府新区保留 80% 以上的自然地貌，打造园中现城、城园相融的城市形态：从稍远处望去，成都地铁 1 号线广福站 C 出口"嵌"在红砂岩山体中，与周边地貌浑然一体；城市绿廊建设立足保持自然生态原真性和完整性，尽可能使用乌桕等本地苗木；位于兴隆湖西南侧的湖畔书店，一侧的玻璃幕墙沉入水底 1 米，鱼群在摇曳水草丛中穿梭的场景清晰可见，生趣盎然……公园、街道、建筑在这里有机相融，形成了"三分山水四分田，三分城市嵌其间"的城市自然格局。

邻水营城，沿绿布局。如今，城市组团拥绿亲水，涌现高质量发展动能——

天府总部商务区汇聚产业动能，累计签约产业项目 127 个，投资额达 2630 亿元；成都科学城提升发展能级，引育清华四川能源互联网研究院等校院地协同创新平台 65 个，持续完善高新技术服务业生态，培育高新技术企业 1000 余家；天府数字文创城发力创意经济，招引网络视听、创意设计、文博旅游等新兴领域重大项目 47 个，总投资超 784 亿元，2022 年会展业总收入达 143.7 亿元，天府国际会议中心、中国西部国际博览城等聚势效应强劲。

实现高质量发展，生产、生活、生态布局如何统筹？天府新区做好城市规划"加减法"：为合理控制各类用地规划比重，天府新区将城市建设区产业用地比重由 27.2% 压缩至 20.6%，生态空间比例由 65.7% 提高到 70.1%。

地上，生态留白。地下，管廊纵横。

在天府新区雅州路的一处停车场，地下综合管廊的入口就在眼前。沿管廊前行，电力、通信、自来水等管线整齐排列，不时还有轮式巡检机器人往来开展检查作业。

天投集团综合管廊运维项目负责人谭博文说："地下综合管廊能有效

解决架空线缆造成的'空中蜘蛛网'以及道路维修反复开挖造成的'马路拉链'等问题，既能打造有序舒朗的公园城市地上景观，又能提高市政管线维护效率。"

"公园城市的建设规划不仅要考虑街道多宽、绿地多大，更要考虑人如何舒适地工作生活、城市发展如何与好山好水好风光相融。"天府新区公园城市建设局重大项目处副处长邱伟说。

高水平建设——
湿地绿地成为生态价值转化的家底

沿公路蜿蜒而上，山间桃花芳姿明媚。登高远眺，成片桃林浅深层叠，错落纷繁……3月，正值龙泉驿区桃源村桃花盛开，风景如画，引得游人如织。

"每到桃花季，很多市民叫上亲友，来龙泉山看日出、赏桃花。我们办起茶馆民宿，经营生态采摘，游客在这玩得舒心、吃得放心。"桃源村党总支书记张军说："好山好水是我们发展生态旅游的'自然家底'。"

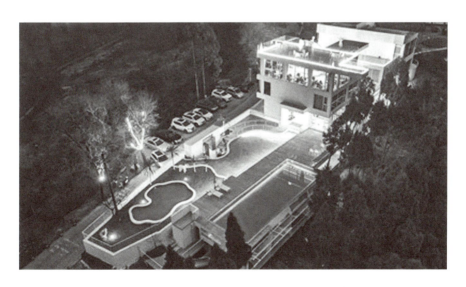

建在龙泉山中的民宿。 龙泉驿区委宣传部供图

"在天府新区，湿地、绿地不仅是城市点缀，更是生态价值转化的家底。我们遵循生态打底，积极探索生态价值转化，促进经济社会发展提质增效。"天府新区管委会相关负责同志说。

兴隆湖北岸，天府新经济产业园。拥水而建、错落有致的办公楼与城市绿道、湖景风光相宜相融。

"科创企业发展离不开科研氛围，也需要宜人的自然环境氛围。"清华四川能源互联网研究院有关负责人介绍，自 2016 年 3 月落户天府新区以来，研究院已承担各级科研项目 700 余个，同时发挥产业发展平台作用，孵化企业 16 家，其中有一半企业选择继续落户天府新区。

高颜值生态环境吸引高水平产业投资，天府新区不断丰富生态价值转化路径。

一边是产研一体化工业楼宇和人才公寓，一边是林木幽幽的城市森林公园……在成都天府国际生物城，中央核心区规划建设总面积达 206 公顷的永安湖城市森林公园，与园区建筑群毗邻。

"从没见过一个园区，能花这么大的心思打造这样舒适宜人的环境。"成都优赛诺生物科技有限公司负责人郭宇杰说："在永安湖边，环湖而行的路人不少都是科研工作者，从技术升级到工艺创新，有些'金点子'往往在闲谈散步中迸发。"

生产、生活、生态空间自然衔接，人才纷至沓来，企业集聚落户。据统计，成都天府国际生物城目前已引进高素质产业人才 1.1 万余人，在研药械品种 159 个，一批医药领域头部企业在此落户成长。

中建低碳智慧示范办公大楼。 天府新区融媒体中心供图

生态圈支撑产业圈，"黑科技"助力绿生态。

兴隆湖东侧，鹿溪河三面环绕，处于河湖生态带交汇点的成都科创生态岛施工建设现场塔吊林立，多个高度不同的圆弧形建筑犹如一个个"圆形细胞体"分布排列。

"这种中空式螺旋设计能最大程度接收自然光线。"现场工作人员介绍，成都科创生态岛的设计方案调整了好几次，为的就是尽可能降低能耗，"要考虑各种细节，比如把通风管道从传统的金属材质改为自带保温层的布艺方案，能使冷暖气传送中降低热损耗，从而提升能效、降低碳排放。"

在天府新区，创新成果延伸到绿色发展的"毛细血管"。公园城市建设为低碳技术、清洁能源提供了更多应用场景，不断提升城市"绿意"。

高质量发展——

做好发展与生态相融相促的"综合题"

龙泉山下，在一汽大众汽车有限公司成都分公司车间内，自动化生产线有序运转，每小时就有 130 台新车下线。

"我们把绿色发展理念贯穿生产环节。以涂装车间为例，所采用的干式喷房技术能从源头实现消减 90% 涂装废水，主要排放口采用燃烧法处理涂装废气，废气处理效率超 90%。"公司涂装车间经理陈光说。

作为西南地区汽车工业主产区之一，龙泉驿区 2022 年汽车制造业产值达 1541 亿元，集聚了一汽大众等整车企业 10 家以及零部件配套企业 500 余家。

立足产业基础，助力绿色低碳。龙泉驿区还将整车企业、重点零部件企业和生产废旧钢铁回收处理企业和物流运输等服务企业纳入绿色汽车产业园试点，实行产业绿色准入和碳排放统计管理制度，努力打造完善的汽车产业链体系。

答好高质量发展的绿色答卷，天府新区推动产业发展同公园城市建设相融相宜，推动制造业向更轻、更精、更新方向发展，培育做强研发型制造业。同时，积极发展总部经济、科技服务等重点产业和新兴产业，截至目前已集聚新经济企业 2 万余家，数字经济规模突破 300 亿元，高质量发展涌现澎湃动力。

发展与生态不是非此即彼的"单选题"，而是相融相促的"综合题"。"天府新区将加快建设公园城市和高质量发展样板，力争 5 年内对全省的经济贡献度提高 1.5 个百分点。"陈历章说。

如何先行先试、打造样板？天府新区围绕创新二字落笔作答。

集聚科研机构，布局基础研究。

近年来，天府新区全力推进成渝（兴隆湖）综合性科学中心建设，加快布局高水平实验室、重大科技基础设施等战略科技力量。以成都科学城为主要承载地，聚焦航空航天、电子信息和生态环境等领域，布局建设重大科技基础设施 6 个、交叉研究平台 5 个，引聚中科系、中核系等国家科研院所 26 家。

高能级创新助力高质量发展。如今，环兴隆湖布局的成都科学城已形成集科研、创新、孵化等于一体的高新技术产业聚集地。成都科创生态岛、成都超算中心等一大批重大项目和国家级创新平台成功落地，汇聚创新动能。天府新区眉山片区聚焦电子信息、高端装备制造、新能源新材料，大力发展先进制造业，抢先布局新赛道。

搭建孵化平台，推动成果转化。

"我们已经从这里'毕业'了，从办公场所到资金支持，天府菁蓉大厦在我们处于初创阶段时给予了实实在在的支持。"成都汇蓉国科微系统技术有限公司总经理汪宗福说。

目前，天府创新中心、天府菁蓉大厦已累计孵化"毕业"企业60余家，培育国家高新技术企业80余家。2022年，天府创新中心、天府菁蓉大厦在孵企业营收合计达31.85亿元。

"宜人的公园城市生态和优越的科研创业氛围，让天府新区加速成为创新人才集聚地，从基础研究到技术创新再到成果转化的全链条创新体系初步形成。我们将进一步加速科技成果转移转化，激发科技创新发展活力。"天府新区科创和人才局相关负责同志说。

高品质生活——
让老百姓共享公园城市建设成果

推窗可见景，出门即入画。

市民刘女士的家就在距离兴隆湖不远的保水社区。"兴隆湖就是大家的公园。湖畔观鸟、散步休闲、沙滩玩耍，老老少少的需求都能得到满足。"刘女士说。

"在天府新区，有这样一个'规矩'：无论产业大小，每个项目在规划建设时，都设置一条面向公众开放的绿道，并形成连贯的绿道体系。居民望山见水，在公园城市享受高品质生活。"兴隆街道党工委书记殷波说。

城在园中，蓝绿相融。每到周末，绿意盎然的生态湿地公园便成了户外露营地。

邱伟指着一处街区绿地介绍，为满足市民野餐露营等户外活动需求，他们经过多次试验，最终选用了耐践踏、成活率高的草种，同时对露营区草坪采取"轮休"，实行分区域分批次开放，让居民四季都能体验休闲游憩和绿色开敞空间。

"走！上屋顶转转！"

在华阳街道安公社区菜蔬新居小区，居民楼楼顶打通连成一片，绿草如茵、鲜花娇艳。

安公社区的"屋顶花园"。　　天府新区融媒体中心供图

小区建于1999年，早前并未规划绿化和公共活动空间，不少顶楼住户还饱受漏水困扰。2019年，安公社区组织居民共同发起老旧屋顶改造，通过违建治理、杂物清运、生态植入和空间再造，让老旧屋顶变成空中花园。

"楼顶铺设的针叶佛甲草不扎根，不但不破坏防水，还能起到涵养防水效果，既增添绿意，又解决漏水困扰。"安公社区党委副书记赵登强说。

改造完成后，小区居民共同承担日常管理维护责任，除了自发浇水除草，还在屋顶种上花卉蔬菜，共同打理维护。

"街区社区是老百姓直接感受城市的空间。公园城市建设遵循以人为本的逻辑，让老百姓共享公园城市建设成果。我们在公园城市建设局增设理想街区处，选取样本街区进行规划建设和探索实践，加快推进更人性化、精细化的公园城市建设。"天府新区公园城市建设局理想街区处负责人郑小波表示。

城市的万千魅力，孕育于自然天成，兴盛于产业发展，最终归于人民的美好生活。

公园也是家园。按照500—800米的服务半径布局118个"15分钟公共服务圈"；建设华西天府医院、天府中学在内的300多处基础公共服务设施；规划建设独立绿道体系，将社区服务和公共绿色空间串联……从规划到建设，从理念到实践，对于公园城市，老百姓的体会最真切、感受最深刻——不仅整个城市是一个大公园，老百姓出门也像在自家花园一样。

沿环湖绿道跑步锻炼的居民，和孩子在绿地草坪玩耍的父母，尽职尽责的护林员、护水人……身处公园城市，人人享受其中。

结合市民和周边企业意见，持续丰富兴隆湖公共服务设施布局；倾听社区小朋友的心声，将孩子们的想法和期待纳入社区规划……身处公园城市，人人参与其中。

公园城市有机生长，美好生活群众共享。在天府新区，公园城市建设不仅让好山好水触手可及，也推动高质量发展成果惠及百姓生活。

（本报记者 钱一彬 许晴 宋豪新 《人民日报》2023 年 5 月 30 日第 7 版）

》记者手记

在公园城市诗意地栖居

四川天府新区兴隆湖西南角，有一家湖畔书店，因落地窗延伸至水下而走红。走进书店，人的视线与水面平齐，形成一个从纵剖面观察水下世界的绝佳窗口。

窗外，阳光照进清澈的湖水，茂密的水草随水飘舞；敏捷的游鱼摇鳍摆尾，悉心护住一群芝麻粒大小的鱼苗。

窗内，几个小朋友屏住呼吸观察吸附在玻璃上缓慢移动的螺蛳，目不转睛；年轻人捧着咖啡，倚在沙发上，读几页书，看一眼窗外的碧水蓝天。

如何提高城市发展的宜居性？如何在城市建设中"聚焦人的感受"？在探索践行新发展理念的公园城市建设中，四川天府新区给出了自己的答案。

公园城市为人民。

70.1% 的蓝绿空间占比，是天府新区营造宜居生活空间的底气。良好生态环境是最普惠的民生福祉，从"城市中建公园"转变到"公园中建城市"，城市规划从"沿路摊大饼"转向"拥绿亲水""组团发展"，城市建设追求"因天材，就地利"，依托兴隆湖、鹿溪河、龙泉山等独特风光，天府新区呈现出一幅望得见山、看得见水、记得住乡愁的生态画卷。

公园城市人民建。

2万份问卷，勾勒出一所公园城市中的理想校园。在探索公园城市创新实践的过程中，天府新区在全国首设公园城市建设局，又在公园城市建设局内首设理想街区处。为了建好理想校园，理想街区处通过问卷征求意见，邀请市民共同参与设计方案评审，大到图书馆和活动空间怎么规划建设，小到大门朝哪里开、种些什么植物。

公园城市不是简单的"公园＋城市"，而是探索解决什么样的城市能让居民生活更加宜居宜业这一长远问题。答好这个问题，市民最有发言权。从面向公众征集湖畔书店设计方案，到回应市民亲近绿地需求更换草坪草种，市民对城市发展的参与感、认同感不断增强，也让城市更有温度、更有人情味、更有凝聚力。

一个城市有一个城市的自然风貌，一个城市有一个城市的发展路径。未来的公园城市，可能是"湖阔数千里，湖光摇碧山"，也可能是"行人半出稻花上，宿鹭孤明菱叶中"。公园城市面貌或许千姿百态，但对人与自然和谐共生的追求始终如一。

（许晴　《人民日报》2023年5月30日第7版）

13

画出最美最好的图画

前海桂湾片区全景。　　*前海管理局供图*

4笔业务，合计金额150万元——今年3月起在前海落地的进口企业境外"不落地购汇"支付货款业务，成效初显。

这意味着，企业无需在境外开立人民币账户，即可开展跨境人民币结算，而且能够规避汇率风险。

与前海去年2.58万亿元的进出口总额相比，这一数字并不起眼。然而，它却是十年来跨境人民币进口贸易结算的重大突破。

在广东深圳前海深港现代服务业合作区，这样的制度创新成果层出不穷。高峰期时，前海每3天就推出一项制度创新成果。截至今年4月，前海已累计推出制度创新成果765项，全国复制推广76项。

敢为天下先，是前海与生俱来的特质。

推进前海开发开放，是习近平总书记亲自谋划、亲自部署、亲自推动的国家改革开放重大举措，是支持香港经济社会发展、提升粤港澳合作水平、构建对外开放新格局的重要举措。

"精耕细作，精雕细琢，一年一个样，一张白纸，从零开始，画出最美最好的图画""发展这么快，说明前海的模式是可行的，要研究出一批可复制可推广的经验，向全国推广""要深化前海深港现代服务业合作区改革开放"——党的十八大以来，习近平总书记 3 次亲临前海，多次就前海开发开放发表重要讲话、作出重要指示批示。

十年间，前海建设突飞猛进、面貌日新月异。产业集聚，动力强劲，2022 年前海实现地区生产总值 1948.68 亿元；实际使用外资 58.64 亿美元，占深圳市的 53.5%、广东省的 21%。

"前海的发展充分证明、生动印证了习近平新时代中国特色社会主义思想的实践伟力。"扎根前海十余年，深圳市前海管理局副局长王锦侠全程见证前海巨变。

2021 年 9 月，中共中央、国务院印发的《全面深化前海深港现代服务业合作区改革开放方案》发布，明确前海合作区总面积由 14.92 平方公里扩展至 120.56 平方公里。1 小时左右可达香港、澳门、广州，拥有 1 个国际机场、7 个港口码头、6 个对外开放口岸和 68 公里黄金海岸带，前海发展要素更加齐备。

"'扩区'不是土地空间的简单拓展，而是改革优势、发展优势、产业优势的叠加、优化和提升，要真正为香港服务业扩大空间，为香港的结构优化发挥杠杆作用。"王锦侠介绍，牢牢把握"扩区"和"改革开放"两个重点，前海全面深化改革开放迈出坚实步伐。

以制度创新为核心，在"一国两制"框架下先行先试。

前海综合保税区内，一箱箱电子产品在 500 平方米的围网区域完成安检，随即装车运往深圳机场。这些电子产品将直接登机，发往东南亚市场。

"深圳机场货运业务量大，但仓库容量有限，货物需排队等待安检，时间长、存储费用大。"深圳美邦链通国际航空物流有限公司总经理汤玲丽说，现在从入库到登机最多两三天，为企业节约大量成本。

推进贸易一体化联通。前海在综合保税区创新运用"先入区、后报关""货物按状态分类监管"等通关便利措施，首创港澳企业在广东自贸试验区深圳前海蛇口片区内直接办理海关报关单位备案手续。

加快金融业开放创新。前海实现跨境贷、跨境债、跨境投资、跨境资金池、跨境资产转让和自由贸易账户等金融创新，自由贸易账户跨境收支突破4000亿元，落地全国首家港资控股的消费金融公司、公募基金公司、合资证券公司以及港交所前海联合交易中心。

推动法律事务对外开放。通过设在前海的最高人民法院第一巡回法庭（第一国际商事法庭）和深圳国际仲裁院，以"司法终审"和"一裁终局"为支撑，前海打造依托香港、服务内地、面向世界的国际法律服务高地。迄今为止，前海法院适用域外法审理案件166件，深圳国际仲裁院适用域外法仲裁案件114宗。

"我们出台了促进制度创新的若干措施和操作规程，加强与国家部委联动，紧密依托香港，打造全面深化改革创新试验平台。"前海管理局制度创新处副处长蔡泽濠说，制度创新步入深水区，前海破壁攻坚势头不减。

深化深港合作，丰富协同协调发展模式。

今年2月23日，前海管理局与香港商务及经济发展局联合发布《关于协同打造前海深港知识产权创新高地的十六条措施》。此前，前海管理局与香港财经事务及库务局曾联合发布《关于支持前海深港风投创投联动发展的十八条措施》。两地同步发布"政策包"，如今已成常态。

"过去更多的是具体项目合作，联合发布政策是两地合作模式的创新。"前海管理局港澳服务处副处长侯静说，相互借助、相得益彰，前海努力担负起探索丰富粤港、深港协同发展的时代使命。

率先试点"两个15%"税收体制改革，为香港企业量身定做一批模块化建筑群，面向香港企业出让不少于1/3的土地，实现香港税务、建筑、规划、导游等18类专业人士通过执业登记（备案）即可在前海执业……截至目前，前海已有600多名港澳专业人士完成跨境执业登记或备案，在这就业的香港人口超过7500人，注册港资企业近万家，深港青年梦工场孵化香港创业团队480余家。

香港青年方丽华，以香港城市大学胡金莲教授科研团队为支撑，发扬香港在文化设计领域优势，将公司移师前海，"在这里，我们见证深港合作的力量，融合香港与内地之长，走向更加广阔的舞台。"

站在前海石旁，面朝深圳湾，鳞次栉比的高楼大厦遮住了远望的视线。老照片上一望无际的海边滩涂，早已全然不见。目之所及，诚如习近平总书记在二〇一九年新年贺词中所言，"深圳前海生机勃勃"！

（本报记者 张忠 卞民德 程远州 《人民日报》2023年6月8日第1版）

"特区中的特区"生机勃勃

——前海深港现代服务业合作区高质量发展纪实

前海石。　　前海管理局供图

论区域面积，前海是个"小不点"，"扩区"后也不过120.56平方公里。

论经济体量，前海是个"巨无霸"，2022年地区生产总值近2000亿元、进出口总额2.58万亿元，一举一动都吸引着全国乃至世界的目光。

深圳，这座改革开放后党和人民一手缔造的崭新城市，用一个个开先河之举，创造出"世界发展史上的一个奇迹"。

10多年前，前海湾畔的滩涂地，成为"特区中的特区"，担负起新的历史使命。新时代的如椽巨笔，续写出南海边的新传奇。

习近平总书记始终挂念着这片年轻的"改革试验田"。2012年12月，党的十八大后离京考察第一站，习近平总书记就来到前海，发出了改革开放再出发的号召。2018年10月，习近平总书记再次来到前海，肯定"前海的模式是可行的"。在二〇一九年新年贺词中，习近平总书记专门提及"深圳前海生机勃勃"。2020年10月，习近平总书记在深圳经济特区建立40周年庆祝大会上强调，"要深化前海深港现代服务业合作区改革开放"。

殷殷嘱托，切切期望。光荣使命，时代担当。

坚持"依托香港、服务内地、面向世界"，前海深港现代服务业合作区以制度创新为核心，在"一国两制"框架下先行先试，推进与港澳规则衔接、机制对接，丰富协同协调发展模式，全力打造粤港澳大湾区全面深化改革创新试验平台，建设高水平对外开放门户枢纽，不断构建国际合作和竞争新优势。

2021年9月，中共中央、国务院印发的《全面深化前海深港现代服务业合作区改革开放方案》公布，为前海擘画新的图景。

风劲好扬帆，前海高质量发展的足音铿锵。最美最好的图画，正一步步绘就。

深圳国际会展中心。　　前海管理局供图

推动香港更好融入国家发展大局

"梦工场，是圆梦的地方。"25 岁的香港青年黄绍棋，就是前海深港青年梦工场的一位圆梦人。

从香港城市大学毕业后，他与两名校友结伴参加创业大赛，斩获 100 万元奖金，随即开启创业之旅。"在梦工场，有租金减免、税收优惠、人才房供给等多重政策，更有家的感觉。"

"家的感觉"，来自前海街头随处可见的细节。斑马线上写着"望左""望右"，街牌是有别于"内地蓝"的白底黑字。梦工场还引入有香港特色的美食及生活配套服务品牌，营造"港风港味港服务"。

前海，已成为港人港企进入内地发展的新选择。目前，前海累计吸引港资企业近万家，梦工场累计孵化香港创业团队 480 余家。

"因深港合作而生，因深港携手而兴，前海肩负着为香港发展扩大空间，为香港的结构优化发挥杠杆作用的时代使命。"前海管理局副局长王锦侠说，聚焦深港现代服务业合作，前海着力支持香港更好融入国家发展大局，与香港建立更宽领域、更深层次、更高水平的联系纽带。

携手并肩，完善深港合作机制——

去年 9 月，前海管理局携手香港财经事务及库务局同步发布支持深港风投创投联动发展 18 条措施。今年 2 月，前海管理局又与香港商务及经济发展局联合发布协同打造前海深港知识产权创新高地 16 条措施。今年 5 月，前海管理局联合香港商务及经济发展局、投资推广署等，在香港举办"深港携手 共赢未来"外商投资推介招商会，全面推介前海营商环境和优惠政策。

"今年深港口岸全面通关以来，两地互动合作更加密切。"前海管理局港澳服务处副处长侯静说，当前深港两地正努力推进双向互动，"加深兄弟情，共圆兄弟梦"。

政策护航，促进港企更好发展——

1/3 以上土地面向港企出让，为港企量身定做一批模块化建筑群；出台外资奖励、产业集聚、总部企业、科技创新等八大政策，构建支持港澳企业政策体系；推动中国人民银行、税务总局、海关总署等部门出台支持前海专项政策，助力港澳企业在前海"进得来、发展得好"……

在前海执业的香港税务师郑康祥细数"获得感"："企业所得税率从 25% 降到 15%，港籍和境外人才个税按 15% 征收，港资企业比照内地企业上浮 20% 享受专项产业扶持，这对我们发挥所长、开拓粤港澳大湾区市场有极大帮助。"

细处落笔，便利港人工作生活——

"前海港澳 e 站通"在港澳设立，为港澳人士免费提供 238 项政务服务；前海蛇口自贸区医院开办港澳居民服务中心，获批"港澳药械通"试点；发布"惠港九件实事"，为港人提供包括 400 套人才住房、800 个工作岗位、逾 700 万元创新创业大赛奖金在内的全方位支持。

深港融通，渐入佳境，前海已成为与香港关联度最高、合作最紧密的区域之一。2022 年，前海实际使用港资 56.08 亿美元，占深圳全市使用港资总额的 55.2%。

打造全面深化改革创新试验平台

巨轮往来频繁，集卡川流不息。广东自贸试验区前海蛇口片区内，似乎并无昼夜之分。

"目前蛇口港已开通 27 条组合港线路，多港如一港，实现'一次报关、一次查验、一次放行'，打造了一条便捷高效的粤港澳大湾区海上物流通道。"深圳海关综合业务处业务改革科科长张胜浩介绍，在这里运用的进口商品全球溯源核放、全球中心仓、国际海运中转分拨集拼中心等物流新模式，走在全国前列。

制度创新，助力前海蛇口片区快速成长。8 年来，前海蛇口片区海关备案企业突破 1 万家，外贸进出口总值年均增长 23%。

窥一斑而知前海全貌。曾经，平均三天一层楼的"深圳速度"令世人惊叹。如今，制度创新成果层出不穷的前海，诠释着"深圳速度"的新内涵。

在全国率先启动企业登记"证照分离"，发出首张"多证合一、一照一码"营业执照；率先试点商事登记确认制，依托"前海港澳e站通"实现"足不出港澳"即可开办企业；率先推出"深港通注册易"服务，实现企业开办"一日办结"……截至今年4月，前海已累计推出制度创新成果765项，向全国复制推广76项，成为"一国两制"框架下先行先试、引领制度创新的"策源地"。

"起点高、势头猛、覆盖广、效益好、可复制性强。"王锦侠如此概括前海制度创新的特点。

坚持先行先试、边行边试、合作共试，前海着力打造以投资便利化、贸易便利化、金融开放创新、事中事后监管、法治创新、人才管理改革、体制机制创新、党建创新八大板块为核心的制度创新"前海模式"。

直到贷款到账，深圳市中科领创实业有限公司创始合伙人黄健还不敢相信，无需抵质押，就有银行愿意把钱借给他这个"首贷户"。

这家银行名为前海微众银行，是全国首家数字银行，也是前海金融体制改革的产物。借助互联网、大数据、云计算等技术，微众银行针对小微企业推出线上无抵押企业流动资金贷款产品"微业贷"，解了黄健的燃眉之急。

"目前，'微业贷'累计授信客户超过110万家，户均授信约99万元，缓解了融资难。"微众银行首席财务官、董事会秘书王立鹏说。

"扩区"之后，前海制度创新的活力只增不减。

"力度更大，层次更深。"前海管理局制度创新处副处长蔡泽濠说，前海牢牢把握"扩区"和"改革开放"两个重点，在"物理扩区"的基础上同步开展"政策扩区"。

上下联动，系统集成式改革试点陆续展开——

今年2月，中国人民银行等五部门联合印发"金融支持前海30条"。截至一季度末，仅优质企业贸易外汇收支便利化试点一项，前海就有61家企业参与试点，跨境收支金额 63.9 亿美元。

去年 9 月，海关总署发布支持前海 18 条措施。在科研材料通关方面，政策已实现畅通——对已获得香港卫生署进口许可的科研用生物物质，可优先办理出入境卫生检疫审批。

面向市场，激发经营主体创新能量——

前海开发建设体量大、建设项目密集、用电接入时间紧，"临电共享"服务模式应运而生。南方电网深圳前海供电公司采用临时用电一站式办理等方式，为客户降低临时用电建设成本约 40%，缩减办电时间一半以上。这一模式入选广东自贸试验区第四批制度创新案例，并在全国复制推广。

"目前，在获得电力方面，前海已处于世界领先水平，客户年平均停电时间为 0 分钟。"南方电网深圳前海供电公司总经理杨颐说。

一年多来，《全面深化前海深港现代服务业合作区改革开放方案》提出的 72 项重点任务中，超过四成已落地，其余均取得重要进展。

改革活力持续释放，高质量发展动能强劲。2023 年一季度，前海实现地区生产总值 466 亿元，同比增长 13.7%；固定资产投资 196.1 亿元，同比增长 12.7%。

建设高水平对外开放门户枢纽

在深圳国际仲裁院，刘晓春身兼两职：党委书记、院长。

有人担心，搞国际仲裁，党委书记的身份会不会有影响。

事实胜于雄辩。在一起争议金额达 134 亿元人民币的跨国投资纠纷中，外方当事企业点名要求刘晓春担当独任调解员。历时 13 天，纠纷圆满解决。时隔半年，外方当事企业管理人员偶遇刘晓春，主动上前致谢，并向生意伙伴积极推介深圳国际仲裁院。

"在竞争激烈的国际仲裁领域脱颖而出，我们靠的是独立、公正、创新。"刘晓春说，仲裁依靠市场认可，市场用脚投票，"最难的就是公信力的锻造。"

2012 年，深圳以特区立法形式对深圳国际仲裁院进行法定机构改革，率先引入以国际化的理事会为核心的法人治理机制。在仲裁员结构、仲裁规则等方面，深圳国际仲裁院加快与国际接轨，还以业务合作方式引入国际商会国际仲裁院、新加坡国际调解中心等国际性组织。深圳国际仲裁院现任 13 名理事中有 7 名来自港澳及海外，现任 1547 名仲裁员中有 569 名来自境外、覆盖 114 个国家和地区。

2022 年，深圳国际仲裁院受理仲裁案件总争议金额 1272 亿元，居亚洲第一、全球前三；涉外案件 384 件，覆盖 138 个国家和地区。

深圳国际仲裁院，已经成为前海法律事务对外开放的标杆之一。《全面深化前海深港现代服务业合作区改革开放方案》提出，在前海合作区内建设国际法律服务中心和国际商事争议解决中心，探索不同法系、跨境法律规则衔接。

前海法院持续推进适用域外法审理涉港商事案件机制建设，并明确域外法查明和适用机制，保障当事人用"自己熟悉的法律"处理商事纠纷的权利。前海法院选任 32 名港籍陪审员，参与涉外涉港澳台商事案件审理；聘请 16 名港澳台和外籍调解员，参与国际商事案件多元化解。目前，前海法院受理涉外涉港澳台商事案件、适用香港法审理案件均居全国基层法院第一。

"我们拥有系统的域外法查明与适用体系，当事人可以依法自由选择适用域外法。"前海法院法官谢雯说，"我们正从诉讼更便捷、制度更融合、合作更互信、规则更透明'四个路径'，分领域、分层次、分步骤推进跨境商事法律规则衔接。"

去年启用的深港国际法务区，联动香港打造国际法律服务中心和国际商事争议解决中心，截至目前已集聚司法、仲裁、调解等六大类 165 家法律服务机构。在推进粤港澳律师事务所联营的基础上，今年 3 月，前海又获准开展中外律师事务所联营试点。

紧紧围绕"建设高水平对外开放门户枢纽"，前海近年来着力深化与港澳服务贸易自由化、扩大金融业对外开放、提升法律事务对外开放水平、高水平参与国际合作。

作为我国金融业对外开放试验示范窗口，前海已实现跨境贷、跨境投资、自由贸易账户等跨境金融创新。其中，前海自由贸易账户跨境收支突破 4000 亿元。"双牌照"银行，港资控股的消费金融公司、公募基金公司、证券公司陆续在前海开业。

汇丰前海证券有限责任公司，是外资控股的多牌照证券公司。总经理何善文在金融行业深耕多年，曾在内地多个城市任职，"前海与香港的互补性很好，我们在这里可以做 A 股市场的行销、集中竞价等，也可以做资产管理，有很大的自由度。"

2022 年，前海实际使用外资 58.64 亿美元，占深圳市的 53.5%、全国的 3% 左右；前海综合保税区进出口总额 2352 亿元，同比增长 48.8%。前海还建成 3 个国际化街区、4 所港澳医疗机构、9 所国际学校，成为国内国际化程度最高的区域之一。

高起点高水平发展现代服务业

渣打银行、安盛集团、恒生前海基金……在前海深港国际金融城，众多国际金融机构"扎堆"亮相。

启动建设不到两年，前海深港国际金融城已签约入驻金融机构 276 家，其中来自香港、其他国家和地区的金融机构占比近 30%。

恒生前海基金管理有限公司，是首家入驻前海深港国际金融城的港资金融总部企业，也是在内地成立的首家港资控股公募基金管理公司。"借助前海的政策和区位优势，我们积极发展特色跨境金融业务，目前资产管理总规模已超 140 亿元。"恒生前海基金管理有限公司总经理刘宇说。

金融业是现代服务业支柱产业之一，前海一直在不遗余力扶持。2022年，前海金融业增加值同比增长 13.4%，金融业纳税占比在前海各行业中连续 6 年居首；地方金融机构达 4632 家，约占深圳市的八成，其中注册港资金融业企业 2089 家。

今年 4 月，前海再次推出金融业高质量发展"重磅"利好：对新注册或新迁入且符合条件的持牌金融机构，给予一次性落户奖励最高 1000 万元；对入驻前海深港国际金融城且符合条件的金融机构，最高给予经营团队扶持 2000 万元……

桂湾金融中心。　　前海管理局供图

前海设立的初衷，是通过深港合作，以现代服务业的发展促进产业结构优化升级，为我国构建对外开放新格局、建立更加开放经济体系作出有益的探索。

"'扩区'之后，如何把深港现代服务业合作区打造得更丰富，是我们一直在思考、探索的问题。"王锦侠说，要聚焦这一主责主业，构建更加优质、高效的现代服务业新体系，加快打造现代服务业发展高地。

实施"前海全球服务商计划"——

在 2022 年 11 月举办的前海全球招商大会上，前海向金融、商贸物流、信息、科技、文化创意、商务、航运、公共服务等 8 类全球服务商发出邀请，承诺每年提供不少于 10 亿元的产业扶持资金、不少于 20 万平方米的产业空间，招引在行业细分领域全球权威榜单排名前 50、国内排名前 20 的企业。目标是到 2025 年，前海力争引进、培育全球服务商 300 家以上，实现现代服务业增加值 1000 亿元以上，打造粤港澳大湾区现代服务业发展核心引擎，成为亚太地区重要的生产性服务业中心。

推出"政策包"，提供优质载体——

近年来，前海密集出台涉及金融、商贸物流、专业服务等领域的 10 余项产业扶持政策，加速聚集优质企业。启动建设风投创投、融资租赁、天然气贸易、跨境电商、涉税服务、高端智库"六大集聚区"，为企业打造空间集聚、资源集约的产业平台，助力其提高效益和发展壮大。

目前，风投创投集聚区已入驻渣打、惠理等 104 家重点机构，天然气贸易集聚区引进新奥燃气、中海油等 33 家龙头企业，涉税服务业集聚区已签约入驻 7 家国内百强税务师事务所。

在前海综合保税区，跨境电商全业态海关监管场所监管中心的智能监管流水线上，货物包裹有序进场，仅需 6 秒，就能获得 720 度全景"无死角体检报告"，并完成与报关单的核对，清关后 20 分钟左右即可到达深圳湾口岸，一小时内到达香港机场发往全球各地。

跨境电商，从前海联通世界。前海对落户的跨境电商平台、大卖家、物流服务商等全链条企业实施仓库租金补贴、运输补贴、交易奖励、贡献奖励、品牌培育奖励等一系列优惠扶持措施。深圳的 5 个跨境电商监管场站有 4 个在前海，业务规模占深圳市的 80% 以上，已形成跨境电商完整产业链和生态圈。

年轻的前海，正加快建设全球资源配置能力强、创新策源能力强、协同发展带动能力强的高质量发展引擎。

（本报记者 程远州 卞民德　《人民日报》2023 年 6 月 8 日第 7 版）

>>> 记者手记

秉持"敢为天下先"的品格

有人说，前海是个逐梦圆梦的地方。

短短 10 年，曾经的一片滩涂、一张白纸，正画出最美最好的图画。一座座高楼拔地而起，一个个产业发展壮大，吸引着海内外追梦人纷至沓来。生机勃勃，活力四射，这个年轻的现代化新城，确有"点梦成真"的力量。

这力量，源自前海"敢为天下先"的品格。

锐意改革，前海在"一国两制"框架下先行先试，引领制度创新。贸易、金融、法治、人才、科技创新等领域，先后推出 765 项制度创新成果，交出了全面深化改革的亮丽答卷。

主动开放，前海加快推进与港澳规则衔接、机制对接，开放之门越敞越大。聚焦服务贸易自由化、金融业对外开放、法律事务对外开放以及开展国际合作等方面，前海不断建立健全更高层次的开放型经济新体制，加快建设高水平对外开放门户枢纽。

融通深港，前海全方位支持港人港企来前海发展，与香港联合发布"政策包"推进科技创新合作，在服务业职业资格、服务标准、认证认可等领域深化规则对接，促进贸易往来，逐渐形成与香港产业协同联动、市场互联互通、创新驱动支撑的发展模式，推动深港合作向纵深迈进。

快速成长中的前海，一年一个样，吸引着世界的目光。越来越多的国际化人才来此落地生根，在与前海共成长中听见梦想开花的声音。从车船如织的蛇口港到高楼林立的深港国际金融城，从树影婆娑的前海石公园到活力迸发的深港青年梦工场，"前海，未来可期"愈发成为共识。

秉持"敢为天下先"的品格，前海必将在全面建设社会主义现代化国家新征程上勇立潮头、再建新功。

（程远州 《人民日报》2023年6月8日第7版）

14

在产业高地上锻造更强韧性

昆山市区景观。 昆山市委宣传部供图

1分钟，一块显示屏发往终端。光电产业园，43家光电企业比邻而居，年产值超千亿元。

90秒，一台高端服务器组装完毕。中科可控智能产线，"天阔"系列终端产品装上"中国芯"，自动化生产马不停蹄。

10分钟，一台挖掘机下线。三一重机智能工厂，机械臂高速挥舞，运输车来回穿梭，海外订单忙碌赶制。

江苏省昆山市，举足轻重的产业高地，生机勃勃的发展热土。

土地不足全国万分之一，GDP占全国4‰，实际使用外资占全国9‰，进出口总额占全国1.6%……昆山综合实力连续18年位居百强县市之首。2022年，昆山地区生产总值突破5000亿元。

"必须始终高度重视发展壮大实体经济""把经济发展抓好，关键还是转方式、调结构，推动产业结构加快由中低端向中高端迈进"。牢记习近平总书记在江苏考察时的殷殷嘱托，牢牢把握高质量发展这个首要任务，昆山稳扎稳打、敢闯敢试，锻造更强发展韧性，全力打造中国式现代化的县域示范。

——用好"全链条"，强链补链、固本强基，在激烈的国际市场竞争中赢得优势。

手机折叠屏、腕表曲面屏、汽车驾驶台大屏，走进维信诺展厅，轻薄的柔性屏琳琅满目、身形百变。申请OLED相关专利1.2万多件，主导制定第一份柔性显示国际标准，连续5年位居同行业出货量前四……落户昆山17年，维信诺公司跻身多家智能终端品牌主要供货商。

从上世纪90年代起，昆山逐步培育起电子信息产业。虽然笔记本电脑产量一度占全球2/3，但关键核心技术受制于人的问题依然存在，昆山人仍不敢懈怠。

打造"搬不走、压不垮、拆不散"的核心产业链条！这两年，昆山大力实施电子信息"固本"工程，推动"芯—云—网—端—链"一体布局，先后吸引2000多家上下游企业成群入链。

追求极致，将"屏"点亮。α硅、低温多晶硅、氧化物半导体、主动有机发光，4条新型显示技术路线齐头并进。

勠力攻坚，把"芯"做强。华天科技、艾森半导体材料等细分领域龙头快速成长，从设计、制造到封装测试、材料及配套设备的完整产业链初步形成。

向"微笑曲线"两端攀升，促成价值链之"进"，也巩固了产业链之"稳"。近年来，昆山规上工业总产值保持万亿元以上规模。

——下好"先手棋"，瞄准前沿、抢先布局，在新一轮科技革命和产业变革中赢得先机。

1083公里！搭载清陶能源生产的超高能量密度固态动力电池，上汽试验车辆创下全球纯电动汽车续航里程新高。"相较传统锂电池，固态锂电池寿命更长、成本更低、安全性更高。银行、医院、数据中心等备电储能，户外休闲使用大型'充电宝'，都能派上大用场。"说起"独门绝技"，清陶能源董事长冯玉川很是自豪。

2016年，冯玉川所在的中科院南策文院士团队被昆山引进。短短几年，技术成果"从0到1"，固态锂电池产业化一路向前，企业估值已超200亿元。

行业有阴晴冷暖，技术有迭代更新。深谙市场规律的昆山，扭住创新这个"牛鼻子"，招商引资、招才引智、链式培育、梯次成长，做强"创新雁阵"。

打造新显示、新智造、新医疗、新能源、新材料、新数字等6个千亿级战略性新兴产业，高水平规划建设元宇宙、先进计算、生命健康等40个特色专业创新园区，主动抢占智能穿戴、智能机器人、智能网联汽车等新赛道……创新引擎点燃，产业蒸蒸日上。去年，昆山高新技术企业增至2744家，占苏州1/5，战略性新兴产业产值比重提升至57.3%。

——扩大"朋友圈"，优化生态、合作共赢，在全球产业链重构中赢得主动。

第150万台！5月4日，通力中国第150万台设备从昆山发运，创造了我国电（扶）梯行业新纪录。投资落户27年，昆山基地成为芬兰通力集团全球规模最大的生产及研发基地，产品远销100多个国家和地区。

昆山因开放而兴，79个国家和地区的9600多个项目集聚于此。背倚广阔市场、优化营商环境、厚植投资沃土，昆山"磁力"越来越强。

开年以来，外资项目捷报频传：总投资20亿元的太古可口可乐昆山项目签约，固特异轮胎增资 2 亿美元扩大产能……一季度，昆山实际使用外资 8.7 亿美元，同比增幅高达 170.1%。

——鼓足"精气神"，自强不息、止于至善，以奋发有为的精神状态赢得未来。

一辆轿车从 30 米高空坠下，以 80 公里／时的速度撞向立于地面的另一辆轿车。下车车头瞬间裂开，儿童汽车安全座椅上的仿真婴儿却完好无损，胸部几乎没有受到太大压力……4 月 20 日，一场耗资 600 多万元的真车对撞实验，验证了"好孩子"新款座椅的安全性。

"儿童汽车安全座椅的欧美标准是 50 公里／时，我们的标准偏要做得更高。别人延续传统，我们硬要广寻各种新材料，把航天领域用的蜂窝铝搬过来。"年过七旬的好孩子集团董事局主席宋郑还拼劲十足，"越是压力大，越要推出硬核产品。一年四五百项专利，领先全球同行，难道还怕竞争？"

闯市场，企业不遗余力；拼经济，干部主动靠前。

出台一批助企惠企政策，擦亮"昆如意"营商服务品牌；开展"保要素、争订单、优环境、促发展"企业大走访，帮企业解决订单、用工、物流、信贷等方面难题；吹响招商引资"百团大战"冲锋号，助企业拿订单、引技术、找伙伴……开年以来，昆山密集推出一系列政策举措，全力以赴稳增长、促发展。

"作为产业高地、开放前沿，昆山会比不少地区更早遇到新问题新挑战。遇到了，就要想办法解决好，蹚出一条路来。"昆山市委书记周伟感慨，这些年，昆山应变局开新局，产业底盘反而更稳，发展韧性也更强了。

这就是昆山，勇立潮头、敢为人先，不会因成绩骄傲，不会被困难击倒，更不会让机遇溜走。

开局之年看昆山，我们感悟着坚韧与顽强，看到了信心与希望。

（本报记者 何聪 刘志强 李翔 《人民日报》2023 年 6 月 12 日第 1 版
本报记者王汉超、杨远帆、王伟健参与采写）

抢抓机遇再出发

——江苏昆山高质量发展纪实

昆山经济技术开发区。   昆山市委宣传部供图

昆山，再次站在高峰，也再次望向新的远方。

2022 年，昆山完成地区生产总值 5006.7 亿元，在全国百强县市榜单上夺得十八连冠。

改革开放之初，昆山曾在苏州县区中垫底。1984 年，当国家在沿海 12 座城市设立首批国家级经济技术开发区时，不在其列的昆山不甘人后，"自费创办工业区"。直到 1992 年获国务院批准，昆山开发区终于正式跻身"国家级"队列。

新时代 10 年，昆山经济总量连跨 3000 亿元、4000 亿元、5000 亿元台阶，在绿色发展、科技创新、新型城镇化等方面创造了县域发展的多个"第一"。

从加工起步进而串珠成链，从集成组装进入研创开发，从县域领跑到打开全球视野，从敢为人先到全面发力，昆山正在高质量发展的新赛道上加速奔跑。

中科可控整机智能制造产线。 昆山市委宣传部供图

聚能：数十年强链补链造链，产业链在，昆山就是一方"强磁场"

昆山人至今记得，20多年前他们在笔记本电脑组装产业中刚站稳脚跟，就做了个影响深远的布局。当时，他们对笔记本电脑零部件一项项比对，分析哪些部分昆山还不能生产，就重点攻关、精准招商。几年下来，笔记本电脑几乎所有零部件生产环节都在昆山完成布局，一条总产值超6000亿元的电子信息产业链成形。

在别人招商"挖到篮里都是菜"的年代，昆山就盯准了产业链布局。直到今天，这条秘诀仍是昆山蓄势聚能的底气所在。昆山市委书记周伟在党的二十大首场"党代表通道"采访活动现场这样总结："昆山之所以能够保持全球笔记本电脑'三分天下有其一'的市场份额，就是坚持'缺什么招什么'，打造了完整产业链。"

专攻柔性屏、专注 OLED（有机发光二极管）显示技术的维信诺就是在产业链上与昆山相互寻找、双向奔赴的案例。

在维信诺科技有限公司展厅内，手机屏像纸张一样卷折，可以被风轻盈地吹动，丝毫不影响屏上的清晰画质。鲜活的展示场景背后，是当年的坚持。2009 年，维信诺转型做 AMOLED（有源矩阵有机发光二极体），需要 3 亿元研发试验的投资。一旦失败，3 个亿就打了水漂。这对于昆山维信诺显示技术有限公司是笔巨款，他们也很犹豫。但昆山坚持投资，铁了心把项目做成。

那个阶段，昆山电子信息产业"个头"虽已不小，但在面板、软件和芯片等核心环节缺少自主创新技术的支撑，"缺芯少屏"问题尤其突出。昆山需要维信诺这样的科创企业，维信诺需要昆山的创新发展环境。

经过不懈努力，2022 年，维信诺智能手机面板出货量达 3700 多万片，居全球第四。

沿着这根链条，2004 年，昆山瞄准光电产业转型升级机遇，开始打造光电产业园，先后引进龙腾光电、友达光电等行业龙头企业。当年的种子，19 年后已经长成枝繁叶茂的大树。谁能想到，α 硅、低温多晶硅、氧化物半导体、主动有机发光，光电显示技术的 4 条重要路线，在一个园区同时具备先进产能。

蓄能聚力时，产业链吸引上下游，强如磁场；经风应变时，产业链也让昆山坚如磐石。根据《昆山现代产业体系建设行动计划（2022—2025年）》，昆山在电子信息、装备制造两个千亿级产业带领下，正在形成 6 个百亿级产业集群。

有链强链，缺链补链。没有链，昆山认准了，也能"无中生有"造一条链出来。昆山不是咖啡产地，也不是主要消费市场。2020 年 3 月，全球咖啡烘焙与零售巨头星巴克落户昆山，抓住这一机遇，昆山全力打造集物流分拨、平台交易、研发制造、品牌销售于一体的咖啡全产业链基地，快速架构了一条以咖啡为主的千亿级高端食品产业链条。

用足"产业链招商"这个看家本领，昆山屡试不爽。"上下楼就是上下游，产业园就是产业链"已经由当年的口号变成今天的现实。

在链上摸爬久了，积累足了，自然要向产业链高端进发。昆山用20多年的实践，由最初的电脑拼装，走向新型显示、集成电路、智能终端等产品的生产与配套。5年前，昆山又抓住了先进计算产业新风口。如今，南淞湖畔曾经的芦苇滩上，一个先进计算产业链集群强势崛起。5年后，这里又将是国际一流的先进计算、整机系统智能制造产业基地。

创新：发现"强劲增量"，用自身发展的确定性，应对外部环境的不确定性

"市场越不好越要投放新品！不仅国内要创新，闯国际市场同样靠创新。"好孩子集团董事局主席宋郑还说。

人们没想到，一个不起眼的童车市场，昆山的"好孩子"抢抓机遇，依靠科技创新、产品创新，市场占有量稳居全球第一。这样一家上世纪80年代濒临倒闭的校办企业，是如何起死回生并走向巅峰的？

最初，好孩子就是靠一款多功能的专利设计站稳脚跟。跟着市场求新求变让他们逐渐壮大，最后一路冲向国际市场最高端。他们把欧美最高时速50公里的儿童汽车安全座椅撞击试验，提高到时速80公里，通过蜂窝铝等航天技术，确保安全座椅中的仿真婴儿安然无恙。在好孩子公司展厅里，既有轻轻一抖就能快速展开的"口袋车"，也有碳纤维材质打造的全球最轻婴儿车。这样的创新能力，令好孩子在行业稳稳占据主动。

"只有用自身发展的确定性，才能更好应对外部环境的不确定性，创造更多可能性。"周伟介绍，面对激烈的国际竞争，昆山不断开辟发展新

领域新赛道、塑造发展新动能新优势，切实担负起"走在前、挑大梁、多作贡献"的重大责任。

近年来，昆山以打造国家一流产业科创中心为主线，加快形成科技创新策源地、人才创新创业首选地、科技成果转化集聚地，一批"以我为主"、自主可控的科创企业茁壮成长。

指甲盖大小的芯片，制作难度相当于在指甲盖上建造一座城市。多年来，澜起电子科技（昆山）有限公司专注芯片研发，其研发的高性能DDR5内存接口芯片荣获2022年第十七届"中国芯"年度重大创新突破产品奖。

华天科技（昆山）电子有限公司智控中心。　　昆山市委宣传部供图

昆山有座运营了 16 年的燃煤发电厂，如今摇身一变，成为当地首屈一指的科创综合体。这座"新旧融合"的科创综合体总投资约 25 亿元，建筑面积约 28 万平方米，目前汇聚了苏州贝莱克金刚石、苏州恒驰数字打印、苏州合煌能源科技等 3D 数字技术、生物医药、能源科技领域的优质企业。

昆山空间宝贵，产业必须从粗放走向集约。多年来，昆山坚持以亩均效益为衡量产业的核心指标，分辨"低产田"和"高产田"，倒逼"有限"空间迸发"无限"能量。今年年初，昆山提出打造 40 个专业特色创新园区，推动园区实现从平面式向立体式、从粗放式向集约式、从制造型向创新型的转变。

昆山制造正在变身昆山创造。3 年来，昆山实现了 2600 多家规上工业企业智能化改造和数字化转型全覆盖。2022 年，净增高新技术企业 480 家，创下新高，总量增至 2744 家，占苏州市 1/5。

科技企业扎堆，背后是昆山默默培育的苦功。2015 年，在清华大学"昆山周"活动上，中国科学院院士南策文带领冯玉川等多名博士与昆山结缘。很快，清陶能源便在昆山成立。该公司总经理李峥说："长达两年多，我们没有为昆山创造实质性的经济效益，但昆山依然全力支持，为我们提供宽松的环境、肥沃的土壤。昆山像我们的同行者，一路陪伴。"

如今，清陶的柔性固态锂电池，在经受折弯、剪切、针扎等"考验"时，依然不冒烟、不燃烧、不爆炸，还可照常供电。靠着更高的能量密度、更短的充电时间、更强的安全性能，清陶的产品在新能源领域迅速崭露头角。

2022 年，昆山全社会研发投入占地区生产总值比重提高至 3.83%。昆山市科技局局长蒋跃表示，昆山尝到创新的甜头，认准了未来方向，今后将咬定青山不放松，坚持把科技创新的"关键变量"不断转化为高质量发展的"强劲增量"。

开放：走出去引进来敢尝鲜，打开全球视野，小城市也做大布局

在昆山元宇宙产业大会 2023 春季会上，中国工程院院士、同济大学建筑学院教授吴志强发出了这样的感慨："我在全国各地听了不少元宇宙主题的会，大部分在讲元宇宙是什么，只有昆山在讲元宇宙产业是什么。"

会上，16 家元宇宙企业签约落地，8 个元宇宙应用场景发布。不久前，昆山还发布了元宇宙产业发展行动计划，建立了产业发展基金，亮出豪言壮语"打造元宇宙产业看昆山、发展元宇宙产业来昆山"，展现出一个宏大愿景。

元宇宙对很多人仍是个比较陌生的领域，国际巨头的投入短时间也难见回报，昆山凭什么敢于"押宝"？昆山市改革发展研究中心科长郭颖韬解释："纵观昆山的发展，不断突破自我，打开胸怀，也就总能踏准节拍、主动求变。不论组装笔记本电脑，还是生产智能主机，到接下来看好可穿戴设备，昆山都不是跟风转、盲目转，而是跟着不断增强的行业认知转、自身能力转、前沿信息转。"

不能等风口到了再做准备。去年 9 月，昆山市委理论学习中心组专题学习"元宇宙技术应用及产业发展"；同时昆山首次全程采用 VR（虚拟现实）技术举办元宇宙产业发展战略咨询会。今年春节后第一个工作日，昆山干部便围绕"数字城市元宇宙"进行了专题学习。

时不我待，昆山走出去、引进来，要让"国企敢干、民企敢闯、外企敢投"。一季度，昆山招商人员多批次赴新西兰、新加坡、德国等地招商，登门拜访戴尔、丰益国际等 50 余家企业，引进固铂轮胎、恩斯克汽车等 8 个注册外资超 3000 万美元的项目以及理律生物、台光电子两个注册外资超 1 亿美元项目。

尽管外部形势趋于复杂，昆山依然成为全球资本乐于登陆的热土——

1 月，由美国 500 强企业固特异轮胎投资的高性能子午线轮胎扩建项目在昆山注册，新增投资总额 2 亿美元，成为 2019 年以来苏州范围内最大的美资增资项目。几天后，总投资 20 亿元的太古可口可乐昆山项目签约落户，成为其在华最大的单笔投资。

2 月，昆山市政府与新加坡丰益国际签署合作协议，总投资 3.5 亿美元的丰厨昆山现代食品特色产业园启动。

仅一季度，昆山就完成实际使用外资 8.7 亿美元，总量创历史同期新高，同比增长 170.1%。

5 月 4 日，随着一辆满载货物的半挂车缓缓驶出，芬兰通力集团在华制造的第 150 万台整梯正式发运。作为全球电梯及自动扶梯产业最大的供应商之一，通力集团自 1996 年在昆山投资设厂，至今已累计投资 13.8 亿元。

通力集团总裁兼首席执行官韩瑞龙说，昆山已是他们在全球最大的生产基地、研发基地之一，产品还出口至 90 多个国家和地区，"这些年来，我们已经与昆山牢牢融为一体。"

截至目前，昆山集聚了全球 79 个国家和地区的 9600 多个项目，总投资超 1200 亿美元。2022 年，全市完成实际使用外资 17.3 亿美元，增长 252.4%，创近十年来新高。

蓄势：好环境是营造出来的，"内聚"精气神，"外联"新机遇

去年 11 月，中国 500 强企业东山精密新能源汽车零部件智能制造中心在昆山千灯镇启动建设，跑出了"1 周签约、3 周挂牌、5 周开工"的审批新速度。

"七天发四证""三天发四证""一天发五证"，昆山不断刷新重大项目行政审批速度，让投资者获得比黄金还宝贵的信心。

2001 年，三一重机有限公司落户昆山。在此之前，三一集团考察了全国多地。时任三一集团董事长梁稳根回忆："在众多选项中，昆山给出的优惠条件不算多的。但仔细权衡之下，我们还是把项目落户昆山。昆山的

营商环境优、办事效率高。实践证明，我们选对了。"

　　走进三一重机生产车间，机械臂有序运转，运输机器人来回穿梭。在数字大脑控制下，车间的下料、分拣、组对、焊接、喷涂、检测等各个环节都由机器人完成。每10分钟就有一台挖掘机下线。

三一重机昆山产业园车间。　　　昆山市委宣传部供图

　　三一集团基建总部相关负责人说："企业所需要的环境就像我们的车间，极其高效，又极其有序。"三一重机挖掘机研发制造基地是总投资

120 亿元的大项目，项目从签约到施工许可，再到配套设施论证、审批等，昆山开发区工作队全流程服务。

眼里有大企业，也关注小个体。5 月 13 日上午，个体工商户王黎明需要办理奶茶店的行政审批手续，他没有选择前往政务服务大厅，而是到昆山大西门商业街区的自助服务机，在"家门口"就顺利地打印出了营业执照。

昆山市发改委副主任林利剑介绍，昆山主动对标世界银行最高标准，连续 5 年发布营商环境政策，先后推出营商环境白皮书、"二十八条"、"十六条"、"三十条"营商环境新政，创新推出"昆如意"营商服务品牌。今年 4 月 11 日，又召开政策发布会，发布《昆山市深化"昆如意"营商环境 2023 年创新行动方案》，围绕六大亮点推出 25 条含金量十足的"干货"举措。

时代的浪潮，正把昆山带入更宏阔的发展格局。因应长三角一体化发展，昆山提出"东接、西融、北联、南协"区域联动发展策略。向东接轨上海，当好苏州全面对接上海"桥头堡"；向西融入苏州主城，打造苏州市内全域一体化发展创新强引擎；向北联动沿江港口，共同打造苏州先进制造增长极；向南协同推进长三角生态绿色一体化发展示范区建设，打造江南文化样板区。

以"内聚"强化协同发展，以"外联"拓展战略空间。昆山不再简单做产业溢出的承接者，而主动做联动发展的同行人。融入大势，昆山再一次登高远望，走在高质量发展前列的澎湃动力如春潮涌动，在新征程上迈出坚实步伐。

（本报记者 何聪 王汉超 王伟健 《人民日报》2023 年 6 月 12 日第 6 版）

》》记者手记

勇于改革 善于创新

今年 3 月，习近平总书记在参加十四届全国人大一次会议江苏代表团审议时强调："高质量发展是全面建设社会主义现代化国家的首要任务""希望江苏继续真抓实干、奋发进取，在高质量发展上继续走在前列"。

抢抓机遇，走在前列。走访昆山干部群众，他们身上的机遇意识、责任意识令人感佩。

昆山是迎着机遇不断发展壮大的。上世纪 80 年代初，昆山艰苦创业、拼搏奋斗，乘着改革开放的春风创办工业区，成功实现"农转工"，到 1990 年主要经济指标已跃居江苏全省县市前列。上世纪 90 年代，昆山又抓住浦东开发开放机遇，大力发展外向型经济。进入新世纪，全球电子信息产业转移布局，昆山再次拥抱机遇，成长为世界最大笔记本电脑生产基地。新时代以来，昆山更是抓住用好长三角一体化发展等机遇，优结构、强创新、抓改革、促开放，内生动力不断增强，综合实力连续 18 年领跑全国县级市。

昆山的发展实践启示我们，机遇是客观的，也是主观的。惟有主动作为、勇于改革、善于创新，才能赢得机遇。

抢抓机遇，需要从不懈怠的危机感。当年，笔记本电脑产量一路走高，昆山并没有满足于已有成绩，而是清醒意识到研发关键核心技术、补足电子信息产业短板的重要性。"缺什么补什么"，推动全产业链一体化布局，昆山产业承压能力越来越强。思虑长远发展，大力引进人才、技术，接续培育新产业新动能；担忧用地"瓶颈"，稳步推进"腾笼换鸟"，向存量土地要发展增量；克服"本领恐慌"，频频组织干部考察，主动向先进城市学习……未雨绸缪、永不满足，让昆山始终生机勃勃、勇立潮头。

抢抓机遇，需要快人一步的紧迫感。这两年，"元宇宙"热度走高，昆山主动出击，第一时间深入学习、详细研究、周密部署。一年不到，元宇宙产业初现雏形、增势看好，为日后发展创造了先机。从去年底便组织企业出境寻商机，到今年密集开展招商引资，昆山马不停蹄抓发展，以更早的行动赢得了更大的主动。

抢抓机遇，同样离不开迎难而上的拼搏精神。这三年，百年变局与世纪疫情交织，给各地经济带来不小压力。视压力为动力、化挑战为机遇，昆山干劲更大、闯劲更足。"以我为主"发展自主产业，"以新为主"增强发展动能，"以链为主"锻造集群优势，一系列举措落地，产业底盘更稳、外资规模更大、发展后劲更强。应对好前所未有的挑战，昆山收获了前所未有的机遇。

不满足，不懈怠，不停步。当前，我国发展仍处于可以大有作为的重要战略机遇期。主动作为、抢抓机遇，造就了今天的昆山。明天的昆山，接续奋斗、苦干实干，一定能在高质量发展的征途上再创佳绩。

（刘志强　《人民日报》2023年6月12日第6版）

15

"世界超市" 敢为敢闯谱新篇

义乌国际商贸城俯瞰。　　义乌市委宣传部供图

义乌国际商贸城，车如流水马如龙。

这里是全球最大的小商品批发市场。一天 86400 秒，这里的车流量高达日均 88600 次，平均一秒钟就有一辆车进出。商机在这里涌动，生意在这里兴隆。

对义乌，习近平总书记特别关心。在地方工作期间，他先后 12 次来这里调研考察，将义乌的发展概括为"莫名其妙""无中生有""点石成金"。这 12 个字，是义乌故事最生动的总结。一不临海、二不沿边的义乌，硬是建成了全球"小商品之都"，成了有口皆碑的"世界超市"。

"今年一季度以来,国际商贸城日均客流量达 20 万人次,日均进场外商达 2000 多人次,已恢复到疫情前水平。"浙江中国小商品城集团股份有限公司副总经理黄海洋说。

这座"世界超市"为何人气越来越旺?踏上这片热土,答案逐渐清晰。

人气旺,旺在营商环境好。

在义乌,开一家公司要花多少时间?在义乌市政务服务中心,杨晓敏正通过浙江政务服务网自助开办企业,不到 20 分钟就完成了全部流程,打印出的执照还能免费寄送,这让她感到"便捷又贴心"。

约旦商人穆德来义乌已经 21 年,对这里的营商环境赞不绝口:"义乌是很适合做生意的地方,这里真的能帮你解决问题。"

印度商人洛基也深有感触,"义乌政府部门创建了各种微信群,有什么事情,只要在群里说一句,很快就会有工作人员联系解决。"

人气旺,旺在开放程度高。

从义乌铁路口岸向西,"义新欧"中欧班列一路奔驰。今年以来,"义新欧"已往返运行逾 700 列,发运近 6 万个标箱。共建"一带一路"倡议给沿线人民带来实实在在的福祉。

面对外需低迷,义乌坚定"走出去",拓市场。从去年 11 月以来,义乌已经组织 7 个团、320 多家企业赴德国、英国、美国、日本等地,签订了超 1 亿元的订单。

今年义乌外贸稳中有进。"1—4 月,义乌实现出口 1476.4 亿元,同比增长 13%,占浙江出口总额的 12.8%。"义乌海关办公室副主任杨嬿翔说。

人气旺,旺在数字赋能快。

"新客户中靠线上引流的占到 30% 以上。"捷豪竹木制品有限公司负责人傅妙玲越来越重视国际商贸城的线上平台 Chinagoods，买家一搜索，店铺全呈现，客商主动上门货比三家，生意也比原来多。

走进华鼎锦纶股份有限公司的未来工厂，数条机械臂上下翻飞。"通过车间智能化改造，公司生产效率提升了 55%，运营成本下降 28%，市场竞争力大大增强。"企业 IT 中心副总监曾建根介绍。

义乌一米供应链管理服务有限公司样品间，同样的螺丝钉经过不同包装，价格相差很大。"我们通过分析海外市场的消费偏好，帮国内商家精准制定销售策略。"公司总经理朱蓉芳说，"这样的信息对接服务，能帮国内商家把利润提高 10%。"

深入义乌就会发现，这里处处是活力，人人都在想办法。"世界超市"里，流淌着一股子"敢为天下先"的精气神。

政府敢为——

"高质量发展要有高效率的改革机制。"义乌国际贸易综合改革试验区管委会政策法规局局长朱毅说。保证改革的高效率，就得及时掌握企业的痛点。义乌不仅定期走访企业，还给每家企业配了一名"驻企服务员"。遇到困难，一个电话，必有回应。

义乌外国客商多，为了解决涉外纠纷，义乌创造性设立了涉外纠纷人民调解委员会，大胆采用"以外调外"模式，聘请通外语、精贸易、有信誉的外籍人士参与涉外纠纷调解。目前，外调委已成功调处涉外纠纷 1170 起，涉及金额 1.28 亿元，纠纷化解成功率达 96%。吉尔吉斯斯坦姑娘米卡刚刚调解完一起涉外贸易纠纷。"接触的纠纷越多，越能感觉到中国式调解的鲜明特色。"米卡说。

企业敢闯——

在商贸城一区的店铺里，银蒂银饰负责人朱素芳正阅改设计团队交来的版样。她必须保证每天有 10 个以上品类的更新。"一个小商品卖得好，可能第二天就会有同款。只有不断上新，让别人赶不上，才能更好在这里立足。"

在充分竞争的市场环境中,中国商户练就了强大的内功。看似简单一顶帽子,10年前义乌商户还要组团去别的国家学习版式设计;如今,美泓帽业负责人陈鑫平说,国外九成产品是"义乌造","时尚设计义乌已站到了前排"。

群众敢试——

在江北下朱电商小镇,总能遇到拿着手机做直播的视频团队。"这里是凭一个手机就能创业的地方。"义乌福田街道社交电商协会党支部书记金浩敏说,凭借义乌的货源优势与物流优势,江北下朱已经形成了完整的直播产业链,吸引许多创业者来此逐梦。

走进后宅街道李祖村,绿水青山不仅吸引了游客,也引来了创客。去年,湖南姑娘封玲将自己在城里的"南瓜糖水铺"搬到了李祖,营业额明显上升。"村里自然风光很美,人情味也浓,大家都喜欢来这里'换'一种生活。"像封玲这样的创客,在李祖村已有52家,不仅自己创业致富,还带动了村民增收。

勤耕好学、刚正勇为、诚信包容,这是义乌人对义乌精神的提炼,也是他们面对未来、迎接挑战的底气所在。

"我就是义乌人。"塞内加尔商人苏拉在义乌生活了20年,说一口流利的中文,熟练地沏着功夫茶,对未来充满信心。他指着墙上一幅书法作品说:"'山高人为峰'。我知道这句中国话的意思,而且我相信这句话的道理。不管山有多高,人们都能攀登。人,比山高。"

（本报记者 李中文 杨凯 韩维正 《人民日报》2023年6月14日第1版
本报记者袁子涵、窦皓参与采写）

兴商建市勇立潮头

——浙江义乌高质量发展纪实

一列满载各类货物的中欧班列启程开往中亚五国。　　胡肖飞　摄

中午时分，浙江义乌的"贝迪"阿拉伯餐厅门庭若市，人们用汉语、阿拉伯语、英语点餐。已在中国生活了很多年的老板穆罕奈德正在接待慕名而来的食客。

"在阿拉伯商人云集的义乌市，一位名叫穆罕奈德的约旦商人开了一家地道的阿拉伯餐馆。他把原汁原味的阿拉伯饮食文化带到了义乌，也在义乌的繁荣兴旺中收获了事业成功，最终同中国姑娘喜结连理，把根扎在了中国。"2014年，习近平主席在中阿合作论坛第六届部长级会议开幕式上的重要讲话中，说起了这个故事。

不仅有世界各国的美食，更有来自全球各地的客商、忙碌而热情的店主、熙熙攘攘的商铺、琳琅满目的商品。走进义乌，你就会明白，为什么义乌拥有"世界小商品之都"的美誉，为什么这里被称为"市场之城"。

拥有营业面积 640 余万平方米的市场，商位 7.5 万个，经营 26 个大类、210 万个单品，带动全国 20 多个产业集群、210 万家中小微企业发展，关联 3200 万名工人就业，与 200 多个国家和地区有贸易往来……义乌这座"世界超市"，沿着"兴商建市"的道路，锚定"打造国际枢纽城、奋进现代都市区"的目标，奋力书写着"世界小商品之都"的新篇章。

更新换代的新市场

义乌国际商贸城生意红火，线上平台帮助商户打开新门路，正在施工的义乌全球数贸中心项目将打造一站式服务数字化平台

早上 9 点，义乌国际商贸城的商铺已经陆续开始营业。人流渐多，各式店铺前不时有客商驻足咨询。越来越现代化的商贸城现有 5 个区，由空中连廊结成一体，即使选择最简捷的线路穿行，从一区走到五区也得走上 3 公里多。

在二区市场经营电子设备的王国田，对今年的生意很有信心。数据显示，今年 3 月份以来，义乌国际商贸城日均客流量已超 20 万人，恢复到 2019 年水平。

距离五区不远，占地面积 562 亩的义乌全球数贸中心项目正在紧张施工。义乌商城集团副总经理黄海洋说，中心建成后将以数字化平台为载体，为采购商、经营主体等提供商务、工作、生活、休闲的一站式服务。

何为数字化平台？走进在二区运营的新能源产品市场数字运营中心，透过这里的义乌数字市场大屏，不但能切换市场内的实时场景，还能查看各市场的客流、车流、经营主体情况、各行业指数等数据。"未来，我们还将依托场内各触点，盘活线下数据，给经营户、采购商带来更高效便捷的体验。"黄海洋说。

义乌国际商贸城的商户正在和客商洽谈毛绒玩具订单。 章勇涛 摄

　　这两年，国际商贸城的线上平台 Chinagoods 也帮很多商户打开了新门路。这个平台对接市场内实体商铺和产业链上游的 210 万家中小微企业，连接起了供需双方在生产制造、仓储物流、金融信贷等各环节的需求，不断推动交易、履约、监管等商品贸易服务全链路数字化。

　　"以前为了方便存货发货，我们将仓库租在市场周边的民房或地下室，空间小，租金还高。现在相当于把商贸城搬到线上，异地客商可以通过网络了解产品，我们也可以在线预定仓库、入库时间和租赁时长，由系统自动计算租赁费用。"一区一家玩具店的负责人说，现在很多工作都能直接在手机上完成。

　　越来越多的商户正在拥抱市场的变化。

　　"这是一款用竹子做成的一次性餐具，健康环保，特别适合出游野餐……"四区捷豪竹制品店里，一名主播对着手机熟练地介绍着一款新产品。店内，一块"欢迎主播到店直播"的标牌十分醒目。

夜幕初垂，商贸城人流渐稀，不远处的江北下朱小区则忙碌了起来。集聚于此的社群团购、快手电商、抖音直播等社交电商，正为晚上的直播做准备，各类"爆款"小商品将从小小直播间走向千家万户。

义乌正在积极拥抱新业态。开展直播电商专项职业技能认定，成立浙江首个直播电商学院，鼓励各类企业创建直播电商基地，推动"保税＋直播"模式创新……数据显示，今年1—4月，义乌开展网红直播带货19.5万场，完成零售额139.115亿元，同比增长24.93%，实现电子商务交易额1303.06亿元，同比增长10.74%。

"义乌的发展史，就是一部迎接新事物、主动求变化的创新史，这也是它勇立潮头的关键所在。面向未来的义乌市场，将会持续迭代升级。"义乌市委书记王健表示。

连接中外的新通道

"义新欧"中欧班列联通亚欧大陆，义甬舟开放大通道实现通江达海，义乌着力打造立体式全面开放新格局

"这些红酒是通过'义新欧'中欧班列从西班牙运回来的，欢迎选购。"在义乌国际商贸城五区的西班牙馆，经理张睿智向客商介绍货架上的红酒，也介绍"义新欧"带来的机遇。

2014年11月18日，首趟"义新欧"中欧班列从义乌西站出发，开往西班牙首都马德里。从此，这条1.3万多公里的线路，成了义乌一张响当当的名片。

"从前义乌小商品出口，一般先陆路转关，到上海、宁波等港口后再走海运。这对中亚很多内陆国家来说，不仅绕路，各国间的通关手续也很繁琐。"作为目前唯一全民营机制运营的中欧班列，运营方天盟实业

投资有限公司董事长冯旭斌回想起创业历程，感慨万千。这些年里，"义新欧"先后开通了18条点对点的班列主线，业务范围辐射50多个国家和160多个城市；进出口货物贸易额连续9年增长，年均增长62%；货品从小商品到太阳能光伏板、汽车及零配件、智能设备；货源地也从义乌扩展到上海、福建、广东等地。

向西，依路出境；向东，依港出海。

紧邻国际商贸城的义乌港，一辆辆集卡车穿梭其中。上午10点，义乌海关关员龚冬冬与同事刚为一辆重载集卡车施加海关关锁。这车小商品，将一路向东转入宁波港乘船出海。

"每天有1000个以上装满小商品的集装箱从这里启程。"龚冬冬说，义甬舟开放大通道的建设，已将铁路与海运连接在一起，让义乌港成为宁波舟山港"第六港区"，"出口货物进入义乌'第六港区'，即视同进入宁波舟山港，实现'一次申报、一次查验、一次放行'。"

"原来要在义乌和宁波海关分别办理通关手续，现在在义乌海关一次办理完成，不仅节省费用，也大大缩短了时间，再也不担心赶不上船期了。"看着刚拿到手的全程提单，中顶报关代理有限公司经理王超十分高兴。

可别小瞧了这张小小的提单。采用全程提单多式联运新模式的出口货物，船公司直接在义乌签发全程提单，企业在义乌海关办理完成全部通关手续，多式联运货物运抵宁波港后，海关系统实现电子"自动核销"，企业就能"无感通关"。今年1—5月，义乌至宁波舟山港海铁联运班列共发运3.2万标箱，同比增长7.75%。

海关通关前移，不仅提高出口效率，还便利了进口。走进保税物流中心的跨境电商保税备货分拨中心仓，义乌海关关员黄兆建正在审核一批奶粉的流转信息，审核完成后，这批奶粉将分拨运到江浙沪多家保税区，在网店上架销售。主营这项业务的义乌市祥合仓储有限公司负责人表示，公司的备货周期从过去的1周至1个月，缩短到1至3天。

"义新欧"中欧班列成为亚欧大陆互联互通的重要桥梁；义甬舟开放大通道承载着通江达海的海港之梦。一不靠山二不靠海的义乌，形成了"陆、海、空、铁、邮"立体式全面开放新格局，让"卖全球、买全球"变得触手可及。

迭代升级的新产业

传统产业转型升级、新兴产业快速崛起、产业结构不断优化，义乌市场的变化折射中国制造业的步伐

交代好门店的事情，奥凯体育用品店的负责人吴晓明准备到厂里看看。几公里外的工厂生产车间里，一个个足球正"走下"生产线。

"我们力争做高品质的产品，并且拥有生产技术专利。"吴晓明说，从最开始的贴牌和仿制，到现在创立自有品牌，奥凯生产的足球不仅在单价数百元的高端市场站稳了脚跟，还成了很多重要赛事的比赛用球。

从贩卖商品到自产自销，从贴牌生产到自有品牌，义乌市场的变化折射中国制造业的步伐。

传统产业转型升级。

袜子制造企业"梦娜"曾经是劳动密集型企业，如今，走进梦娜的"未来工厂"生产车间，映入眼帘的是机器人、自动化设备等。原来一个工人只能看管 13 台设备，现在可以同时看管一条产线 20 台设备。生产效率提升 35%，人工成本降低 45%，能耗降低 17%。

新兴产业快速崛起。

位于义乌光源科技小镇的天合光能（义乌）科技有限公司生产车间里，一块块光伏板正在打包出货。这些光伏组件将通过中欧班列运至欧洲，安装在当地民居和工商业建筑的屋顶。

"光伏组件原辅材运输量很大，成品运输量也很大，考虑到营收等方面因素，企业会优先选择物流成本更低的地区。"义乌市经济技术开发

区党工委委员、副主任刘旭伟介绍，凭借四通八达的物流网络，义乌从零起步打造光伏产业，成为当地加快发展装备制造业和战略性新兴产业的缩影。2022 年，义乌智能光伏产业实现产值约 900 亿元，入选省级先进制造业特色产业集群核心区。今年一季度，义乌 5 家光伏龙头企业实现产值 218.6 亿元，增速 17.1%。

义乌的光伏企业爱旭太阳能厂区。　　义乌市委宣传部供图

更多的新兴产业展现出勃勃生机：绿色动力小镇里，"绿色新能源＋汽车动力"产业格局愈发鲜明；义乌芯片产业园里，半导体芯片测试项目和先进功率模块封装制造基地（芯能）项目正稳步推进；双江湖科教园区里，一批高校科研机构相继落户，为产业高质量发展提供源头活水……

产业结构不断优化。

2023 年一季度，义乌实现规上工业产值 415.7 亿元，增速 14.7%；实现规上工业增加值 62.6 亿元，增速 11.7%。"存量提质""增量选优"双轮驱动之下，义乌工业经济实现"开门红"。

"新兴产业蓬勃发展，传统产业转型提质。未来，义乌制造这张金名片，还将越擦越亮。"义乌市经信局局长朱金弟表示。

开放包容的新城市

营商环境不断优化，城市品质逐渐升级，生活环境更加宜居，许多外来客商把义乌当作自己的家

义乌是一座建在市场上的城市，营商环境的好坏关乎城市的兴衰。

"以前办好营业执照后还要跑税务、银行、社保等 6 个部门，现在只用一套身份材料在网上申请，所有事情都能办好，执照、公章免费邮寄上门。"正在办理营业执照的义乌市子硕供应链管理有限公司股东汤小霞，对高效的办事流程赞不绝口。

一组数据十分亮眼：2022 年义乌新设经营主体 18.06 万户，主体新设量连续 5 年超 10 万户。义乌在册经营主体数已突破 90 万户，占全省的 1/11，位居全省县级区域第一。

经济动能持续释放，驱动城市品质不断升级。现在的义乌，出家门一刻钟，就能找到附近的社区文化活动中心，邻里会客厅、科普微馆等公共文化活动场所一应俱全。托育和养老体系不断完善。去年，义乌建成投用中小学、幼儿园 40 所，新增学位 2.92 万个，构建"1+1+3"普惠型长期照护服务体系，参保人数超 115.9 万人，累计为 9000 多名失能人员减负 2.43 亿元。

城市社区，商贸繁盛；美丽乡村，画卷同样动人。在陈望道故居所在的城西街道分水塘村，错落有致的村落格局、白墙黛瓦的农家小院、古色古香的老街长廊……在生产生活条件不断改善的同时，借助红色旅游产业和直播平台的推介，老百姓的日子越过越红火。

义乌城市风景。　　义乌市委宣传部供图

义乌也是一座国际化的城市，如何让五湖四海的朋友和气生财、和睦共处，同样考验城市治理者的智慧。

"这里就是我的家。"在义乌生活了 17 年的伊朗人哈米常这样说。经营一家贸易公司、精通六国语言的哈米，不仅是中国女婿，还是个"国际老娘舅"。"老娘舅"是江浙沪一带的话，指愿意主持公道、善于调解纠纷的人。

义乌有超过百万的常住外来人口，包括 1 万多名来自 100 多个国家和地区的境外客商。哈米所在的江东街道鸡鸣山社区，有 74 个国家和地区的境外人员在此居住。社区里的居民遇到各种矛盾纠纷，常常想到他。这些年来，经哈米化解的各类纠纷超过 200 起。

除了哈米所在的"国际老娘舅"工作室，社区还有一支外国人组建的"国际小巷队伍"，经常参与到治安巡逻、文明劝导和消防检查等志愿活动中来。社区里的境外人员服务中心，与多个政府部门协同，为外国居民精准推送减税降费、市场动态等方面信息，提供"家门口的专业服务"。

"中国是我的第二故乡，我希望一辈子和家人生活在中国。"穆罕奈德说，就像餐厅的名字"贝迪"一样，它的中文意思是"我家"。

（本报记者 韩维正 窦皓 袁子涵 《人民日报》2023 年 6 月 14 日第 7 版）

活力奔涌源于"通"

"今天的调研座谈在'马六甲',请跟我来。"工作人员对我们说。

在义乌中国小商品城大数据有限公司,每个会议室都会用知名的运河、海峡和会展城市命名。"义乌很多货物经由它们送达不同的国家和地区。"工作人员解释,"用这些地名命名,就是希望义乌能成为一座连接中国和世界的城市!"

如今,义乌离这样的愿景越来越近:2022年出口总额占全国份额的1/55,带动全国20多个产业集群、210万家中小微企业,商品远销200多个国家和地区。非洲孩子的玩具车、欧洲球迷的棒球帽、中东客商的旅行箱……义乌的小商品成了各国百姓生活的一部分。

从湖清门小百货市场到义乌国际商贸城,"兴商建市"40余年,义乌一直活力奔涌。调研采访中,记者们讨论起一个问题:如果用一个字来描述义乌的发展秘诀,你会选择哪个字?我选的是"通"。

义乌的"通",是人和政通。在群众中聘请"亲清观察员",及时收集对营商环境、政务服务的意见建议;每周三上午,政风行风热线准时上线直播,相关部门负责人直接回答群众关心的问题……这些举措,不仅得到长期坚持,而且时有创新。去年,义乌全市新设经营主体18.06万户,"三服务"解决各类问题1.29万个。这些数字背后,是政府和群众之间的良性互动。

义乌的"通",是贸易畅通。"义新欧"中欧班列开行规模位居全国第一方阵，义甬舟开放大通道、宁波舟山港"第六港区"等加快建设，物流升级打下开放发展的坚实地基；数字贸易建设提速，云采洽、海外分市场等一批新模式、新业态纷纷涌现……"货即便不在义乌，也能通过义乌的平台卖出去"的自信，就来自"政府有为、市场有效"的坚定。

义乌的"通"，是民心相通。义乌是中国高水平开放的一扇窗口，各类外资机构8000多家，常驻外商1万多人。这里的外国客商，手中有张"外籍友商卡"，"政务＋生活"服务一卡通办，过得像本地人一样便利；义乌还设立了涉外纠纷人民调解委员会，每年都解决不少相关的矛盾纠纷……

开放包容、合作共赢，既造就着义乌高质量发展的活力，更展现着中国高水平开放的魅力。小商品能联通多大的世界？未来的义乌，将给出答案。

（袁子涵　《人民日报》2023年6月14日第7版）

16

大江东　新潮涌

浦东陆家嘴金融贸易区。　　人民视觉

6月的黄浦江，涛飞江上，百舸争流。

浦江之东，高楼飞峙，税收过亿元的楼宇逾百幢；滴水湖畔，塔吊林立，临港新片区金融湾正拔节生长。

浦东开发开放30周年庆祝大会上，习近平总书记指出，"我们要把浦东新的历史方位和使命，放在中华民族伟大复兴战略全局、世界百年未有之大变局这两个大局中加以谋划，放在构建以国内大循环为主体、国内国际双循环相互促进的新发展格局中予以考量和谋划"。

2021年4月，中共中央、国务院印发《关于支持浦东新区高水平改革开放打造社会主义现代化建设引领区的意见》，浦东被赋予全新的主题词："更高水平改革开放的开路先锋""全面建设社会主义现代化国家的排头兵""彰显'四个自信'的实践范例"。

百尺竿头，浦东蓄力"新的一跃"。

"引领区时间"已两年有余，浦东全力冲刺。引领区建设方案450项任务，有413项破题："行政'许可'转向行政'确认'""市场准营承诺即入制""一份信用报告替代一摞合规证明""开展大数据综合交易"……一个个点的突破，聚火成炬、集光成芒，不断汇聚成浦东高质量发展的新路。

"一证通"，映射深化改革的力度。

夜落浦江，流光摇曳。游艇驶过，划开光影。"浦东的'一证通'试点，真是帮了大忙！"上海大都会游艇公司总经理虞文哲说，以前游艇只能用作观光，不少游客抱怨有点单调，要增加娱乐项目需另行申请许可，牵涉部门多，手续时间长。

去年11月，浦东率先试点"文体旅一证通"，将涉及文体旅全领域的31个审批事项融合成1个准入项目，经办人只要在电子表格上打钩，"动动手指"就可以办妥。"很快，游艇里有了更多娱乐项目。"虞文哲说。

创新政府服务管理方式，浦东持续深化面向市场的"放管服"改革和面向自身的体制机制改革：两年多来，先后颁布15部先行先试的法规，首创性改革、引领性开放和开拓性创新深入到哪里，立法保障就跟进到哪里，改革创新有了法治护航。

一单特别的结算，标刻对外开放的新高度。

今年3月28日，全国首单进口液化天然气跨境人民币结算交易在浦东达成：液化天然气来自海合会国家阿联酋，成交量约6.5万吨。这一单，被认为是"实质性一步"，大宗能源现货商品领域的人民币国际化进程鼓点渐密。

一个月之后，全国第一高楼上海中心大厦的出租率突破 80%。租率曲线折射浦东的经济活力与市场信心。"租下上海中心 8800 平方米的办公场所，就是看中了浦东在金融领域的开放与先行。"法国巴黎银行（中国）有限公司副行长张有方介绍，目前公司正在申请券商、基金等新业务牌照，未来还将继续扩租。

奋进"引领之路"的浦东，开放的步伐更快、更大。"离岸通""私募股权和创投份额转让""一司两地"……对标全面与进步跨太平洋伙伴关系协定（CPTPP）等国际高标准经贸规则，浦东正在推出一批具有引领性、前瞻性的制度性创新举措。

一根金属丝，凸显自主创新的锐度。

火焰喷枪的赤柱笔直地戳在纤维布上，喷枪屏幕上的数字快速跳动，焰心温度瞬间攀升至 1400 摄氏度。掌心贴向纤维布的另一面，却像在触摸一杯热茶的杯壁。

"100% 国产化！"上海榕融新材料技术有限公司董事长孙树人难掩兴奋。十年面壁，这家公司成为国内第一家能够量产耐高温新材料纤维的企业。浦东破解"卡脖子"难题又添成功突围的案例。

"浦东，来对了！"这是众多创新创业者的共同感受。浦东干部保持着清醒：30 多年筚路蓝缕，发展条件与基础发生了巨大变化，思路和举措必须因势而变。为踢好科技创新的"临门一脚"，浦东从创新生态上做大文章、做好文章。

引领区意见公布后不久，浦东随即亮出大企业开放创新中心计划：推动大企业向中小企业开放创新资源、创新网络。既有"大象起舞"，又有"蚂蚁雄兵"，高低互配、双向互促，形成"热带雨林式"的创新生态。截至目前，浦东累计建成 75 家大企业开放创新中心，牵引中小企业约 2200 家，其中 1000 余家实现技术创新突破。

一张网，凝聚治理效能的精度。

浦东的大街小巷，数十辆智能数据采集车往复巡逻。上午 10 时许，绿林路一家蔬果店因违规占道经营，被采集车自动识别并传回信息中心。中心审核、下达处罚通知，店主确认、线上缴款，"非现场执法"全程用时不到 10 分钟，工作人员与执法对象无需见面。

"非现场执法"的落地，得益于浦东"一网统管"的全方位赋能。

300 万个物联感知设备，实时监测，瞬时反馈；150 项城市运行体征数据，有序分类，精准服务……已经迭代到 4.0 版本的浦东"智慧大脑"，一屏观全域，一网管全城，为城市治理效能的提升提供了"浦东样本"。

一座美术馆，定格人民城市的温度。

陆家嘴探向黄浦江鱼嘴部分的"C 位"，静置着一座不过四层高的"白盒子"——浦东美术馆。耸峙的东方明珠塔、上海中心大厦，都成了它的背景板。

"黄浦江畔'1 排 1 座'的宝地"，用来建商务楼宇，年收益最少 10 亿元。而浦东，选择了舍弃，投资了 13 亿元，建设了这座世界一流的美术馆。文化味，让陆家嘴金融城又平添了魅力。如今，观众花 100 多元就可以欣赏荟萃于此的全球美术作品。美术馆厚厚的留言簿里，有观众写道："这里就是陆家嘴的一行诗，感谢保留这份诗意的人。"

践行"人民城市"理念，浦东"把最好的资源留给人民"。

"财力有一分增长，民生就有一分改善"。高品质生活正向"两旧一村"延伸。去年以来，针对"城中村"形态点位，浦东已启动拔点 25 个、5926 户，完成提升治理 13 个、5209 户。今年，浦东又分类启动"两旧一村"改造项目超 500 个，涉及政府性资金投资约 300 亿元。

"引领之路"再奋步，上海市委常委、浦东新区区委书记朱芝松这样描述浦东干部的状态："聚精会神拼经济，攻坚克难闯改革，守牢底线保民生，主动担当敢作为，抓住机遇、乘势而上，以更高水平改革开放牵引高质量发展、高品质生活、高效能治理。"

今年，浦东将地区生产总值增速目标定为 7% 左右，高于上海市目标 1—2 个百分点。一季度，浦东经济稳步复苏，完成固定资产投资同比增长 33.1%，社会消费品零售总额增长 14.5%，战略性新兴产业产值增长 9%。

大江东注，浪重重，势如虹。

（本报记者 谢卫群 杨旭 张帅祯　《人民日报》2023 年 6 月 16 日第 1 版
本报记者方敏参与采写）

打造全面建设社会主义现代化国家窗口

——上海浦东高质量发展纪实

上海图书馆东馆。　　人民视觉

24米高的东昌路瞭望塔，是30多年前上海浦东的至高点；进入新时代，632米的中国第一高楼，耸立于繁华摩登的陆家嘴。24米到632米，清晰标刻浦东"向上的力量"。

习近平总书记强调，"浦东要抓住机遇、乘势而上""努力成为更高水平改革开放的开路先锋、全面建设社会主义现代化国家的排头兵、彰显'四个自信'的实践范例"。

2021年4月，中共中央、国务院印发《关于支持浦东新区高水平改革开放打造社会主义现代化建设引领区的意见》，浦东被赋予全新的战略定位：推动高水平改革开放，为更好利用国内国际两个市场两种资源提供重要通道，构建国内大循环的中心节点和国内国际双循环的战略链接，在长三角一体化发展中更好发挥龙头辐射作用，打造全面建设社会主义现代化国家窗口。

浦东快速行动，将引领区意见细分为450项任务，按清单、节点有序推进。两年多来，浦东干部群众"勇于挑最重的担子、啃最硬的骨头"，不断探索，一点点、一项项突破，450项任务九成已破题。

从"跟随"到"引领"，浦东又将迎来"质的飞跃"。

勇涉"深水区"——
争当更高水平改革开放的开路先锋

黄浦江东岸，上海大都会游艇公司游艇停泊地。"我们准备开设一些新项目，让游客有更丰富的体验。"总经理虞文哲绕着岸边的场地信心满满，"过去，游艇业只能开展水上观光，若增加其他业态就得要特别许可。现在，我们一次性获得了文体旅相关的所有许可，消费者的多元需求将得到更好满足。"

"文体旅一证通"改革，撬动一系列新业态的诞生。

2022年11月，浦东率先推进"文体旅一证通"改革，将文体旅许可事项一次性授予企业。民宿、游泳、书店、攀岩、画廊等31个文体旅业的审批事项融合为一，经营主体在全领域内经营范围不设限、准入门槛不受限。"文体旅结合，就可能产生出新的模式，市场的想象空间也将变得更大。"浦东新区区委常委、宣传部部长黄玮说。

通过商事登记制度改革，经营主体活力不断释放。从"一业一证"改革，到确认制、准营承诺改革，浦东企业的准入与准营制度型开放步步迈进，已完成了叠加式创新。

既要拿到营业执照，也要拿到经营许可，这是新开办企业获准开业的常规流程。2022年，浦东先行先试市场准营承诺即入制改革：获得营业执照的同时，只要作出承诺，就可以获得相关经营许可，大大节省了企业等候经营许可所付出的成本。主营咖啡连锁的上海茵赫餐饮管理有限公司因此大为受益。公司行政主管陈茜介绍，原来，装修好的店面要等许可证下来才能营业，现在不用等了，开一家连锁店平均用时减少十几天，一个门店就可节省成本20万元以上。

几年间，浦东刀刃向内，通过一系列制度创新，去除冗长的审批流程和较为繁复的证明，为企业发展提供更高效的服务。

一份报告，替代一摞证明，大大加速了企业的上市进程。

说起公司上市，上海华岭集成电路技术股份有限公司有关人员特别感慨。以前，企业在申请上市、再融资、并购重组、发行公司债券等过程中，所需证明资料非常复杂。

"为了开证明，一家企业要跑许多部门，时间成本巨大。"华岭工作人员说。

2021年底，浦东新区金融局在"大走访、大排查"工作中，了解到企业的诉求，于2022年1月率先试点"以信用报告代替行政合规证明"。浦东新区金融局局长张红介绍，这项改革大大简化了企业准备上市材料的流程，提升了资本市场服务效能，加速企业上市融资。

华岭的上市申报因此大大提速。他们向浦东新区金融局提交信用报告申请，仅两个工作日后，就收到多个部门的完整信用报告书。仅用38天，就顺利完成了在北交所的上市。今年3月，信用报告替代行政合规证明在上海全市推广。

过去两年多，浦东加速推进制度型开放，一大批首创举措落地：首家外资独资券商、首批外商独资公募基金等一批首创性外资项目落户，国内首单外资班轮公司"外贸集装箱沿海捎带"业务在洋山港正式落地，临港新片区开展跨境贸易投资高水平开放外汇管理改革试点等。为护航改革创新，上海在授权范围内，已推出15部浦东新区法规。

锚定"从0到1"——
树立自主创新发展的时代标杆

"打造创新核爆点，勇当科创主力军"，这是浦东提出的目标。走在浦东多个园区，创新的氛围扑面而来。

张江科技园区，张衡路，飞镖创新中心。挂在大厅里的标语夺人眼球："做你想做的，其他的交给我们！"

这里，是一个集研发中心、加速转化和早期孵化为一体的生命健康科技领域创新综合体，主要为创业企业提供"从0到1"的创新服务。"科研人员只需带着想法来，我们就努力帮助他们实现。"飞镖创始人、投资人唐春山说，"我们提供专属实验室和配套空间、专业化的运营管理、仪器设施，甚至包括研发人员和一定的投资，让他们用低成本来实践想法，这样就可以大大提速新药研发进程，降低创业门槛。"

飞镖创新中心创始人兼总经理朱鹏程介绍，短短几年间，飞镖创新中心已服务了150多个企业或项目，被服务企业累计获得投资超120亿元。基因治疗心脏病、人造肝脏等项目研发成果已初显成效。一些跨国药企的新药研发也开始进驻这一平台。

为了加速"从0到1"的过程，越来越多的孵化新模式在张江诞生。

"莘泽泡泡"就是其中之一。

莘泽孵化器已建立 10 余年，服务了 2000 多家科技企业，其中，有多家企业在科创板上市。近年来，莘泽又创造性地开启了为创业者服务的"泡泡模式"：免费提供场地，为项目牵线投资人，或直接投资。"创业者到了这个'泡泡'里，我们尽量做到要啥给啥。"莘泽创始人曲奕说。

北京大学副教授张嵘的项目聚焦孤独症的治疗，但在成果转化时遇到一定困难。一年多前，曲奕与张嵘深入交流后，当即决定全力支持孵化这个项目，并注资成为天使投资人，同时为该项目组织了包括医疗、人工智能、心理学等领域专家的科研辅助团队。目前，该项目产品即将开展临床试验。

"从 0 到 1"是基础，"从 1 到 10"是价值。为了加速"从 1 到 10"的进程，浦东努力营造"热带雨林式"的科技创新生态，助推创新产业集群式发展。

2021 年 7 月，大企业开放创新中心计划启动，这是浦东建设引领区的重要创新举措。

开放式创新平台顺应了构建开放创新生态的大势，既为跨国公司等大企业的研发和投资拓宽了视野，也为需要帮助的初创团队提供了成长土壤。按计划，浦东将建设大企业开放创新中心 100 家以上、赋能高质量创新企业 5000 家以上，从而做强创新引擎，打造自主创新高地。

强生创新亚太区负责人王丹说："无论大公司、小公司，都需要通过合作加速研发、丰富产品线，只有这样才能拓展创新资源、提升创新高度。"

目前，浦东"中国芯""创新药""智能造""蓝天梦""未来车""数据港"六大硬核产业提升能级，在元宇宙、绿色低碳、智能终端、数字经济等新赛道加快布局，抢占未来发展主动权。

浦东金桥智能网联汽车开放应用现场。　　人民视觉

今年以来，浦东有 3 款国产 I 类新药获批上市，累计达到 21 个；有 13 家企业向科创板发起冲刺，新上市 2 家，累计达到 46 家。

上海市委常委、浦东新区区委书记朱芝松表示，在推进引领区建设、构建现代化经济体系的新征程上，浦东探索建立促进"科技—产业—金融"高水平循环的创投体系，提升创新企业依托浦东发展的黏性，为服务国家高水平科技自立自强作出更大贡献。

链接"双循环"——

筑起全球资源配置的功能高地

陆家嘴上海中心大厦，这幢中国最高的大厦里，法国巴黎银行（中国）有限公司已入驻整整两个楼层。"我们正申请独资证券公司的牌照，如果获批，将成为全牌照的外资金融机构。"公司副行长张有方说，"金融最关键的开放是牌照，陆家嘴不少外资金融机构都实现了全牌照，体现了浦东的金融开放高度。"

增强国际金融中心等核心功能的建设，服务国际国内两个市场，是浦东的重要支点。

金融开放和金融创新持续推进。近年来，上证 50、沪深 300ETF 期权、航运运价指数期货、原油期权等金融创新产品上市。今年，浦东新区气候投融资促进中心正式揭牌，发布了中证浦东新区绿色 50ESG 指数、中证浦东新区绿色主题信用债指数，新一批融资规模近百亿元的绿色金融项目签约落地。

聚焦关键环节、核心要素，是浦东提高全球资源配置能力的重要路径。

4 月 12 日，《世博地区经济高质量发展报告》发布。报告显示，世博地区已成为广受投资者青睐的选址地点，不仅是上海央企集聚密度最高、数量最多的区域之一，还吸引了 29 家跨国公司地区总部、15 家知名国际经济组织落户。

发展更高能级的总部经济，浦东方兴未艾：推动投资总部拓展到运营总部、供应链管理总部、结算总部，推动单功能总部拓展为复合功能总部，推动地区总部升级为亚太总部、全球总部。今年以来，浦东新增跨国公司地区总部 8 家，累计达 427 家，占全市近一半。

增强数据要素的链接能力。上海数据交易所，大屏幕上，一行行交易数据不断闪烁。这里，挂牌数据产品已超过 1200 个。在外高桥保税区，全国首个利用境外数据支持贸易真实性审核的平台——"离岸通"平台，正从保税区向临港新片区、陆家嘴金融城拓展。浦东离岸转手买卖业务规模已占到全市的 90%。

航运枢纽提质升级。上海港集装箱吞吐量连续 13 年位居世界第一，浦东国际机场货邮吞吐量连续 15 年保持全球第三。即便如此，浦东航运的服务能力建设仍在推进。浦东国际机场四期、东方枢纽上海铁路东站、机场联络线等进入"加速期"。今年以来，浦东发布了支持国际航运中心建设十条举措，发起航运高质量发展合伙人计划，一批航运重点项目签约落地，链接全球、服务全球的能力大大提升。

买全球，卖全球。浦东建设多品类交易平台，推动内外市场关联共振，进一步提升消费品专业集散平台的规模能级和集聚效应。

走进外高桥保税区英伦路 300 号，建筑面积超 1.2 万平方米、名为"全球汇"的综合体映入眼帘。这里汇聚了来自 30 多个国家和地区的万余款优质商品，还集聚了国别（地区）中心、进口商品直销中心、国际化妆品展示交易中心、国际钟表珠宝展示交易中心及国际酒类展示交易中心五大贸易服务平台。

文化艺术品的全球交易也在推进。2022 年 3 月 2 日，上海国际文物艺术品交易中心在外高桥保税区正式揭牌，这是国内首个由国家文物局与省级政府共同建立的文物艺术品交易中心，打造文物交易聚集区和文物流通全链条一站式综合体。自 2021 年"艺术品、收藏品及古物类展品"首次在进博会上集中亮相以来，两届进博会共成交 78 件文物艺术品，成交总额达 12.5 亿元。

凸显"人民性"——
锻造现代城市治理的示范样板

走进浦东新区城市运行综合管理中心，一面墙的"城市大脑"指挥大屏映入眼帘。交通出行、垃圾分类、物业管理、综合执法……各个领域已实现"一屏观全域、一网管全城"。"系统在去年底作了升级，我们还将不断地查漏补缺、完善提升。"浦东新区城运中心主任颜飞介绍。

入夏，隧道、下沉式广场易积水。"城市大脑"实时收集内河水位、雨量、积水深度等数据，并动态监测、智能分析、快速预警。

"你（单位）已占道经营，现责令你（单位）改正违法行为。""在此提醒：为保持市容市貌的整洁有序，请遵守相关法律法规。"发现问题，系统及时短信通知。浦东城管部门推进智治赋能，调配可全景巡查的智能数据采集车开进街巷，对街道经营违规现象识别有效率达到80%。发现情况，可实现非现场执法，管执分离，街面市容违法行为显著减少了。

城市治理，除了管与治，还有善与美。

穿过陆家嘴林立的高楼大厦，来到黄浦江畔的浦东美术馆，脚步又一次慢了下来。看一幅幅名家作品，在镜厅把自己嵌入画里，在顶楼平台欣赏浦江两岸的城市美景。"一时间，真正感受到了生活的美好。"有观众说。

"在金融贸易密集的 CBD，赋予文化的元素，让忙碌的人们能静下来，可以细细地品味艺术，感受生活，这是浦东在重要位置打造这一美术馆的目的。"陆家嘴集团董事长徐而进说。

位于浦东滨江地区，总规划面积 200 万平方米，绿地面积达 110 万平方米，树木超过 3 万棵——2021 年底，世博文化公园北区开放，上海城区最大的沿江绿地就此揭开面纱。

"把最好的资源留给人民"，浦东正成为这一理念的实践者、引领者。上海市政府副秘书长、浦东新区区长杭迎伟说，"城市管理提升的落脚点就是服务提升，要将人民群众的获得感、幸福感作为我们一切工作的落脚点，实现开放共享。"

车行浦东金桥轲桥路，一片崭新的楼宇群屹立眼前。如何建设一座没有"城市病"的未来之城，金桥集团正在探索。

临港新片区滴水湖畔，多个重点项目加快建设。 邱道岑 摄（影像中国）

"这是正在建设的金桥城市副中心产城融合区。地上是商业、住房、办公场所、学校，地下有停车场、地铁、公交等交通设施，云端还布局了车路协同、5G 等网络。"金桥集团党委书记、董事长沈能介绍，"这就是我们正在探索的'一地造三城'新模式。"

在这个片区里，汽车是主导产业。金桥管理局的数据显示，以新能源、智能网联、自动驾驶为代表的"未来车"头部企业近期纷纷落户金桥。目前，汽车产业链占据了金桥工业产值和税收的五成左右。

因改革开放而生、而兴的浦东，在新时代的壮阔浪潮中、于新征程的万千气象间，奋楫竞发、开拓竞进，必将创造令世界刮目相看的新奇迹。

（本报记者 谢卫群 杨旭 方敏 张帅祯
《人民日报》2023 年 6 月 16 日第 7 版）

可贵的，仍是大胆试大胆闯

在浦东采访，听到最多的词语仍然是"创新"：制度创新、科技创新、模式创新、管理创新……浦东，像是勇士与尖兵，始终保持着冲锋的姿态。

吃改革饭、走开放路、打创新牌；大胆试、大胆闯、自主改，这是浦东的基因。开发开放30多年来，浦东创造性贯彻落实党中央决策部署，创造了令世界刮目相看的奇迹。可贵的是，今天的浦东仍然充满朝气，大胆试、大胆闯的勇气和干劲依然充沛。

在浦东采访，不断接触新术语、新理念：登记确认制、"两不设限"、"五维监管"、"一司两地"……这是浦东深化改革的具体表现。

在上海世博文化公园建设工地，记者看到一幅标语十分励志："努力到无能为力，拼搏到感动自己！"这正是浦东众多干部群众的写照。

有几个故事印象深刻。

准营承诺改革，大大释放了潜在动力。起码需要21个工作日的许可事项审批，改革后，一次性授权，一个店面的开张成本可因此节约20万元。这是典型的制度性改革带来的效率变革、效益红利。

浦东的改革领域，不只在"高大上"的科创、产业与金融，也辐射诸多民生事项。在社区服务的锁匠、裁缝等个体户，由于无法办理营业执照，往往没有固定店面。浦东开辟绿色通道，在家门口为他们设立集中注册点。从此，这些个体工商户得以持证经营，也有了梦寐以求的社保。把营业执照挂上墙的那一刻，他们笑得格外灿烂。

一点点突破，一项项攻克，浦东的创新与改革多点开花、不断向前。

同样是改革，浦东现在的改革需求与发展环境，与30多年前完全不同。好做的、好改的都做完、改完了，剩下的都是硬骨头、都是深水区。

更具挑战的是，浦东前30年的改革是对标世界最高最好，有参照系。而打造社会主义现代化建设引领区，成为"更高水平改革开放的开路先锋""自主创新发展的时代标杆""全球资源配置的功能高地""扩大国内需求的典范引领""现代城市治理的示范样板"，没有现成的经验可以比照。要完成既定的战略目标，需要更大的勇气和担当，需要更多的探索和实践，大胆试、大胆闯更加迫切。

针对问题个个突破，是一条有效路径。浦东广大干部深入基层，在各个领域不断调研，探路破题。弈棋布子，开局为要。两年多来，细化后的引领区建设450项任务，九成已破题。

抓住机遇、乘势而上，浦东未来可期。

（谢卫群　《人民日报》2023年6月16日第7版）

17

以实体经济为支撑锻造发展新优势

晋江围头港。 施清凉 摄（人民视觉）

这是一片热气腾腾的土地，这里传承爱拼敢赢的基因。

这就是福建泉州的晋江，民营经济对地区产值贡献达 95% 以上，县域经济基本竞争力连续 5 年居全国第四位，综合经济实力连续 29 年居福建省县域首位。

实体为基，品牌为要，创新为魂。晋江以实体经济为支撑，加快建设现代化经济体系，锻造发展新优势。传统产业高新化、新兴产业集群化、现代服务业专业化，培育出 51 家上市企业、54 家省级以上"专精特新"、

18 家制造业单项冠军、国家高新技术企业 647 家。

走进晋江，感受到民营经济的强劲信心和澎湃活力。

订单增加！在卡尔美（中国）有限公司的 5G 工厂，大屏幕上生产数据实时跳动，智能悬挂系统开足马力，一件件运动衣打包装箱，公司总经理柯永祥面露笑意："今年的国内订单增加 40%，海外订单翻了番。"

市场升温！4 月初落幕的第五届中国（晋江）国际家博会，短短几天，展会达成意向交易额 86.36 亿元，较 2021 年增长 30.5%。同月举办的第二十四届中国（晋江）国际鞋博会，参会客商数、意向成交额均创下新纪录。"行业风向标"传递出市场强劲复苏的信号。

晋江民营经济的信心和活力从哪儿来？

探市场、访企业、问干部，回答异口同声："晋江经验"。

习近平总书记在福建工作期间，6 年 7 次深入晋江调研，总结提出"晋江经验"，指导福建民营经济发展壮大。

"福建省大力传承弘扬'晋江经验'，部署实施新时代民营经济强省战略，出台做好经济工作若干措施。随着各项政策措施的进一步落地，八闽大地将为广大民营企业发展带来更多机遇、更大空间。"福建省委主要负责同志表示。

今年以来，晋江全力以赴拼经济，前 4 月工业用电量同比增长 6.8%，企业开票金额同比增长 6.5%，市场采购贸易平台出口增幅创新高，同比增长 75.2%，市场的活跃度和热度令人欣喜。

抓创新、优供给、抢市场。企业举办的订货会在晋江几乎天天都有，酒店里时常可见从各地赶来的中外客商。七匹狼集团 2023 秋冬新品订货会上，双面夹克订单额增长超 100%；晋江市伞业行业协会会员企业与海外客商签订 12 亿元采购合同；晋工机械加速"出海"，新一批高端装载机装柜出口沙特、南非等国……

感恩奋进，不负时代，晋江民营经济在高质量发展道路上坚定前行。

——在这里，发展民营经济从来没有动摇过。

4月25日，一年一度的晋江市企业创新发展大会召开。大会现场，按照惯例，21位优秀民营企业家在第一排就座。这个多少年未曾变过的小细节，彰显当地党委、政府一直以来尊企重企的鲜明态度。

"我们要厚植'资本放心投、企业安心干、人才顺心发展'的沃土，一起拼赛道、拼创新、拼未来！"泉州市委书记张毅恭在大会上又一次为企业、外来投资者和市县各部门加油鼓劲。

"民营经济是晋江的特色所在、活力所在、优势所在。20多年来，一任接着一任，民营企业是自己人的意识体现在我们工作的方方面面。"泉州市委常委、晋江市委书记张文贤对记者说。

深耕鞋材24年，信泰集团执行总裁许金升对此深有体会："每年大年初一，市领导雷打不动登门拜年，问需解难。缺资金，帮信贷；缺人才，搭平台；搞技改，有补贴。今年出台的15个政策'大礼包'，含金量十足。"

应需而出的精准政策为传统鞋材企业插上"数字翅膀"，信泰集团研发效率提升50%以上，研发成本平均下降30%，成长为全国纤维鞋型制造冠军。"党和政府一如既往的支持，是我们安心发展的最大底气。"许金升道出晋江民营企业的普遍感受。

在新落户的福建睿斯科医疗技术有限公司，执行董事苏兴康感叹"晋江速度"："专班对接，营业证照不到4小时就全办好。遇到难事，一个电话，专班上门解决。"正是政府先导服务让企业"看得清""算得清""办得快"，使这家原本瞄着沿海大城市的企业下决心转投晋江，建设高端肿瘤粒子医疗设备制造基地。

"不叫不到、随叫随到、服务周到、说到做到"，这一写入晋江经验馆展陈的服务理念，晋江干部扎扎实实落在行动上。交地即交证、拿地即开工，"最多跑一趟"和"一趟不用跑"事项占比99.8%，在全国县域营商环境最新排名中，晋江位居第二。"软环境"造就"硬实力"，对有效市场的培育、引导与服务，让近 30 万户经营主体、超 9 万家民营企业在晋江放心放手发展。

——在这里，坚守实体经济从来没有放松过。

"把好质量关，创出自己的品牌，要有自己的创新产品。""做企业、做事业不是仅仅赚几个钱的问题。实实在在、心无旁骛做实业，这才是本分。"这是习近平同志先后两次对安踏集团语重心长的叮嘱。

走进安踏集团的企业博物馆，入口处挺立的展板庄重地镌刻着习近平总书记的嘱托。安踏集团副总裁李玲说，"安踏坚持把一件衣服、一双鞋做成世界品牌，一做就是 32 年。我们从一间家庭作坊发展到中国第一、全球第三大体育用品企业，离不开'晋江经验'的科学指引。"

"这些年，有非常多的机会拓展利润增长模式，比如体育赛事、体育小镇、体育地产，包括金融投资，但安踏管理层恪守'单聚焦'战略，从未改变。"李玲说。

"40 年就做一根拉链"的浔兴公司，"37 年做好一片纸"的恒安集团，"31 年只做一张皮"的兴业科技，"三十年如一日做一块瓷板"的华泰陶瓷……坚守以制造业为主的实体经济，咬定主业不放松，是"晋江经验"最显著的特色，也是晋江民营企业成功的共同路径。

在坚守中，不断求新求变。从"吨位级"承重力的举重鞋，到重量仅99 克的氢跑鞋，再到冬奥赛场上防切割的"冰上鲨鱼皮"，安踏闯过一道道技术关、市场坎，2022 年营收额突破 500 亿元，成为中国资本市场可选消费品板块市值最高的上市公司之一。

企业深耕实业的笃定，离不开政府紧抓实业的导向。面对一波波房地产投资热，晋江决策者头脑冷静，不盲目跟风，坚持不懈强实业。统计数据显示，2022 年，晋江房地产业增加值占地区生产总值比重 3.7%、三产比重 9.9%，即便在占比最高的 2013 年，也分别只有 4.5%、14.4%。

超 3000 亿元的鞋服产业、超千亿元的纺织产业、超 500 亿元的建材制品和食品产业、超百亿元的新一代信息技术、先进装备制造和医疗健康产业，全球每 5 双运动鞋有一双"晋江造"、每 3 把伞有一把来自晋江，让晋江作为重要制造业生产基地和品牌基地的优势持续巩固，"中国品牌之都"的桂冠因为步入高质量发展而愈发闪耀。

——在这里，民营经济健康发展方向从来没有偏离过。

从当年引导企业讲诚信、创品牌、谋上市，到今天创新驱动、数智赋能、资本赋能，每到关键节点，晋江市党委、政府总是为企业定航标、添动能，推动民营经济健康发展。

在市场中成长起来的晋江企业，坚定不移跟党走，紧跟时代主题。全面贯彻落实党的二十大精神，在科技自立自强上下真功夫，成为自觉行动。

"从智能化改造，到新能源赛道，每一步都离不开科技创新。"晋工机械有限公司副总经理郑前远很有感触，"拿开发新能源产品来说，我们一次就向科研单位提出 7 个技术攻关需求。"

晋工机械的实验室紧连车间。10 公里外的中国科学院海西研究院泉州装备制造研究中心，堆垛式无人叉车自动巡航，车载移动定位导航系统进行测试……20 个创新团队正攻关一个个新课题。

产学研用一体，加速新技术落地。晋工机械推出的智能纯电动装载机，实现运行零排放，单机一年可减碳 51 吨。今年 2 月，晋工机械入选工信部绿色供应链管理企业名单。

在华宇织造智能化生产车间，上千台经编机高速运转，通过 5G 技术和 MS 系统，可以实时监测每台经编机所对应的订单编号、生产进度、质量数据以及运行状态。经编机上方，还"密布"13 个工业级高清摄像头，可以快速精准定位断纱点、瑕疵点。华宇铮蓥集团执行总裁苏成喻说："去年我们逆周期增资，投资 1 亿多元扩产能、数字化升级，公司产品不良率从 25% 降到 5%，设备能耗降低 23%。每降低一个百分点都是可观的利润、都是竞争力。"

一次次技术迭代背后，是政府搭建的协同创新体系。为谁创新、谁来创新、创新什么、如何创新？晋江直面创新之问，围绕"企业、平台、人才"三大创新主体，引进 9 家国字号科研机构，打造创新综合体。创新"关键变量"成为高质量发展"最大增量"，全市 1500 家企业上云上平台，超过 60% 的规上工业企业应用"数控一代"，新动能更加强劲。

弘扬企业家精神，富而有责、富而有义、富而有爱，为实现共同富裕承担社会责任，成为晋江民营企业的价值追求。

"立志做百年企业，不是只盯销量，而是综合考虑产品品质、绿色低碳、社会效益等各方面。"恒安集团总裁许清流说。从成立晋江第一家非公企业党支部，到成立全省第一家非公企业纪委，恒安人听党话、感党恩、跟党走。在脱贫攻坚、抗震救灾、抗击疫情等一线，恒安集团及主要股东累计捐款超 20 亿元。

在晋江经验馆，《爱拼才会赢》的歌曲感染着每位参观者。采访中，不同民营企业家的感悟同样触动人心：

"晋江人骨子里面有一股拼劲，就是不安逸。"利郎（中国）有限公司零售中心总监王俊清说。

"晋江人摔倒了，都要抓把沙再爬起来，先去做先去闯。" 盼盼食品集团董事长蔡金垵说。

爱拼才会赢，敢为天下先。新征程上，发扬"诚信、谦恭、团结、拼搏"的"晋江精神"，敢拼、爱拼、善拼的晋江人正勠力向前，奋力书写中国式现代化县域探索的新篇章。

（统稿：徐立京，执笔：赵永平、蒋升阳
《人民日报》2023 年 6 月 19 日第 1 版
曲哲涵、付文、申茜参与采写）

晋江升级之路

——中国式现代化的县域探索

晋江城市风光远眺。 吴宝烨 摄

福建晋江，中国县域经济发展的一个典范。

2019 年 3 月，习近平总书记参加十三届全国人大二次会议福建代表团审议时指出："福建省如果有若干个晋江，福建就不一样了。应该说，'晋江经验'现在仍然有指导意义。"

2002 年，习近平同志相继在《人民日报》和《福建日报》发表署名文章总结提出"晋江经验"。彼时，新世纪初的晋江地区生产总值突破 300 亿元，对比 1978 年经济总量翻了七番之多。习近平同志当时就曾寄望，"如果福建在近几年内能够涌现 10 个或者更多的晋江这样的县市，全省经济发展必然会实现一个新的跨越。"

20 多年的遵循，20 多年的笃行。"六个始终坚持""正确处理好五大关系"，"晋江经验"彰显澎湃力量，指引晋江先行走上高质量发展之路。2022 年，晋江实现地区生产总值 3207.43 亿元，相当于 20 年里再造 10 个晋江；全市一、二、三产业增加值占地区生产总值比重依次为 0.7%、61.5%、37.8%，一个城市美、产业优、人气旺的新时代晋江更加生机勃勃。

"党的十八大以来，总书记多次强调'晋江经验'，一方面是给我们吃下'定心丸'，另一方面也对我们在新时代传承和弘扬'晋江经验'提出了新的要求。"福建省委书记周祖翼表示。

新征程上做好传承弘扬"晋江经验"的"后半篇文章"，推进中国式现代化的县域探索，晋江奋力开启升级之路。

提高城市能级，工业化和城市化互促

在晋江城中，有一片万亩稻田，田边的河流叫"九十九溪"。

走进这片田园，视野豁然开朗。清溪几曲，将田、林、水、村连缀入画，微风吹来斑鸠、彩鹬一声近、一声远的鸣叫，使人神清气爽、心绪宁静。田野周边，组团式分布着闽南特色的现代民居，一些村民正在为即将开业的饮品店、餐馆忙碌着……想不到高标准农田建设可以如此诗意而新颖。

请来普利兹克建筑奖获得者王澍教授主笔规划设计，融土地整理、生态保护修复、人居环境整治为一体，这片曾经污水横流、土地弃耕、房屋散乱的区域，被改造成宜耕、宜居、宜游的"都市田园综合体"。城市多了"绿肺"，耕地得到保护，村民有了多种收入，市民在这里观光休闲，总投资约22亿元的"九十九溪流域田园风光项目"，将全域土地综合整治做出了让人惊喜的产业新形态、城市新名片。

在晋江，能让人慢下脚步、调匀呼吸去细细感受城市之美的地方不止一处。

去梧林村，都市一畔的传统村落。中西合璧的古厝洋楼，芭蕉夜雨，品茗小酌。晋江市投入14亿元，修故如故，活态传承，原本破败的村落焕发光彩。"发展民宿、文创的基础都打牢了。"3年前就来到村里参与修缮开发的投资商、青普人文度假文旅集团副总裁宫琳娜说。

去五店市，繁华商圈里的历史街区。青石板、红砖厝、古祠庙，南音

悠悠，灯火点点，果然是让"老年人觉得怀旧，年轻人觉得时尚，华侨觉得很乡土，外地人觉得很闽南"。晋江市委常委、宣传部部长黄少伟说："多年前在征地拆迁中应群众呼声留存下来，现在越来越重视保护。"

晋江"挤"出这些安闲的去处，殊为不易。

因为，这座县城其实很拥挤！土地开发强度超 49%，工业用地容积率仅有 1.07。改革开放初期，作为农业县的晋江从乡镇企业起步，"村村点火、户户冒烟"，还来不及规划，空间就占"满"了。先有产业再建城再做规划的"倒序"式发展，使晋江的城市化建设面临先天不足的种种制约。

习近平同志在"晋江经验"中深刻阐述了工业化和城市化互相依存、互相促进的辩证统一关系。20 多年来，晋江坚持不懈地改变城市面貌，以新的城建理念确立"全市一城、一主两辅、双湾双带"城市布局。

记者看到，一条世纪大道贯通晋江市区，绿地、公园、学校、医院、图书馆等错落有致地分布在现代化社区之中。晋江城镇化率提升到 69.85%，城市化短板被拉长。

对工业用地紧缺"痛感"强烈的晋江，全力推进园区标准化建设，总投资超 816 亿元，今年计划投资 170.2 亿元，目前已有 44 个项目开建。

晋江经济开发区党工委书记许国鑫算了笔账：按照 2.0 的容积率提升目标计算，这些园区全部建成后，有望释放近 3 万亩土地空间！

在即将开园的晋江经济开发区英林时尚服饰产业园里，一幢幢标准厂房高大宽敞，为安装智能化吊挂生产线留足空间。"从车间、仓库到环保设施都是集约规划、量身定制，中小企业可以'拎包入驻'，解决了'老厂房装不下、新厂房建不起'的难题。"晋江市泳装产业协会秘书长洪梓烽说。

当记者穿行于陈埭镇依然产居混杂的小街巷，深感这座城市的四肢亟须舒活筋骨。"乡镇的更新亟待跟上。"陈埭镇党委书记吴靖宇直率地说，"用绣花功夫，沉下心，一块地接着一块地腾挪，一任接着一任干。"

以改革解难题，向存量要空间。得到国家层面支持，自去年底启动，盘活利用低效用地试点的新探索在晋江紧锣密鼓地展开，全市域的低效用地被逐一盘点，编制专项规划、研究出台政策、建设示范项目等工作统筹高效推进。

以人为核心的新型城镇化是中国式现代化的必由之路。

用最好的"礼遇"迎接人才。推出"1+N"人才政策体系，建设高端人才社区，面向海内外招贤纳士；为"新晋江人"提供30项市民化待遇，就学、就医、就业、住房等"新老晋江人一个样"……晋江聚人兴城、留人促产。

把最好的地块留给居民。建成福建省最大的室内体育馆、超过4500个体育场地，人均公园面积14.4平方米；引入清华附中、上海第六人民医院、复旦大学上海医学院等优质公共服务资源；福州大学晋江校区落地，泉州职业技术大学"升格"……晋江城为人建、业为人置。

晋江市户籍人口124万，常住人口达到207.6万，80多万外来人口在这里扎根，聚集各类高层次人才1万多人。晋江每年拿出70%以上本级财力投到民生领域，努力让每个人在晋江有用武之地、无后顾之忧，不断集聚人才这个发展第一资源。

"要继续下大力气提高城市能级，力争到2035年建成国际化创新型品质城市。让新产业、新市民引得进、留得住，实现产城人共荣共生。"泉州市委常委、晋江市委书记张文贤说。

建设现代化产业体系，高新技术产业与传统产业并进

"漂"来的那粒芯片种子，已在晋江生根发芽。

"对芯片进行检测的点位只有几纳米，就像要在足球场上找到一只蚂蚁。"胜科纳米股份有限公司前沿技术总监乔明胜告诉记者，"2021年落地以来的营收增长超出预期。"胜科纳米专司芯片检测，目前已累计服务

全球客户 2000 余家，此前在全球有 3 个实验室，第四家选择落子晋江，是因为这里的芯片市场规模已经非常可观。

习近平同志 20 多年前在"晋江经验"中，强调要"处理好发展高新技术产业和传统产业的关系"，极富前瞻性地指出"高新技术产业代表着产业升级的方向"，同时也提醒"具有发展优势的传统产业不仅不能丢，而且还要大力扶持"。晋江自此开始努力探索和创造新经验：推进新兴产业集群化、传统产业高新化、现代服务业专业化，使产业朝着价值链高端攀升。

布局集成电路产业便是"惊险一跃"。7 年前，晋江敏锐地捕捉到发展集成电路的机会，大胆决策，规划建设总规模 2.4 万亩的集成电路产业园。一个大型芯片制造项目刚上马时，曾遭到质疑，不相信这个以做鞋服起家的县级市能干成，但晋江毅然投进去数百亿元。"可以说是举全市之力干芯片。"泉州半导体高新技术产业园区管委会晋江分园区办事处主任林嘉达回忆起当初的情景，依然豪情不减，"市里下了决心，砸锅卖铁也要干。"

爱拼会赢，拼在格局、赢在胆识。"为国家扛使命，做出晋江担当！"晋江市科技局局长张清常说。7 年间，这粒"漂"来的种子快速长成了一片森林。晋江集成电路产业从无到有，建成涵盖芯片设计、制造、封装测试、装备与材料等 50 多个项目在内的全产业链，打造全国重要的内存生产基地、封装测试基地。

在有福建"中关村"之称的晋江市三创园，一脚踏进福建睿斯科医疗技术有限公司的展示大厅，迎面是复杂的物理公式展板、玄奥的微观粒子雕塑、精密的肿瘤治疗射频加速器……炫酷的科技风瞬时"炸裂"感官。

公司执行董事苏兴康的介绍让人觉得"不可思议"："造一台硼中子俘获治癌装置跟造飞机差不多，硬件、软件非常复杂。我们在晋江生产，希望能把产能扩大，目标做到 1 年 10 台。"转头望向大厅另一边，但见卡座区咖啡飘香，园区内不少年轻人来此小坐，碰撞火花。忽觉，有了他们，更多"不可思议"还将孕育萌发……

高起点建链，晋江的医疗健康、智能装备等新兴产业加快发展。传统优势产业则借助新材料、新工艺、新装备、新应用场景，向高端化、智能化、绿色化迭代延链。

一张牛皮"七十二变"。兴业皮革科技有限公司技术副总监温会涛告诉记者，采用无盐浸酸、无水制革等新技术，运用含石墨烯表面添加剂的新材料，开发透明皮革、负离子功能皮革等新产品，入局食品、医疗等新行业……与国家级科研平台联合攻关，多维度创新使皮革生产更环保、附加值更高，今年一季度公司营收同比增加78.99%。

小面包有"大乾坤"。"零接触式"的盼盼小面包智能化生产线，实现了半个世纪前动画片《鼹鼠的故事》里人们畅想的画面：从和面、发面到自动换托盘、烘烤、包装，全部在流水线上完成；烤"糊"的小面包试图"闯关"，立刻被红灯报警。数字化转型，推动2022年公司产能同比增长11.76%。

"智能设备一直在升级，根据实战经验边操作边改进。盼盼食品是国内第一家休闲食品行业的零碳工厂。"盼盼食品集团董事长蔡金垵说，"从种子开始品控，站在消费者角度倒逼我们整个的研发、生产直至前端的种植实现超前引领。"

高新技术产业与传统产业加紧聚链。

纳米铜离子除臭抗菌布、鞋底发泡脉冲除尘设备……今年4月举办的第二十四届中国（晋江）国际鞋博会上，晋江鞋业上下游企业展示的高技术含量新产品，令中外客商兴奋下单。

2022年，面对国内外市场多重冲击，晋江鞋服产业逆势增长，产值首次突破3000亿元规模。

晋江国际鞋纺城，全球最大的运动鞋材交易集散中心，入驻商户近千户，正在规划二期建设。负责开发运营的福建晋江鞋纺城有限责任公司总经理李霄还告诉记者："预计今年底或明年初动工，将吸引设计师入驻，还将创建数字专业市场、国际鞋艺小镇等，增加鞋业研发展销中心、原材料价格指数发布中心等，真正打造永不落幕的鞋原辅料交易展览会。"

创新链产业链资金链人才链深度融合，高新技术产业和传统产业并进协同，晋江市产业发展的接续性和竞争力不断增强。

聚合搬不走的产业生态，大企业与中小企业耦合

"恒变者安"。

这是恒安人对自己企业名称所蕴含理念的新解，也是晋江企业求新求变的共同写照。

骄阳当空。位于内坑镇的恒安现代化卫生用品产业园建设工地热火朝天。近两年，恒安集团新建或扩建产能的总投资超过 200 亿元。

20 多年前"晋江经验"提出，晋江和福建中小企业多、大型企业少的问题比较突出，亟须有一批能抗大风浪的大企业。处理好中小企业和大企业的关系，是"晋江经验"重点阐述的五大关系之一。

向着做大做强目标，恒安发展迅猛而稳健，成为产品销往 43 个国家和地区的行业龙头，拥有安尔乐、心相印等中国驰名商标。现任总裁许清流说，正是"深入骨髓"的变革，在企业体制、机制、技术和管理创新上"不断尝试别人没做过的事情"——从 2002 年开展全周期时间管理，到陆续打通生产、运营、销售，提高供应链效能，再到依托大数据，构建企业运营全链路信息化管理体系，推动了企业的健康发展。

有着"一辈子只做一件事"特质的晋江企业，深谙蹈浪市场经济潮头变与不变的辩证法。数十年如一日深耕"一双鞋""一块陶""一件衣服"，守正创新，放眼全球市场识变应变，成就一大批像闽南榕树般"独木成林"的品牌企业。

536.5 亿元！日前发布的安踏集团 2022 年营收数据显示，安踏体育已连续 11 年位居中国体育用品企业首位。在 2015 年营收破百亿后，用 7 年

时间实现了 100 亿到 500 亿的跨越。与之相呼应的一组数据是：2007 年以来，安踏在技术研发上的投入累计超过 60 亿元，获得 2600 多项专利。

丁世忠带领安踏集团"不做中国的耐克，要做世界的安踏"，全球化步履不停。时至今日，旗下拥有安踏、斐乐、迪桑特、可隆、始祖鸟等十大差异化定位的运动服饰及装备品牌，服务全球超 2 亿消费者，成为世界第三大综合体育用品集团。

柯永祥兄弟收购西班牙运动品牌卡尔美，"站在巨人肩膀上"，厚植体育文化土壤，精研产品创新，3 年来订单年均增长 40%。

吴国良带领华泰集团开发的生态陶板，产品性能大幅提高，实现生产过程废料 100% 回收利用，为国内外数千个经典工程采用。

"不创新，什么都守不住""以前，创新是为了活得更好；现在，创新是活下去的根本""新技术、新应用必须快人一步，别人做完你再来，'喝汤'的机会都没有"……正是这样的紧迫感，促使晋江企业不断追新逐变，做深做透主业，实现自我超越。

当大企业"隆起"为高峰，更多的中小企业攀援而上，成长为产业链条细分领域的"小巨人"。

2008 年"牵手"安踏，位于东石镇的小企业天守服装织造有限公司，一路发展为国家高新技术企业。"这么多年来，对标安踏的国际视野、国际标准，我们积极推动生产流程优化、人才技术体系建设、数字化动态管理，生产的面料、超纤产品还引来比亚迪、福特等车企合作。"天守集团董事长蔡天守笑称："我们做了冠军背后的'隐形冠军'！"

标识图案为一只小燕子的浔兴拉链，40 年间，发展为年产值 17 亿元的中国第一、世界第二大拉链企业；生产的拉链缀于"冠军龙服"陪伴奥运健儿夺冠，更"锁"在宇航服上跟随航天员 5 次出征。

时间长廊见证发展变迁。"子承父业"的浔兴拉链科技股份有限公司执行总裁施雄猛告诉记者："1990 年，公司开始国际化，将商标改为

SBS，寓意'家族团结协作'；1996年，向着知名品牌跃升，SBS内涵变为'提供更好的服务'；2009年，上市几年后，我们将SBS诠释为'速度、超越、服务'，意在超越自我，超越竞争对手，超越客户期望。"

随着发展理念的升级，这只从深沪湾畔低矮厂房中飞出的"小燕子"，飞向了"星辰大海"。

"在晋江半径50公里内，能够快速找到研发设计、生产制造一双运动鞋的所有材料配件、研发团队、技术工人等，这是数十年积累起来的优势。"晋江市市长王明元说。

背靠完善的产业集群和本土链主企业，数以千计的晋江中小企业在供应链中找到立足之地，涌现出产值超亿元企业1258家、超10亿元企业154家。

在晋江，龙头企业与上下游中小企业已形成耦合发展之势，"你中有我、我中有你"，共同抵御风险，放大竞争优势，聚合起"搬不走的产业生态"。

高效配置资源，善用有形通道与无形通道

"要注意把握和处理好建设有形通道与无形通道的关系，既重视以基础设施为重点的有形通道建设，又要重视产业合作、资金吸纳和扩展、人才流动和聚集、信息流动与沟通、技术引进和扩散、思想文化传播等无形通道的建设"，"晋江经验"的这一论述，历久弥新，引导晋江始终坚持发挥市场配置资源的决定性作用，不断完善要素市场建设，畅通发展要素保障渠道，在加快构建新发展格局中赢得主动。

用好国内国际两个市场两种资源，是众多晋江企业长期在市场中摸爬滚打锻炼出来的本领。

从上市募资建设营销网络，到并购欧美轻奢品牌，再到发起设立晋江市创投与股权投资协会……搭乘资本快车，作为福建省服装企业第一家上

市公司，七匹狼集团的服装板块、文旅板块发展得又快又稳。今年七匹狼计划要做 15 家标杆店，每家投入 3000 万元。"品牌积淀了三十几年，但跟欧美二三百年的大牌比，还有很大差距。中国市场容量可观，要从传统服饰文化中汲取营养，紧跟时尚文化潮流。"公司执行总裁吴兴群告诉记者，"公司战略目标是，努力用中国时尚引领世界时尚。"

西服在天上飞！柒牌公司与中国科学院海西研究院泉州装备制造研究中心一起研制的自动化系统，让西服从生产线通过自动化传送设备一路悬挂至仓库，满仓能储存 30 万套。"高单价的西服，全都是立体悬挂，不可以折叠。"公司供应链副总裁施丽贞说。

柒牌目前覆盖全品类男装。说起同城的其他男装品牌企业劲霸、利郎，施丽贞笑着说："我们专注做服装，衣食住行，衣是排第一位的，不会过时。与劲霸、利郎是差异化竞争，相互学习，一起研究，共同发展。消费群体的产品定位不同，虽然都是男装品牌，实际上业务交叉的部分很少，都有自己的发展道路。这一季我们的订单数量增长了 10% 左右。"

在晋江，做鞋的品牌企业有若干，做体育用品的品牌企业有若干，做男装的品牌企业也有若干，一个其他地方少有、这里却常见的现象是，晋江的企业家同道们不仅不"卷"，私下里还是好朋友，常坐在一起分享自己的经验和教训。

"这种差异化定位、共同发展的市场生态，是晋江企业健康发展的很重要的文化支撑。晋江不大，但只要企业格局大，市场就会足够大。"张文贤分析说，地方党委、政府一方面推动市场良性竞争文化生态的建设，另一方面则为市场高效配置资源提供坚强有力的保障。

今年以来，晋江市委、市政府着力推进"资本赋能"。4 月 25 日召开的晋江市企业创新发展大会传递出清晰信号："做强实业，资本赋能是必然；企业发展，用好资本是本事；政企携手，造优生态是关键。"15 个现场签约的项目涉及金额超过 1000 亿元，让企业家们热情高涨，纷纷讨论把哪一个板块剥离出来搞研发，然后引入基金联合孵化、攻关……

"基金投资的是未来价值，谋求与晋江共成长。"晋江市金融工作局局长刘向阳介绍，2018 年底，晋江设立"晋金私募汇"基金集聚区，现已累计成功注册基金 204 家，"通过社会化募资，可以帮助企业精准链接人才、技术、信息等生产要素。"

近日，《晋江市加快基金产业发展实施方案（2023—2025 年）》出台，明确将通过 50 亿元母基金撬动社会资本，打造"1+X"产业基金集群，力争至 2025 年，初步形成千亿级规模的基金产业。

资本赋能的实质是为企业加快创新驱动提供不可或缺的资本助力。尽最大努力最大限度地汇聚起支撑高质量发展的创新要素，是晋江市委、市政府工作的重中之重。

在采访中，企业家们不约而同谈到的对他们帮助非常大的中国科学院海西研究院泉州装备制造研究中心、北京石墨烯技术研究院、中国皮革和制鞋工业研究院（晋江）有限公司等创新平台，就是晋江市千方百计引来的。2022 年起，晋江在全市启动数字经济发展三年行动，打造数字化转型标杆样板、支持数字化技术人才培养，扶持传统制造业数字化转型。

投入近百亿元规划建设"一廊两区多平台"创新版图，签约引进 9 家"国字号"科研平台，打造创新综合体，年均新增产学研合作及技术服务项目 300 项以上。创新赋能，晋江持续发力。

构建亲清政商关系，当好服务员、推车手、护航人

好的营商环境，就像阳光、空气和水。"晋江经验"论述了发展市场经济与建设新型服务型政府之间的关系，指出"领导经济是各级党委、政府的基本职责"，"既需要政府从宏观层次上加强管理，更需要政府及时对市场主体进行引导和服务"。

持"亲有度、清有为"理念，不叫不到、随叫随到、服务周到、说到

做到，晋江全力打造"晋心晋力"营商服务品牌。

——当好"服务员"。出台《晋江市委、市纪委落实全面从严治党"两个责任"清单》，细化政商交往正当行为，在严明纪律的基础上鼓励干部大胆接触企业、服务企业，力争实现"无处不在、无事不扰"。"目标是打造全国营商环境最优县市。"晋江市发展和改革局局长林景锋说。

真心实意为企业着想。早在 2002 年，晋江便成立福建省首个县级行政服务中心，如今已提质增效为全省首个县域"无实体证照办事"政务服务大厅，网上可办率达 99.71%，与 8 省份 18 县（市、区）达成"跨省通办"伙伴关系。

——当好"推车手"。专门为集成电路产业建立"单一窗口"工作机制，用最精干的力量来推进产业发展。"胜科纳米的投产速度，是'疯狂'的速度，需要前置审批的事项，我们都提前介入。我们经常去问企业的需求、困难，然后针对性研究解决方案。"福建省集成电路产业园区建设筹备工作组综合组副组长陈军说。

晋江成立全国首个民营企业合规建设服务联盟，为有意愿企业提供线下合规管理建议。"根据晋江鞋服纺织等产业集群特点，研发企业合规风险自检系统，涵盖民营企业生产经营过程中 420 个常见法律风险点。"晋江市人民检察院党组成员、副检察长许新报告诉记者，目前已有 443 家企业开展"体检"，摸排法律风险点 4352 个。

——当好"护航人"。"保护知识产权就是保护创新"。日前，晋江市相关部门携手全市行业协会成立行业知识产权发展保护联盟，引导行业企业积极参与自治、自律、维权，构筑司法行政部门与行业协会间知识产权保护、维权合作的纽带和桥梁。

晋江政法机关组建"亲清护企"政法服务联盟，制定法治护航民营企业健康发展的 10 条措施，严打涉企职务犯罪、高效化解经济纠纷、做实异地平等保护，助企行稳致远。

建设新型服务型政府，干部素质是关键。"晋江的企业家已经放眼全球谋发展，我们的干部如果连人家讲的话都听不懂，何谈服务？"张文贤说。晋江每年选派干部到上海、深圳学习先进管理经验，提升干部队伍素质。

4月21日，晋江召开优化营商环境大会，启动实施"亲清工程"，对标先进地区建立"营商环境体验官"工作机制、"早午晚餐会"政企互动制度，进一步构建"亲不逾规、清不疏远"的新型政商关系，营造尊商亲商安商的浓厚氛围。

政府有为，市场有效，"看得见的手"和"看不见的手"各尽其责各显其效，企业更加大胆放心发展。

"晋江的干部很务实，没有架子。不仅政策待遇'生人熟人一个样'，还对我们高看一眼。"晋江市江西商会会长陈晓康20年前到晋江创办鞋企，他说："时间证明，我选对了！"

"我们的大本营一直在晋江，从来没有想过离开。"全球最大的经编间隔织物生产基地华宇铮蓥集团的执行总裁苏成喻说，"晋江的'土壤'适宜企业发展，不管遇到什么困难，领导干部都是帮着想办法，从来不设障碍。"

晋江安海镇，斜风细雨中，千年古桥安平桥通向烟柳深处。

桥畔水心亭中，有一处碑文写道："公定界止，籴货诸人越界者罚戏一台。"这是古晋江为规范"桥市"贸易秩序而定下的规矩。另有一碑，记述了清朝施世榜、黄璞等官员商人出银修桥的善举。

时光倏然，晋江商人"善观时变、顺势有为，敢冒风险、爱拼会赢，合群团结、豪侠仗义，恋祖爱乡、回馈桑梓"的精神特质，愈加鲜明生动。

"刺桐古港的商业基因浸透晋江人的骨髓，碰撞上这伟大的时代，将迸发出更耀眼的光芒。"泉州市委书记张毅恭说。

牢记习近平总书记的殷殷嘱托，晋江踔厉奋发，相信在新征程上，一定能书写好中国式现代化的晋江实践。

安平桥畔，更添锦绣繁华。

（统稿：徐立京，执笔：曲哲涵、付文、申茜

《人民日报》2023 年 6 月 19 日第 7 版

蒋升阳、赵永平参与采写）

》》记者手记

感恩奋进，传承弘扬好"晋江经验"

一种经验，让一方县域沧桑巨变，因高瞻远瞩而历久弥新。

在晋江采访感受最深的是，无论干部、企业家还是群众，对"晋江经验"发自内心地感恩和笃行。

"'晋江经验'极具前瞻性、战略性和指导性，是引领晋江不断前行的行动指南。"当地干部这样说。"'晋江经验'是企业发展的指路明灯。我们 44 年咬定实体经济不动摇，从一把剪刀、一台缝纫机做到了今天的国潮品牌。"柒牌公司供应链副总裁施丽贞说。"'晋江经验'是我们的宝贵精神财富，爱拼才会赢就是踏踏实实做好本职工作。"市民陈志良说。

20 多年来，晋江坚持传承弘扬"晋江经验"，以占福建省 1/200 的土地，创造全省 1/16 的地区生产总值，县域经济基本竞争力连续 5 年位居全国第四位，彰显澎湃的发展活力和强大的发展韧性。晋江发展奇迹充分印证了"晋江经验"的实践伟力。

　　"晋江经验"源于实践、扎根实践、指导实践。习近平同志在福建省委和省政府工作期间，6年7次深入晋江调研，到企业、进社区、访农村，总结提炼出以"六个始终坚持"和"正确处理好五大关系"为主要内容的"晋江经验"。"晋江经验"的内涵与习近平经济思想一脉相承，现在仍然具有指导意义。

　　加快建设以实体经济为支撑的现代化产业体系，关系我们在未来发展和国际竞争中赢得战略主动。继续传承弘扬好"晋江经验"，完整、准确、全面贯彻新发展理念，加快构建新发展格局，把发展经济的着力点放在实体经济上，坚持"两个毫不动摇"，加快建设现代化产业体系，就能打好转型升级主动仗，不断塑造发展新动能新优势，切实推动高质量发展。

　　新征程上，晋江人感恩奋进，奋力推进中国式现代化的晋江实践，续写"晋江经验"的新篇章。爱拼才会赢，一起向未来。

（付文　《人民日报》2023年6月19日第7版）

18

大步迈向创新的活力之城

郑东新区中原龙子湖智慧岛。 　　李哲卓　摄（人民视觉）

2020年以来，战略性新兴产业增加值年均增速143%，研发经费年均增速超70%，技术合同成交额年均增速超187%。在260平方公里的辖区，集聚了海康威视、大华、超聚变等近600家高新技术企业，逾千家科技型企业，超万家科创企业。

这就是今天的河南郑东新区，郑州新窗口，中原新门户。

数据只是创新引领发展的一个侧影。近年来，郑东新区下决心跳出固有发展模式，全力做好创新、开放、绿色生态大文章，努力成为中原经济区高质量发展的"火车头"和创新驱动的"发动机"。

高质量发展——

坚定未来之路

"作为郑汴洛中原城市群中具有标杆和示范引领意义的现代化新城，郑东新区曾经靠土地出让金的滚动支撑取得了发展。"郑东新区管委会主任、郑州中原科技城管委会主任牛瑞华说，土地财政虽可照顾眼下，却不长远。

过去的发展路径已不可持续，如何开辟创新驱动的高质量发展之路？

2019年9月，习近平总书记在郑州主持召开座谈会并发表重要讲话，将黄河流域生态保护和高质量发展上升为重大国家战略。

2020年初，河南省委和省政府决定在郑东新区打造中原地区科技创新策源地和黄河流域高质量发展引领区。很快，郑东新区拿出区位优、生态好、价值高的地段培养科创产业，规划建设中原科技城。

在郑东新区党工委书记、郑州中原科技城党工委书记孙建功看来，这标志着郑东新区发展动力的转型战略正式启动，由城镇化驱动的"以城带产"，转向由科技创新驱动的"以产促城"。孙建功说，郑东新区的发展分两个阶段：第一阶段从2003年开工建设到2020年主体基本建成；第二阶段则始于2020年在路径和方向上的再度明确。

打造郑州国家区域科技创新中心，争创综合性国家科学中心……河南省人大常委会通过了郑东新区调整后的城市规划，以法律的形式确保一张蓝图绘到底，一茬接着一茬干，郑东新区站到了大步迈向创新的活力之城新起点上。

以集聚效应换道领跑——

构建创新生态

中原动力是一家主要从事机器人研发的科创企业，"2020年5月入驻郑东新区以来，我们获得了从创投资金、融资贷款到产品场景应用等全方位支持。我们需要的全域创新生态，在这都能找到。"联合创始人林杰说。

今年 4 月 25 日，继华润、上汽、阿里巴巴、腾讯、京东等一批知名企业之后，富士康新事业总部也落地郑东新区。头部企业区域总部或研发总部的聚集，带动了产业链供应链创新链的上下游联动，以项目集群构建的生态圈快速成形，为中原动力这类企业的发展提供了更多可能。

郑东新区党工委委员、郑州中原科技城管委会常务副主任赵凯介绍，中原科技城规划建设以来，累计招引华润数科北方总部等领军项目 382 个，集聚了嵩山实验室、哈工大郑州研究院等一批高能级机构，培育市级以上研发平台 313 个。特别是河南省科学院的重建，有力支撑了中原科技城的体系化发展。

技术交易成交额 509.2 亿元、技术合同登记量 11140 项……位于郑东新区智慧岛上的郑州技术交易市场，大屏幕上实时滚动着一组组交易数据，记录着郑东新区创新力量的积蓄与成长。

"空中丝路"联通全球——
打造开放枢纽

走进郑东新区中央商务区，一幢幢高楼鳞次栉比，全国五大期货交易所之一的郑州商品交易所坐落其中，从这里发布的"郑州价格"是世界粮食生产和流通的重要参考。汇丰、渣打等外资银行早早在这里布局发展，目前，持牌类金融机构 412 家，2022 年金融业增加值 409 亿元。

要成为开放高地，仅有国际化区域金融中心建设远远不够。如何"买全球""卖全球"，是作为内陆城市的郑州一直思考的课题。为更大范围、更广领域、更高层次参与国际经济贸易，不靠海、不沿边的郑东新区着力融入"一带一路"建设，打造对外开放的"空中走廊"。

去年，卢森堡货航在郑州执飞 671 次航班，大量货物通过该航线运往全球各地……2014 年，河南民航发展投资集团有限公司收购欧洲最大的全货运航空公司——卢森堡货航 35% 股权，开辟了郑州至欧洲的"空中丝绸之路"。目前，郑州累计开通 70 条货运航线，其中国际及地区航线 38

条，覆盖区域全面经济伙伴关系协定（RCEP）成员国的主要城市。

"空中丝路"叠加成熟的"米"字形高铁网交汇点、"一带一路"重要节点，郑东新区架起了与世界联通的多条经济通道。2022年，郑东新区实际利用外资占河南全省的58.37%。

半城湖水半城绿——
宜居宜业引"凤凰"

"城水相依的环境让我选择留在这里"，任翔是微软"云暨移动技术孵化计划"的负责人，从英国留学回国后，一下被郑东新区优美的生态所吸引。

移步异景，波光潋滟。记者在郑东新区采访，处处可见湖水环绕、公园密布、花鸟同林：公共绿地面积40平方公里，水域面积18平方公里，核心区绿化覆盖率接近50%，水网遍布全区，疣鼻天鹅等珍稀物种在这里栖息繁衍……

市民朱新中是当地爱鸟协会会长。他告诉记者，疣鼻天鹅对环境要求非常高，作为"远道而来"的珍稀物种，已在郑东新区安了家，并繁衍了三代，组成了68只天鹅的大家庭。"这也印证了这里的水质和环境之好。"

绿水青山就是金山银山。优美生态在提升城市品质品位的同时，也成为城市竞争力的有效支撑。近年来，郑东新区引进了包括两院院士在内的1300多名高层次人才，很多人都惊喜于这里的生态之美。从规划开始就参与建设的郑东新区党工委副书记周定友说，半城湖水半城绿的郑东新区宜居宜业，成为吸引高端人才和创新企业的巨大优势。

聚集了人才和优质企业，就聚集了希望，拥抱了明天，并有了更充沛的动能。今年1—5月份，郑东新区一般公共预算收入66.03亿元、同比增长51.01%，全口径财政收入完成207.83亿元、同比增长102.32%。充满活力的郑东新区，正在高质量发展的大道上加速奔跑。

（本报记者 饶文靖 马跃峰 郭牧龙　《人民日报》2023年6月21日第1版
本报记者李栋参与采写）

建设创新高地 昂起区域龙头

——河南省郑州市郑东新区高质量发展纪实

中原动力智能机器人有限公司展厅一角。　李哲卓　摄（人民视觉）

　　20 年间，郑州市郑东新区由一片鱼塘村落，蝶变为一座现代化新城。20 年后，郑东新区把房地产商眼里的"黄金地块"给了科研机构。

　　为啥？

　　自 2003 年启动建设以来，郑东新区牢牢牵住科技创新这个牛鼻子，着力打造创新服务高地，施行新举措，走好先手棋，发展至今硕果累累。未来，郑东新区依靠什么保持创新势头、支撑高质量发展？

　　2019 年 9 月，习近平总书记在郑州主持召开黄河流域生态保护和高质量发展座谈会。同年，郑州被确定为 10 个国家高质量发展区域增长极城市之一。郑东新区承载河南争创国家创新高地的深切期望，向科技创新驱动的"以产促城"转变，昂起了全省创新驱动的龙头。

一座城
为创新立法，高标准建设中原科技城

郑东新区龙湖，碧波荡漾，岸芷汀兰。龙湖北岸，曾被看作郑州市高端房产地块。而今，这里已变成中原科技城的组成部分，汇聚一批新型研发机构。

"研究院在郑州落地，无论使用土地，还是引进人才，都得到全方位保障！"哈工大郑州研究院副院长张宏说。

走进哈工大郑州研究院的建设现场，塔吊矗立，机器轰鸣，基础设施建设日新月异。

入驻郑州一年多，哈工大郑州研究院引进 20 多名国家级人才，联合哈尔滨工业大学、河南省科学院成功获批河南省首个工信部"多模态重大慢病防控科学与工程"重点实验室。

"河南巨大的市场潜力、良好的产业基础，与学校优势学科高度契合。"张宏举例说，河南超硬材料产业迅猛发展。与此对应，哈工大郑州研究院研制了金刚石晶体生长成套装备，开发了金刚石同位素电池、金刚石特种芯片；与龙头企业在装备、材料与器件等方面深度合作，达成意向采购协议超亿元。

破局创新，河南高标准谋划，高起点推动，把郑东新区当作全省创新策源地，建设一座全新的中原科技城。作为省里的重点工程，中原科技城经历了三次"成长"，规划面积从 16.4 平方公里、64 平方公里，最终覆盖郑东新区全域 260 平方公里。在这里，河南省科学院专注科技研发、成果转化；中原科技城提供发展空间、公共服务；国家技术转移郑州中心搭建

"桥梁"，连接研与产。

"河南省科学院、中原科技城、国家技术转移郑州中心'三合一'融合发展，打造河南对接国家战略科技力量、实施创新驱动的主平台和主阵地。"郑东新区党工委书记、郑州中原科技城党工委书记孙建功说。

国家技术转移郑州中心。 李哲卓 摄（人民视觉）

创新之路，法治护航。2022 年 7 月，河南省人大常委会审议通过《河南省科学院发展促进条例》，在国内首次为一家新型研发机构量身立法；2022 年 11 月表决通过《河南省中原科技城总体规划管理条例》，为一座科技城的规划立法。《条例》明确，中原科技城将科研产业用地列入强制性内容，禁止擅自改变科研产业用地性质；明确省科学院设立理事会，实行院长负责制……

筑巢引凤，成效立显。如今，国家专利审查协作河南中心等三大国家级技术服务平台，中科大数据研究院等 10 家国家级科研平台，嵩山实验室、龙湖现代免疫实验室等一批高能级创新平台纷纷入驻。今年，计划引进10所一流大学郑州研究院，目前，已对接一批国内外一流高校。

走进郑东新区东部的白沙片区，火热的建设场景随处可见。这里是各类科研机构的中试基地、成果转化地。未来，中原科技城将打造成为"基础研究 + 应用研究 + 未来科技研究 + 中试 + 成果转化"全周期、全链条、全过程的综合研发功能区、赋能河南全省高质量发展的创新高地。

一条路
补创新短板，新型研发机构探索新路

缺少一流大学，缺少一流科研院所，河南如何破局创新？

依托中原科技城，河南重建重构省科学院，全力招引高校研究院所、落地省实验室，以新型研发机构补齐创新平台短板。

走入河南省科学院展厅，河南省八大优势产业及龙头企业、标志性创新产品一一陈列。

"这些产业、企业、产品，不是照搬材料，而是深入实际、重新梳理，目的是与科研有效对接，成立相应的研究所，引领产业升级。"河南省科学院有关负责人说。

2022年9月，阔别河南省科学院30余年后，余龙以首席科学家的新身份重新"回家"。在他眼中，单位除了名称没变，从场所到架构，从人员到制度，从站位到定位，都发生了质的改变。

"最大的变化是，科研的事科学家说了算。首席科学家拥有充分的自主权。研究方向自己定，需要人才自己招。科研经费自由调配，鼓励勇闯科学'无人区'。"余龙说。

在实验室，余龙往烧杯里加入一点"粉末"，再添些水，把烧杯倒置，里边的水像是被施了"定身术"，一滴也不流。这是余龙团队的最新科研成果——反应挤出技术。用这项技术生产保水缓释化肥，能提升土壤

30% 的聚水能力。

"这是回河南后研发的第一个科研成果。从明确课题到实际应用，只有半年。"余龙说，河南是农业和食品大省，肩负确保国家粮食安全重任。这项技术助力改善土壤、稳定地力，已经应用于一些地区的盐碱地治理。

现实"出题"，新型研发机构"答题"，科学家把科研论文写在中原大地上。

大数据时代，国家网络安全形势异常严峻。面对日益增多的恶意网络攻击，中国工程院院士邬江兴领衔的河南省首家省级实验室——嵩山实验室，通过自主创新理论和技术，让云平台拥有自身"免疫系统"，可以抵御网络攻击。成立仅 1 年多，嵩山实验室联合龙头企业在河南省鹤壁市打造了具有内生安全属性的电子政务云平台，形成了可复制推广的科研成果。

"科研支撑数字经济加速发展。我们谋划建设河南省区块链产业园、河南省元宇宙产业园、河南省大数据交易中心等一批专业化园区，引进了上汽集团、超聚变、华润数科北方区域总部、腾讯中原总部等一批企业，形成创新驱动产业的良好态势。"郑东新区管委会主任、郑州中原科技城管委会主任牛瑞华说。

一块田
育创新环境，耕耘人才创新创业试验田

在国外奋斗多年的文学军，已成为医学与生物领域领军专家。最近，他选择回到郑东新区，计划建设一家研究院。

"前些年就想回报家乡，没有找到适合团队发展的平台和环境。中原科技城让我看到了机会。"文学军主要从事生物材料、干细胞技术等研究、应用，与河南省科学院的一研究方向不谋而合；生命科学作为中原科技城培育的主导产业，成果转化空间巨大。

汇聚人才，方得发展。长期以来，河南面临人才资源匮乏、创新能力不强

的困境。而作为人力资源大省，在外河南籍人才众多。如何吸引在外人才回乡？

搭建平台，让人才有用武之地。中原科技城的设立，河南省实验室体系的搭建，为"豫才"回乡奠定了基础。依靠高能级平台，郑东新区引进中国科学院院士、中国工程院院士等各类高层次人才1300多名。

没有论文，没有职称，没有高学历，也可以被认定为高层次人才。

顾也科原来在上海工作，积累了云计算、大数据等领域的丰富经验和技术。上汽集团帆一尚行（郑州）科技有限公司看中他的专长，以年薪90万的条件聘请。来到郑东，得益于中原科技城对人才的市场薪酬评价机制：对重点产业年薪40万元以上的优秀人才给予其年薪5%—20%的奖励，3年将拿到包括经济贡献奖在内的50万元左右奖金。

"不拘一格吸引人才的做法，让我坚定了长期留在郑东新区的想法。"顾也科说。

柔性引才，灵活用才。郑东新区党工委委员、郑州中原科技城管委会常务副主任赵凯说，中原科技城自设立起，就挂牌河南省人才创新创业试验区。只要对经济发展有贡献、用人企业认可，都可以用市场化薪酬认定方式，认定为高层次人才。

事业招聘，企业使用，解除人才后顾之忧。博士毕业的李金东原想回郑州，招聘企业却在南阳市。这一难题被河南省科学院灵活的用人机制破解：人才可以拿事业编制，为企业出力，成果共享。去年3月，李金东入职河南省科学院，同时与南阳中光学集团有限公司签订用人合同。

"保姆式"服务，解决人才的"揪心事"。到郑东新区工作，河南省遗传资源细胞库首席科学家韦丹轻松完成买房安家、子女教育等人生大事。

韦丹是郑州市认定的高层次领军人才。2019年，他携团队入驻郑东新区，进行免疫细胞药物在抗肿瘤领域的应用开发。"刚一开始，就遇到住房、子女教育难题。我享受到100万元的首次购房补贴，两个女儿顺利入学，可以心无旁骛搞科研。"

城市的温度，不仅来自细致入微的人才服务，更来自尊重人才的浓厚氛围。

今年4月，郑东新区承办2023F1摩托艇世界锦标赛。观赛区内，来自嵩山实验室的陈若曦和50余名受邀高层次人才兴奋不已，频频拍照。

"这是国际顶级赛事，郑东新区免费提供VIP门票，很惊喜。"陈若曦笑容满面。

在郑东新区，人才通过扫描"人才码"可以享受喝咖啡打折、停车免费、坐游艇优惠。"人才库、人才码、人才卡、人才券"多位一体的人才新型基础设施逐步构建，人才政策"云兑现"、人才服务"码上享"的服务生态正在形成。

郑东新区中央商务区。　　李哲卓　摄（人民视觉）

一片岛
聚创新要素，复制"智慧岛"创新生态模式

"五一"小长假，郑州东站客流井喷。候车大厅里，一个"勤劳聪明"的机器人不知疲倦地巡回检查，清扫垃圾。生产这款机器人的中原动力智能机器人有限公司，是郑东新区的一家企业。

"算法全部自研，零部件全部国产，搭载不同的模块、零部件，它可以变身'大堂经理''消防员'。"公司联合创始人林杰说。

入驻之初，郑东新区为企业提供了"拎包办公"的创业环境以及产品场景应用的全方位支持，科研成果迅速落地。2022年3月，公司从中原龙子湖智慧岛搬到中原科技城创新孵化基地，进入产业化阶段。

"目前，公司正进行新一轮融资。中原科技城科创基金准备进行股权投资，帮我们快速发展。"林杰说，公司今年一季度订单量同比增长60%，前景喜人。

没有持续投入，科技创新将是无源之水。郑东新区设立50亿元产业引导基金，在出资比例灵活、降低返投门槛、最大化让利、尽职免责容错机制等方面支持企业创新。同时，集聚235家基金机构，管理近1400亿元资金，探索建立"补、投、保、贷"一体化创新金融服务体系，建好创新资金"蓄水池"。

2021年，河南首个智慧岛——中原龙子湖智慧岛在郑东新区揭牌。众多科创企业竞相登岛落户，一大批怀揣梦想的人成为"岛民"。中原动力创业者正是从智慧岛走出的"岛民"代表。

一流的创新需要一流的生态。金融支持、创业孵化、成果转化、产业培育，中原龙子湖智慧岛形成链条完善、要素齐全的"双创"体系。岛上众多的众创空间，也为"双创"提供了成长沃土。78栋楼宇、416万平方米建筑中，创新之力蓬勃迸发。

3U数字谷众创空间，是一家专注大数据产业的众创平台。自建立以来，累计入驻西美科技、南秀建筑科技等大数据科研企业20余家、创业团队10余个。入孵企业中，国家科技型中小企业超过10家、国家高新技术企业2家。

位于智慧岛上的郑州技术交易市场，专注于连接科研和市场，将源源不断的科技力量转化为产业动能。

安阳市海之达新型建材有限公司是一家保温建材生产企业。去年底，企业负责人李立峰为一个行业难题发愁：因产品形状多样且不规则，建材生产中的聚苯板贴合网格布工序一直靠人工，成本高、效率低，急需开发一套自动化设备。

李立峰向郑州技术交易市场提交了需求，很快匹配到技术团队。双方对接后，今年3月成功签约。"没想到，一个行业难题，3个月就有了破解方案！"李立峰感叹。

郑州技术交易市场把传统的技术供需对接由"成果驱动"转变为"能力驱动"，在解决企业技术需求同时，有力促进高校院所的科技成果转化。成立1年多来，市场累计发布技术能力清单600余项，技术交易额达到1.56亿元。

创新生态不断优化，支撑能力不断增强。目前，郑东新区招引382个领军项目。中原龙子湖智慧岛打通从原始创新到产业化的全流程服务，建立"微成长、小升高、高变强"梯次培育机制，形成一流的创新生态小气候。今年1月，河南省在15个省辖市推广标准化"智慧岛"模式。

"郑东新区在'产出重大原创成果、突破关键核心技术、抢占科技竞争制高点'上不断起势成势，力争早日建成国家创新高地，在黄河流域高质量发展中发挥区域增长极作用。"河南省委常委、郑州市委书记安伟说。

（本报记者 马跃峰 饶文靖 郭牧龙 李栋
《人民日报》2023年6月21日第7版
徐驰、王佩、常力元参与采写）

》记者手记

成事关键在用心

以中国式现代化全面推进中华民族伟大复兴，关键在得人，关键在吸引来人、留得住人，并且人尽其才、才尽其用。

怎样吸引来人、留得住人？在郑东新区调研时，我们产生了一种强烈感受：关键在用心，用心了解、用心满足人才各类需求。

郑东新区在招才引智过程中发现，各类人才尤其是高端人才，不仅关注自身薪资、住房等待遇问题和个人成长成才的创业条件，还关注老人养老、孩子就学以及城市生态环境、人文环境等相关情况。

郑东新区紧紧围绕人才需求，着力在以下方面做文章：

从诺贝尔奖获得者、两院院士，到国家重点人才计划青年项目入选者，再到优秀博士、硕士毕业生，郑东新区构建起 ABCDE 五类人才标准体系，做好奖补、医疗、住房、子女入学等全方位保障。

为了给各类人才提供创业条件和发展平台，郑东新区整合楼宇资源，打造超过 170 万平方米的办公空间载体，为每家企业最高免费提供上千平方米的办公场所，并免费提供定制化装修等服务，最大程度降低企业的资金和时间成本。成立 50 亿元规模的中原科技城产业引导基金，持续优化科创金融服务。对战略科技人才领衔的"团队＋项目"，给予最高 1 亿元综合补贴。

在优化发展环境上，郑东新区成立助企专班，根据不同企业类型，安排专人联系对接招商、人才服务等局办和相关企业，倾心当好"企业服务管家"。人才认定、资金支持、成果转化、产品推广……企业的需求，都能快速得到响应。郑东新区今年还建立起企业走访、问题收集梳理、督办反馈等全链条式走访机制，"万人助万企"，郑东新区领导带头走访，做到企业反映的事情件件有回应。

为了建设和保护良好的生态环境，郑东新区着力打造北方最宜居的城市环境。300米见绿，500米进园，优美的生态环境让人一见倾心，流连忘返。

栽下梧桐树，凤凰自然来。正是有郑东新区这种用心、用情、用力的招才引智措施，包括两院院士在内的1300多名高端人才纷至沓来，拉动郑东新区软件信息服务、区块链、元宇宙等数字经济产业高端开局，快速崛起。

用心待人，透露出情感深处的真诚，体现着发自内心的责任和担当，是吸引人才、留住人才的不二法宝。强国建设，太需要这样的用心做事。

（李栋　《人民日报》2023年6月21日第7版）

19

攥紧中国种子　端稳中国饭碗

三亚崖州湾科技城景观。　马征辉　摄（人民视觉）

海南南繁，广袤田野里稻株迎风摇曳。"中国农业科学院""南京农业大学""海南大学"……田野里竖立的各种标牌，标注着这些田垄的独特性。

在这里，南繁不只是一个地名：

南繁是一块育种宝地——北纬18度以南，优越光热禀赋造就"天然大温室"。三亚、陵水、乐东三市县，26.8万亩良田，夯实国家南繁科研育种保护区基础；

南繁是一种科学追求——每年冬春，农业科研人员从全国各地赶来，由北方带来的种子在此繁育，新品种选育周期极大缩短，创新驱动"南繁

北育";

南繁是一股中国志气——迄今70%以上农作物新品种经过南繁加代、繁育。"中国粮食"用上"中国种子",南繁功不可没。

"国家南繁科研育种基地是国家宝贵的农业科研平台""我一直关注南繁科研育种,要科学谋划加快推进"。2018年、2022年,习近平总书记两次赴南繁考察。2022年4月,习近平总书记在三亚市崖州湾种子实验室考察时强调:"只有用自己的手攥紧中国种子,才能端稳中国饭碗,才能实现粮食安全。"

攥紧中国种子,南繁如何再建新功?

开局之年看南繁,处处可见自立自强的探索与成效。

"杂交水稻年亩产4000斤高产技术集成项目"成效显著,早造测产亩产达到1687.2斤;2023中国种子大会开幕,近2000个优新品种亮相三亚市崖州区国家现代农业(种业)产业园,甜糯的栗子南瓜、橙黄色瓜瓤的彩虹西瓜等吸引众多目光。

三亚崖州坝头基地的试验田里,处于苗期、分蘖期、孕穗期和成熟期的同品种水稻,各自茁壮成长。

"过去,科研人员获取田间数据,只能'眼瞪尺量',现在传感器、摄像头、无人机帮忙,信息一目了然。"南京农业大学三亚研究院常务副院长姜爱良说。

三亚崖州湾科技城是南繁的"创新基石",崖州湾种子实验室则是科技城的"创新枢纽"。种子实验室里,高通量种子微切片设备、种子品质鉴定设备、种子表型组学研究设备……7000多台先进仪器设备,为关键核心技术攻关添力。

"种子实验室的仪器设备,遵循科学逻辑,瞄准共性需求,向所有科研团队24小时开放。"三亚崖州湾科技城管理局党委专职副书记牛晶晶说,"搭起开放共享的公共科研平台,科技城里协同创新的氛围越来越浓。"

走进国家野生棉种质资源圃(三亚),澳洲野生棉花匍匐在地,长梗桐棉高达两层楼……全世界发现的 53 个棉种，活体保存在此的就有 38种，居世界第一。

"种质资源是育种创新的源头。"国家野生棉种质资源圃负责人、中国农业科学院棉花研究所研究员刘方介绍，这里已向各科研单位提供遗传材料 1 万余份次，直接用作亲本育成新品种近 200 个。

中国农业科学院作物科学研究所研究员、国家野生稻种质资源圃田间管理员程云连，正在国家野生稻种质资源圃里，顶着烈日查看野生水稻生长情况。资源保存能力达 4 万份，能满足未来 30 年野生稻资源保存需求，这个全球最大的野生稻种质资源圃即将向科研人员开放。

如今的南繁育种，已贯通种子鉴定、种质资源保存、基础研究等全过程。这里孕育的新种良种，从实验室走向大田大洋，从海南岛撒向全国各地。

自立自强、协同创新，让科研资源"攥指成拳"是关键。

南繁服务站（坡田洋）里，负责人孙吉先掏出手机，"秀"出建在"云"端的试验田和服务站：通过"云选地"，租用试验田就像网络购物一样便利；选择"云种地"，科研人员即便不在基地，也能获得从播种到收获的全链条、菜单式服务。

实验室技术支撑植物新品种权交易；发明专利审查周期由 20 个月缩短至 3 个月；26.8 万亩科研育种保护区，全部纳入永久基本农田范围予以重点保护……全方位创新服务，让科研人员心无旁骛求索良种。

今年 2 月，又一场"揭榜挂帅"在崖州湾科技城圆满完成。崖州湾种子实验室、中国种子集团将与全国 67 个科研院校团队联手，围绕玉米、大豆、水稻和蔬菜四大作物的 20 个项目开展联合攻关。

"科研经费由实验室提供一半、企业支付一半，评估不唯论文，只看成果是否破题，能否在市场推广。"中国种子集团南繁硅谷运营管理中心副总经理许珂说，企业出题、院校出智、成果共享、利益反馈，"揭榜挂帅"制度让创新主体活力倍增。

围绕产业链部署创新链、围绕创新链布局产业链，创新机制的红利源源不断释放。

"南繁育种也育企。"隆平生物技术（海南）有限公司法规总监刘枫说，在合作共享机制和"揭榜挂帅"制度支持下，企业已从10人的初创团队成长为100多人的知名生物育种企业。

国家南繁作物表型鉴定、耐盐碱水稻创新中心等重大科研设施平台相继建成；中国科学院、中国农业科学院等一批科研单位和中国种子集团、隆平高科等龙头企业加速集聚；种业上下游企业纷至沓来，截至今年1月底，崖州湾科技城累计注册企业已近万家。

立足自然禀赋，厚培创新禀赋，南繁蹚出一条种业发展新路。

人才是第一资源。一代代农业科研工作者来到南繁，像种子一样，一头向下扎，一头向上发。崖州湾科技城里，"隆平街""传薪街""振兴路"笔直宽阔，传承着这份南繁情结。

科研成果就地转化，产业集聚效应凸显，越来越多的创新人才留在南繁。

科研设备、实验室等硬设施"引才"，住房、医疗、教育等软配套"留才"，"海南专项"等量身定制的好政策"育才"。"以前说去南繁，现在是回南繁。"三亚华大生命科学研究院副院长陈柔汐感慨。

以人才高地挺起创新高地。今日的南繁育种，已由过去以水稻、玉米、蔬菜等农作物为主，向水产等领域拓展。

乘着海南自贸港建设的东风，全球动植物种质资源引进中转基地正在建设，辐射全国、面向全球的种业高地加快崛起……南繁的田野，聚满光和热，涌动创新潮。

（本报记者 余建斌 赵鹏 朱隽 《人民日报》2023年6月26日第1版
本报记者赵展慧、孙海天参与采写）

挺立中国种业自立自强新高地

——南繁高质量发展纪实

三亚崖州湾科技城入口。　　马征辉　摄（人民视觉）

26.8 万亩的土地，繁育出全国 70% 以上的新品种——南繁，"中国种子"的摇篮。

昨日的南繁，是中国传统的"育种基地"。

多年来，每年冬春，全国 800 多家科研院所、高校及企业约 7000 名农业专家带着水稻、玉米、棉花等夏季作物，来到海南的三亚、陵水、乐东一带进行繁育，加速育种过程，缩短育种年限。从南繁"走出去"的杂交水稻，累计种植面积已超过 3 亿公顷。每年，都有数千万公斤优良种子由南繁基地发往全国各地。

今天的南繁，已成为自立自强"种业高地"。

"中国人的饭碗要牢牢端在自己手中，就必须把种子牢牢攥在自己手里。"2018 年、2022 年，习近平总书记两次到南繁考察。在去年底召开的中央农村工作会议上，习近平总书记再次强调，要"发挥新型举国体制优势，整合各级各类优势科研资源，强化企业科技创新主体地位，构建梯次分明、分工协作、适度竞争的农业科技创新体系。要打造国家农业科技战略力量，支持农业领域重大创新平台建设"。

从"基地"变"高地"，从单纯育种向种业全产业链转变，是时代赋予南繁的新使命。

紧紧攥住中国种子，才能牢牢端好中国饭碗。本报记者深入南繁，看"中国种子"如何生长。

体制机制创新的种子正萌芽

踩着泥泞的田埂走进正在建设的国家野生稻种质资源圃，只见风吹稻浪，水鸟翩跹。

"这里是目前全球最大的野生稻种质资源圃，占地168.21亩，保存着全球21种野生稻、1.3万份野生稻种质资源。"中国农业科学院作物科学研究所研究员、国家野生稻种质资源圃田间管理员程云连说。据介绍，资源圃建成后，野生稻资源保存能力将达4万份，年鉴定评价1000份以上，年共享利用3000人次以上，有望实现野生稻种质资源的便捷共享利用。

心往一处想，才能劲往一处使。过去由于体制机制障碍，来自全国各地的数百家科研团队、上千名科研人员，在南繁工作期间缺乏科研交流，习惯单兵作战。南繁建设种业创新高地，首先得搭建科研交流、成果共享的平台。

南繁，种下一颗体制机制创新的种子。

2019年2月，海南省成立三亚崖州湾科技城管理局，为科研人员提供服务保障。在崖州湾科技城管理局推动下，零散力量逐渐整合，科研壁垒不断打通。

2021年5月，崖州湾种子实验室正式挂牌成立。2023年1月，国际玉米技术创新与成果转化中心项目主体封顶。南繁作物表型研究设施、种业创新中心、国家野生稻种质资源圃等科研基础设施和关键共性平台加快建设。南繁种业科技创新平台集群逐步成形。

有了平台，还得有企业。截至去年年底，崖州湾科技城累计入驻种业企业114家、涉农类企业939家，其中包括中种集团、九圣禾等知名种企。

三亚崖州湾科技城雅布伦产业园。　　马征辉　摄（人民视觉）

"引企"也"育企"。隆平生物技术（海南）有限公司是最早入园的企业之一。2019年3月初创时，公司只有资本1000万元，一共10个人。2020年，崖州湾科技城为隆平生物配备了1000多万元的先进仪器设备和1500平方米的实验室，三亚市政府又提供了56亩试验田，解决了公司发展的"急难愁盼"。"我们研发出多个抗性优良产品，先后获得10余项国家发明专利授权。10人变成100多人，1000万元注册资本变成估值近40亿元。"隆平生物法规总监刘枫说。

建了平台、聚了企业，怎样将科学家们的科研成果充分利用起来？崖州湾种子实验室的"揭榜挂帅"新举措受到欢迎。

企业命题、院校揭榜答题、市场评估，不考核论文、不搞繁琐流程、完全以成果论英雄，"揭榜挂帅"大大提升了科研成果的产业转化效率。自2021年11月以来，种子实验室已经联合企业开展了三期"揭榜挂帅"，累计推出103个课题项目，吸引了来自国内76所高校和科研院所的专业科研团队。

"经由我们的平台，通过'揭榜挂帅'的形式，把分散的科研机构和力量整合起来，把实验室里的'创新链'与种子企业急需的'产业链'打通。"崖州湾种子实验室合作交流部负责人夏勉介绍。

产业发展的种子已落籽

中国农业大学农学院教授李自超最近很高兴。今年初，崖州湾种子实验室与中种集团开展联合"揭榜挂帅"，他成功申请到一个和团队研究方向相近的课题，未来一段时间，都不用为科研经费发愁了。

"企业想培育水稻新品种，我们负责做研究，项目的科研经费一半由实验室提供，一半由企业支付。"李自超笑着说。

以产业为导向进行科研攻关，引入市场力量提供科研经费。攻关专利归企业所有并进行市场开发推广，攻关团队也能享受成果转化后的分红。

2022年4月10日下午，习近平总书记来到崖州湾种子实验室考察调研并指出，要围绕保障粮食安全和重要农产品供给集中攻关，实现种业科技自立自强、种源自主可控，用中国种子保障中国粮食安全。

海南认真贯彻落实习近平总书记重要指示精神，支持南繁科研育种基地开展种源关键核心技术攻关、集中科研院所及企业力量搭建公共科研平台、打造育种联合攻关的新力量。

走进三亚崖州湾科技城种子实验室大型仪器公共服务中心，DNA蛋白操作室内，华大基因的研究员羊家俊正处理着几份来自不同科研团队的材料，操作实验仪器进行DNA提取。质谱室、离心机室等实验室里，质谱仪、扫描电镜、共聚焦显微镜等先进科研仪器高效运行。

　　记者看到，每台大型仪器前都有本登记册，详细记录着每一次使用的具体情况。据负责仪器维护的赛诺菲公司工程师李锦春介绍，凡是与种子实验室进行科研合作的科研队伍，只要提前在线上系统预约申请、到现场再进行纸质登记备份，就可以自主使用设备。

　　"公共服务中心由种子实验室牵头，和企业联合打造，目的是提供一个开放、共享、高效的公共技术平台。"中国科学院海南种子创新研究院高级实验师赵显峰介绍，"搁以前，所有材料都得寄回内地的实验室分析。几百万元的设备开放公共使用，简直是想都不敢想的事情！"

三亚崖州区坝头南繁公共试验基地，工作人员在操纵自动插秧机。

本报记者赵展慧　摄

过去"老南繁"不敢想的事，如今在这里成了常态。

成立仅两年，崖州湾种子实验室发展迅速，如今已拥有了 17.2 万平方米物理空间，配套科研设备 7200 余台（套），大型仪器公共服务中心、核心种质资源库、人工气候室等 12 个开放共享平台及科研设施已投入使用。20 位院士在这里启动了院士创新团队筹建工作。

崖州湾种子实验室的发展，也吸引来一批科创基金。去年，两只种业单一方向产业基金——崖州湾国际南繁科技创新基金（总规模 10 亿元）、南繁育种产业投资基金（首期规模 6 亿元）落地崖州湾科技城。

"以农业关键核心技术攻关为引领、以产业急需为导向，南繁正种下大片产业发展的种子。"崖州湾科技城管理局党委副书记林海说。

环境保障的种子要开花

前边是中国农科院水稻研究所的试验田，后边是成片结着棉桃的棉花，一眼望去，南繁服务站（坡田洋）的三层白色小楼在万亩良田中分外显眼。

站在一块大屏幕前，服务站负责人孙吉先介绍起南繁的智慧管理系统。屏幕上，附近几片田间的土壤、水质、生态气象等实时状态一目了然。依托无人机遥感、物联网、大数据等平台，服务站实现了天、空、地立体监测，以及智能决策和分类分时智慧管理。

南繁人不怕苦、不怕累，唯独怕"为地发愁"。如今，有关部门和海南省贯彻落实党中央、国务院部署，26.8 万亩南繁用地全部纳入永久基本农田予以重点保护，科研人员可以通过手机"云选地"，再通过南繁服务站"云种地"，"育繁推"全流程都有了保障。

"科研院所、企业、大学科研人员只管专心搞科研，我们来当田间地头的大管家。"孙吉先说。

崖州湾科技城实施大力度人才补贴政策，5 年来，已建成可面向市场的安居房 5000 套、人才公寓 1500 套。

"可以说，崖州湾科技城的科研人才现在基本都能够安居乐业。"崖州湾科技城管理局党委专职副书记牛晶晶说。

更让中棉所野生棉种质基地负责人刘平开心的是，随他一起来到南繁的女儿，今年可以入读崖州湾城区小学。崖州湾科技城为了解决人才子女教育问题，新建成 4 所幼儿园和多所中小学，同时统筹调配三亚市属学校，提供充足的学位指标。"不发愁了，敢放开手脚干了！"刘平说。

没了后顾之忧，科研人员干劲十足，成果接连涌现。南繁种下的环境保障的种子，开始开花结果。

"我们多措并举，打造崖州湾知识产权特区，最大力度保障知识产权。"崖州湾科技城管理局知识产权办公室主任宁如介绍，"每一份种子，都记录有 DNA 身份信息，拥有自己的'身份证'。科技城首创种质资源 DNA 身份信息第三方分子检测鉴定和第三方存证业务。首单植物新品种'丹霞红'梨的交易价格达 2200 万元。"

海南自贸港首家国家知识产权保护中心、海南自贸港农业植物新品种审查协作中心、自贸港知识产权法院审判庭等先后落地崖州湾科技城，专利、商标、版权、地理标志、植物新品种"五合一"行政管理体制逐步落成。

如今，一般需要 600—1000 天完成的种业专利申请，在科技城只需要50—90 天。实用新型专利审查周期由全国平均的 9 个月缩短至 15 天，外观设计专利审查周期由全国平均的 8 个月缩短至 7 个工作日左右……

"未来，不仅要让知识产权得到有效保护，还要逐步建立完善知识产权公共服务平台，帮助企业通过平台实现产研对接。"崖州湾科技城管理局知识产权部部长陈浩告诉记者。

南繁大地好风光。　马征辉　摄（人民视觉）

人才发展的种子在播撒

南繁发展，关键在人。

5月13日，崖州湾科技城举办引进人才证书颁发仪式，向认定的41名科技城引进人才代表颁发人才证书。目前，崖州湾科技城累计引进各类高层次人才1656人，已兑现科技城引进人才奖励1.1亿元。

"引才"也"育才"。国内13家高校及科研院所的分支机构，正与海南合作在崖州湾科技城培养研究生，设置专业90余个。目前园区在培硕博研究生3299名，其中"海南专项"政策培养的研究生2955名。"如果没有这项政策，很难有现在的科研机会。"曹晓风院士团队的博士生刘成立表示。

在南京农业大学三亚研究院的南繁基地，记者遇见了负责人袁世峰。据他介绍，基地的287亩高标准综合试验田里种满了大豆、水稻、葡萄等作物。如今基地正在进行特色葡萄的种植技术推广工作，希望能带动当地农户致富增收。

"把科学种植的方法交给农户，培育出更多技术能手，授人以渔。"

南京农业大学三亚研究院常务副院长姜爱良表示。

新方法，农户会不会摸不清产量，不乐意种？

"我们开培训课，种给他们看。"姜爱良说。

人才兴，带动产业兴、推动南繁兴。

在南繁基地，专门划出了5040亩地建设国家南繁生物育种专区，由海垦南繁产业集团负责管理。最近，他们把"分店"开到了邻近的保亭黎族苗族自治县。

4月13日，保亭七仙岭全球热带水果博览中心开园试运营。走进园区，可以见到口感绵软、味道香甜的冰淇淋果，手指大小、味道酸甜可口的柠檬……据了解，七仙岭全球热带水果博览中心项目总规划面积约3万亩，总投资约34亿元。目前已种植数百个品种的植物，引进上百个世界同纬度地区新奇特优水果品种。

"立足海南自贸港政策优势，就能不断挖掘南繁的产业溢出效应。"海垦南繁产业集团党委副书记高举廷说，"我们要继续发展好热带特色高效农业，带动当地百姓致富增收。"

习近平总书记强调："解决吃饭问题，不能光盯着有限的耕地，要把思路打开，树立大食物观。""在确保粮食供给的同时，保障肉类、蔬菜、水果、水产品等各类食物有效供给，缺了哪样也不行。"

海南水域温暖，水产也能"南繁"。5月5日，一艘装载有100万尾金鲳鱼鱼苗的渔船从海南陵水新村港起航，前往马来西亚。"我们繁育的鱼苗产量高、肉质好、抗病力强，不光在国内受欢迎，还远销东南亚。"晨海水产有限公司外贸部经理李伟说。

"目前，我们已经初步建成海水鱼类种质资源库，研发出'虎龙杂交斑'等多个国审水产新品种。"晨海水产有限公司董事长助理赵广文介绍。

牢记习近平总书记的殷殷嘱托，南繁基地正发展为全要素支撑有力、全产业链优化升级、新业态新经济繁荣发展的"种业高地"，书写高质量发展新篇章。

一个崭新的南繁，正加快孕育"中国种子"的未来。

（本报记者 孙海天 赵展慧 《人民日报》2023年6月26日第7版）

》》记者手记

南繁扛起新使命

南繁，不只是一个地名。

一粒种子可以改变一个世界，一个品种可以造福一个民族。南繁，由此成为中国种业自立自强的高地。

一天天、一年年，几代育种科学家数十年如一日坚守，一辈接一辈深耕。他们不惧日晒雨淋，反反复复在田野里，盯着一颗颗种子，从种下、破土、长叶，到拔节、开花、结果。

"育种基地"成长为"种业高地"，肩负起"用中国种子保障中国粮食安全"的重任。新时代新征程，这份责任又有了新的使命："实现种业科技自立自强、种源自主可控。"

扛起新使命，就要在种业科技体制机制创新上下功夫。

打破各自分散作战的传统形态，真正破解粮食产业之需，以问题导向、企业点题、市场驱动来引导科技攻关。未来的南繁，不仅是种业科技成果诞生之地，更是农业科技体制创新的策源之地。

扛起新使命，就要在加大知识产权保护力度上下功夫。

　　种业是典型的高投入、长周期、高风险的高新技术产业，种业竞争的核心是知识产权的竞争。加大对种业创新成果的保护力度是农业高质量发展的前提。未来的南繁，不仅能诞生更多好种子，每一粒种子内还应牢牢嵌入一颗"中国芯"。

　　扛起新使命，就要在为广大科技工作者解决后顾之忧上下功夫。

　　既着力解决好人才普遍关心的子女入学、配偶就业、住房、医疗等问题，又为人才队伍建设、交流、合作、成长创造良好的环境。未来的南繁，不仅是种业创新的高地，更是海内外科技人才源源不断、蓬勃涌现的人才高地。

（赵鹏　《人民日报》2023年6月26日第7版）

20

创新发展向未来

横琴粤澳深度合作区新貌。　　　袁天晓　摄（人民视觉）

10天，4个城市，280场商业配对……前不久，横琴粤澳深度合作区与澳门特别行政区首次联手组成招商推介代表团，向国际市场释放琴澳一体化、高水平对外开放的积极信号。

珠海横琴跨境说网络科技有限公司诞生于澳门、成长于横琴，借此次招商契机与一家葡萄牙企业签署合作协议。"琴澳合作，收获巨大、商机无限。"公司创始人兼董事长周运贤说。

"建设横琴新区的初心就是为澳门产业多元发展创造条件。""我们始终要不忘初心，让这里充满创新发展活力，促进澳门经济适度多元化发展。"横琴粤澳深度合作区的每一步发展，都倾注了习近平总书记的深情关怀和殷切期望。党的十八大以来，习近平总书记三次到横琴考察，多次就粤澳合作开发横琴作出重要指示批示。

2021年9月，中共中央、国务院印发的《横琴粤澳深度合作区建设总体方案》公布，为新形势下粤澳合作开发横琴按下快进键。

紧紧围绕促进澳门经济适度多元发展这条主线，横琴粤澳深度合作区建设加快起笔着墨。

聚焦优势领域、细分产业，选准澳门经济适度多元发展的主攻方向——漫步粤澳合作中医药科技产业园，创新的气息扑面而来。

2017年入驻产业园后，澳邦制药（横琴）有限公司与园区科创企业合作，利用先进制剂技术改造其传统产品莲花万应膏，并获得国家专利。2018年，澳邦制药在莫桑比克注册上市两款药品，后续还通过广东省药品监督管理局审批进入内地市场。"如果不是来到横琴，我们这样的小型中医药企业不会发展得这么快。"澳邦制药（横琴）有限公司技术发展总监刘帝恒说。

截至今年6月，园区注册企业195家，其中澳门企业58家。"横琴研发、澳门注册、横琴生产、全球销售"，成为带动澳门中医药产业发展的新模式。

近年来，围绕澳门着力培育的科技研发和高端制造、中医药、现代金融、文旅会展商贸"四新"产业，横琴加速打造横琴科学城、粤澳合作中医药科技产业园、横琴·澳门青年创业谷、粤澳跨境金融合作示范区等新平台新载体，积极构建"澳门平台＋国际资源＋横琴空间＋成果共享"的琴澳产业联动发展模式，为澳门产业多元发展提供广阔空间。

"不仅是物理空间的延伸，更有政策空间的拓展。在原横琴新区推出的系列惠澳政策基础上，总结经验成效，优化政策措施，提高了政策扶持的精准度和有效性。"横琴粤澳深度合作区经济发展局局长李子蔚说。

今年 2 月,《横琴粤澳深度合作区关于支持澳资企业发展的扶持办法》正式发布。这是为澳资企业量身打造的政策,也是合作区挂牌后第一个惠澳专项政策,旨在降低澳资企业在合作区发展的运营成本,为其在合作区拓展业务提供新契机,增强澳人澳企到合作区发展的信心。今年,合作区预计还将出台人才奖励、促进会展业和旅游业发展办法等更多惠澳相关产业政策。

"随着内地与港澳交流合作日益频繁,横琴为澳门青年提供了更优渥的创业土壤和更广阔的发展前景。作为港澳律师,我们也有了更多职业期待,希望能为两地探索规则衔接、机制对接贡献专业力量。"人和启邦显辉(横琴)联营律师事务所管委会副主席黄景禧说。

越来越多的澳门企业,在横琴这片沃土上茁壮成长。截至今年 6 月初,合作区实有澳资企业超过 5600 户,较合作区挂牌前增长 22.3%。特别是 2022 年底,合作区内科技研发和高端制造、中医药、文旅会展商贸产业合计营收首次突破百亿元。

建立健全体制机制、创新管理模式,促进澳门与横琴经济融合发展——

"粤澳共商共建共管共享新体制,是前所未有的创举。"来自澳门的钟颖仪,现任横琴粤澳深度合作区法律事务局局长,"在执委会,31 名澳门公务人员和内地同事朝夕相处、共商共建,紧紧围绕促进澳门经济适度多元发展这个目标相向而行。"

这是《横琴粤澳深度合作区建设总体方案》作出的一项创新性机制安排。在粤港澳大湾区建设领导小组领导下,粤澳双方联合组建合作区管理委员会,在职权范围内统筹决定合作区的重大规划、重大政策、重大项目和重要人事任免。合作区管理委员会实行双主任制,由广东省省长和澳门特别行政区行政长官共同担任。

横琴发扬敢为人先的精神，先行先试，勇于探索，进一步扩大开放，在体制机制创新方面，为粤港澳合作作出贡献。

推出澳门单牌车出入横琴政策，编制促进澳门经济适度多元发展指标体系、常态化评估办法（试行），"分线管理"、放宽市场准入特别措施等配套政策加快出台，粤澳职业技能"一试多证"专项合作落地……围绕"琴澳一体化"，合作区完成首批43项改革创新与规则衔接、机制对接任务。

"得益于优惠政策，初创企业的成本和压力大大降低，增强了我们在参与合作区建设中做大做强的意愿和信心。"横琴濠麦科技有限公司创始人、董事长龚元香说。

《关于金融支持横琴粤澳深度合作区建设的意见》《横琴粤澳深度合作区发展促进条例》……今年以来，一系列政策陆续发布，为合作区破除发展中面临的体制机制障碍提供了明确路径和政策保障。以合作区为支点，粤澳之间越发物畅其流、人便其行，促进了澳门经济多元发展。

横琴粤澳深度合作区执委会主任李伟农介绍，截至目前，合作区已明确12个规则衔接路径，计划3年内开展超100条规则衔接具体事项，"我们将不断健全粤澳共商共建共管共享新体制，坚守'一国'之本，善用'两制'之利。"

粤澳深度合作是命题，也是路径，更是光明前景。横琴正以不变的初心，奔向日新月异的未来！

（本报记者 陈伟光 贺林平 姜晓丹 《人民日报》2023年7月3日第1版）

新平台　新空间　新示范　新高地

——横琴粤澳深度合作区高质量发展纪实

位于横琴的天沐河赛艇公园。　　袁天晓　摄（人民视觉）

　　"原先的横琴，大小两座岛并不相连。为了向海借田，父辈岛民在'中心沟'围垦，海峡填平后剩下的河道，命名为'天沐河'。"从濠江边迁居天沐河畔一年半，澳门人张达明、潘妙嫦夫妇对这条横琴百姓的母亲河如数家珍。

　　如今的天沐河，被粤澳居民视为"美丽横琴"的绿色"中轴线"。沿着这条碧水清波、草木繁盛的生态长廊，生态群落区、社区公园区等五大区块各有千秋，横卧河面的景观桥"一桥一景"，风格各异的现代建筑群拔地而起，创业谷、孵化中心、科创园区与住宅小区、街道商圈错落相嵌，一水之隔的是澳门旅游塔等标志性建筑。

2021年9月5日，《横琴粤澳深度合作区建设总体方案》（以下简称《总体方案》）公布，赋予横琴"促进澳门经济适度多元发展的新平台""便利澳门居民生活就业的新空间""丰富'一国两制'实践的新示范""推动粤港澳大湾区建设的新高地"四大战略定位。12天后，横琴粤澳深度合作区管理委员会、横琴粤澳深度合作区执行委员会、广东省委横琴工委、广东省政府横琴办正式挂牌运作，合作区建设进入全面实施、加快推进的新阶段。

横琴合作区立足粤澳资源禀赋和发展基础，以明确的政策导向推动实体经济做大做强，拓展澳门居民在合作区生活就业新空间，构建与澳门一体化开放新体系，在探索中不断健全粤澳共商共建共管共享新体制。

天沐河边，横琴正以新的旋律拨动琴弦，弹奏粤澳深度合作的新乐章。

促进澳门经济适度多元发展的新平台

借着横琴合作区谋划建设的东风，蔡鹏东和周粤生来到横琴，成立分子态（珠海横琴）中医药健康产业发展有限公司。蔡鹏东担任公司执行董事，在植物提取及中医药领域钻研多年的周粤生担任董事长。

"多年来，我在澳门从事旅游娱乐酒店相关行业，也在寻求企业经营多元化方向。周粤生先生带来了先进的中药材提取技术，让我看到了中医药标准化、现代化和国际化的广阔前景。"蔡鹏东说，横琴合作区为企业带来新的发展机遇，"如今，公司旗下各线产品有数百种，热门产品有数十款，销往欧美、东南亚多个国家和地区。"

2018年10月，习近平总书记在珠海横琴新区粤澳合作中医药科技产业园考察时强调："建设横琴新区的初心就是为澳门产业多元发展创造条件。横琴有粤澳合作的先天优势，要加强政策扶持，丰富合作内涵，拓展合作空间，发展新兴产业，促进澳门经济发展更具活力。"

贯彻落实《总体方案》，横琴合作区突出实体经济，谋划布局科技研发和高端制造产业，做大做强中医药等澳门品牌工业，稳步发展现代金融业，协同拓展文旅会展商贸产业，出台一系列政策措施，加快培育发展新动能。

"部分澳资企业初到横琴，处于起步阶段，面临内地无房产、资金流和营收增长较弱，以及内地与澳门的征信审核存在差异等情况，银行传统的授信难以解决企业的跨境融资问题。"中国银行横琴粤澳深度合作区分行行长刘湘虹说，粤澳两地中行分支机构创新推出"粤澳共享贷"金融信贷产品，为在横琴注册的澳门企业量身定制普惠贷款产品。"截至今年3月末，我们已为约800家澳资企业提供金融服务，涵盖科技、中医药、生物医药等多领域和行业。"

2022年9月，12万瓶产自澳门的张权破痛油，依托横琴新区粤澳合作中医药科技产业园的平台支撑，迅速进入广东省内各地的连锁药店销售。作为治疗跌打肿痛的传统外用中成药，张权破痛油曾是内地游客港澳游常买的商品之一。

"澳门与内地的注册管理制度不同，多亏产业园提供专人咨询服务，让这款产品成为澳门地区首个获批内地注册上市的中成药。"张权破痛油中药厂技术主管张乐祈说，不仅是进入内地，产业园还帮助张权破痛油在莫桑比克上市销售，成为澳门本土制药品牌走向国际市场的第一批产品。

广东智能科学与技术研究院、粤澳集成电路设计产业园等平台落地，出台支持生物医药大健康产业高质量发展政策，实施上市挂牌扶持、企业赴澳发债及促进中小微企业融资等四类专项政策，对接澳门编制文旅、会展、商贸产业三年行动计划……合作区促进澳门产业多元发展和推动琴澳一体化取得积极成效，成为澳人澳企发展的新舞台。

珠海镓未来氮化镓功率器件可靠性验证实验室内，工作人员在做实验。

袁天晓 摄（人民视觉）

80后澳门青年吴鸿祺，在横琴合作区创立了博维智慧科技有限公司。得益于内地的人才资源以及合作区政策红利，博维公司通过产学研合作，开发了一项科技产业化成果，成为琴澳两地知名的科技创新品牌。"我们的团队从刚开始的七八个人，发展到了如今的80多人。"吴鸿祺说。

今年2月8日，珠海澳大科技研究院—珠海凌烟阁芯片科技有限公司联合实验室揭牌，将持续赋能生物医学工程应用和智慧城市平台建设，促进粤港澳大湾区数字健康与智慧城市产业可持续发展。珠海凌烟阁芯片科技有限公司执行长李宏俊表示，横琴合作区环境好、政策好，具备企业发展所需的各种资源要素。

截至今年 6 月初，横琴合作区实有澳资企业超过 5600 户，较合作区挂牌前增长 22.3%，注册资本超 1480 亿元。

便利澳门居民生活就业的新空间

2021 年 9 月 17 日，横琴合作区揭牌运作第一天，澳门泌尿外科医生赵云桥与骨科医生林冠群等人一起，成为横琴首批拿到内地短期行医执照的澳门医生。自此，他的工作中也多了一项行程：到横琴出诊。截至今年 4 月，在横琴执业的港澳短期行医医师累计有 67 名。

"这意味着，在横琴定居不仅能就地参保，享受和珠海市民同等的医保待遇，还能足不出岛看到我们往常熟悉的澳门医生。"澳门居民吴丽卿说。这几天，她又从新闻关注到，新颁布的相关法规，允许符合条件的 15 类澳门有效职业资格医疗人员在合作区执业。

北览小横琴山，南望天沐河，总占地面积约 19 万平方米的"澳门新街坊"拔地而起，在横琴合作区打造出一个全方位便利澳门居民生活就业的新空间。

作为内地首个为澳门居民打造的综合性民生工程，"澳门新街坊"项目集居住、教育、社区服务、医疗等多功能于一体，可为澳门居民提供 4000 套住房。

"很期待这个项目早日竣工。"7 年前，因参与一次交流活动，在北京读大学的澳门青年梁家星初识横琴建设情况。毕业后，他便直接来到横琴工作，亲身见证这片沃土上的嬗变，"公共服务越来越完善，生活越来越舒适，交通越来越便利。"

突出均衡性可及性，横琴合作区围绕澳门居民"所需所想"深入谋划。

基础设施互联互通加快推进。澳门轻轨延伸横琴线项目海底隧道顺利贯通，澳门大学横琴口岸连接桥项目加快推进。"一线"横琴口岸二期工程、"二线"海关监管作业场所主体工程完工。跨境免费通勤专线巴士线路增至 14 条，每日往返 43 班次，累计运送 20.18 万人次。

就业创业空间不断拓展。在合作区建筑、旅游、医疗等领域跨境执业的澳门专业人士超过 1200 人；搭建"横琴·澳门居民招聘专区"，提供超过 800 个就业岗位；开展 2022"澳门青年实习计划"，吸引 890 名澳门大学生报名；粤澳职业技能"一试多证"专项合作落地，首批 36 名粤澳旅游服务从业人员经考核获两地认可执业技能证书。

配套公共服务渐趋完善。横琴伯牙小学、子期小学等 4 所公办学校与澳门培正中学结为"姊妹学校"。琴澳医疗卫生培训基地已经启用，广州医科大学附属第一医院横琴医院正加快建设；琴澳亲子活动中心、澳门妇女联合总会广东办事处、"南粤家政"基层服务示范站已经揭牌运作。

澳门街坊会联合总会 2019 年进驻横琴。平时，通过组建专业的工作坊与小组，积极开展各类活动，加速琴澳两地居民共融。"我们在横琴的服务中心已发展到 4 个，服务琴澳居民超过 50 万人次。"澳门街坊会联合总会会长吴小丽说，随着粤港澳大湾区建设迈入快车道，"相信澳门同胞将在融入国家发展大局中创造更美好的生活。"

"澳门新街坊"项目力争同步配套各项澳门标准公共服务和社会福利；落实在合作区就读的澳门学生同等享受澳门本地学生的学费书簿津贴等教育福利待遇；推动在合作区创新创业就业的澳门青年同步享受粤澳两地的扶持政策……从"路相连""关相通"到"心相亲"，越来越多的澳门居民在横琴安居乐业。截至今年 3 月，在合作区生活就业的澳门居民超过 7400 人。

"我们努力打造一个便利的生活区，让在这里入住的澳门居民尽快融入，有家的感觉。"横琴粤澳深度合作区民生事务局副局长冯方丹说。

隔濠江相望的横琴与澳门。　　袁天晓　摄（人民视觉）

丰富"一国两制"实践的新示范

"拿到施工许可证，我们的心就落定了，马上着手规划后续工作。"东西汇（横琴）发展有限公司董事长马志达说。

东西汇项目是澳门特区政府首批推荐进驻横琴粤澳合作产业园区的33个重点合作项目之一，也是合作区挂牌成立后发出首个施工许可证的项目。得益于合作区的一系列改革创新举措，这一项目比常规审批模式提前10个月获得施工许可批准。

围绕"琴澳一体化"，横琴合作区以粤澳共商共建共管共享的新体制，勇涉规则衔接"软联通"的改革"深水区"，2022年已完成首批43项改革创新与规则衔接、机制对接任务。

《总体方案》提出的"分线管理"、加工增值30%进内地免关税、制定合作区市场准入清单等极具突破性的创新政策，目前处于相继落地过程中。

"规则衔接不是一朝一夕能完成，双方工作方式的磨合也需要一个过程。"横琴粤澳深度合作区法律事务局局长钟颖仪原先就职于澳门政府，来到横琴之后，发现合作区出现的都是新问题，也是用小切口、以问题为导向的方式来解决，"经过互相了解、适应，我们和内地公职人员的磨合、共事已渐入佳境，相信接下来的工作会更加快速推进。"

今年2月以来，《横琴粤澳深度合作区发展促进条例》、海关总署《支持和服务横琴粤澳深度合作区建设若干措施》、《关于金融支持横琴粤澳深度合作区建设的意见》等一系列重磅政策密集出台，进一步推动琴澳两地规则衔接、机制对接和要素互联互通，为合作区建设注入强大动力。

4月28日，横琴国际仲裁中心、横琴国际商事调解中心正式揭牌。横琴国际仲裁中心主任王瑞森说，积极探索民商事法律制度衔接澳门、接轨国际的具体措施，为当事人在合作区自主选择横琴或澳门的仲裁机构解决纠纷提供便利。6月2日揭开面纱的琴澳国际法务集聚区，集结入驻商事调解、商事仲裁等九大公共法律服务机构，为合作区企业和居民尤其是澳资企业和澳门居民提供调解、仲裁、公证等公共法律服务。

今年，横琴合作区将重点实施"要素跨境流动工程"。全面建成"分线管理"软硬件设施，推动合作区海关监管办法、"分线管理"配套税收政策落地实施；试点过关人员"非接触"高效便捷通关，争取对经横琴口岸出入境的符合条件人士实行随车验放；配合建设资金"电子围网"系统，积极推进跨境理财通试点，稳步提升贸易融资跨境资产转让规模；积极探索信息跨境交互，探索固网接入国际互联网绿色通道。

"实施'分线管理'是当前合作区最紧迫、最急需的大事，也是彰显合作区独特开放优势、推动琴澳一体化发展的关键性举措。"横琴粤澳深度合作区执委会副主任聂新平说，将全力冲刺全岛封关运作，"努力实现人流、物流、资金流、信息流高效便捷流动，为企业发展提供琴澳一体化带来的广阔发展机遇。"

推动粤港澳大湾区建设的新高地

对澳门大学模拟与混合信号超大规模集成电路国家重点实验室主任麦沛然来说，往返穿梭粤港澳三地是工作常态。他和团队在横琴设立了实验室分部，又牵头在深圳河套深港科技创新合作区成立澳门大学集成电路微电子研究院。以横琴为衔接点，麦沛然团队突破澳门的地域局限，努力在粤港澳大湾区完成"0到100"的技术研发和转化。

"深圳创新要素高度集聚；珠海、东莞等地制造业非常发达，应用创新和产业化能力强。'澳门研发＋横琴平台＋湾区资源＋X'，整合成了技术成果转化的完整链条。"麦沛然说，立足琴澳一体化，充分用好三地资源，科创空间无限广阔。

《总体方案》提出，充分挖掘粤港澳大湾区制度创新潜力，用足用好澳门自由港和珠海经济特区的有利因素，加快提升合作区综合实力和竞争力，有力支撑澳门—珠海极点对粤港澳大湾区的引领作用，辐射带动珠江西岸地区加快发展。

在粤港澳三地分工携手、协同发展中，横琴的角色定位日益分明。以粤港澳大湾区国际科技创新中心建设为例，依托横琴合作区改革创新和高水平开放的制度设计，澳门连接全球人才、信息资源的创新能力，与横琴协同珠三角产业转化的能力，优势互补，塑造着又一个全球高端创新要素的集聚地。

在地图上，从广东佛山市画一条箭头一直往南，依次经过中山市、珠海市。短短150多公里，工厂车间鳞次栉比，货车川流不息，被《粤港澳大湾区发展规划纲要》赋予"建设珠江西岸先进装备制造产业带"的重要使命。这条产业带南端与伶仃洋的连接点，便是琴澳。

佛山将全面支持参与横琴、前海、南沙三大平台建设写入当地2023年政府工作报告，加强与港澳在科技、贸易、金融、文化、中医药等领域合作；中山抢抓横琴粤澳深度合作区建设机遇，加快"南联"步伐，谋划万亩级现代产业园，努力发展高端制造业；近水楼台的珠海，更是不断探索"横琴政策＋珠海空间"合作新机制，与澳门一道打造集成电路产业国际国内双循环的"芯"支点……以珠江西岸地区为缩影，"横琴＋"正为粤港澳大湾区制造业高质量发展注入源源不竭的政策红利、人才资源、金融活水。

横琴合作区高起点规划"三片、十区"城市功能格局，从旅游区到产业区再到教学区、居住区，紧密关联、紧凑发展；澳门轻轨延伸至合作区，与珠海城市轨道线网联通，横琴口岸"合作查验、一次放行"模式效果明显，广州至珠海（澳门）高铁有序推进……琴澳相拥互融，努力在粤港澳打造国际一流湾区和世界级城市群中发挥更大作用。

"当下，合作区发展势头正盛、政策红利正足、投资环境正优、创新氛围正浓，是极具潜力的投资沃土，干事创业的热土，正吸引着越来越多的优质企业落户。"横琴粤澳深度合作区执委会主任李伟农说，"今年内，合作区将全力冲刺封关运作，进一步扩大高水平对外开放。届时，横琴的未来更加可期、大有可为。"

（本报记者 陈伟光 贺林平 姜晓丹　《人民日报》2023 年 7 月 3 日第 6 版）

≫ 记者手记

感受琴澳一体化发展律动

青年创业谷中，澳门创客尽情施展才华；珠海市人民医院横琴医院里，澳门执业医生与患者顺畅交流；横琴粤澳深度合作区执委会内，澳方公职人员与内地公职人员通力协作……在横琴采访，能真切感受到琴澳一体化发展的强劲律动。

立足粤澳资源禀赋和发展基础，横琴着力创新完善政策举措，丰富拓展合作内涵，大力发展新技术、新产业、新业态、新模式，激发创新发展活力，促进澳门经济适度多元发展。科技研发和高端制造、中医药、现代金融、文旅会展商贸等产业加快落子布局、开枝散叶。"澳门平台＋国际资源＋横琴空间＋成果共享"的琴澳产业联动发展模式，吸引着越来越多的海内外企业走进横琴、投资横琴。

深度对接澳门公共服务和社会保障体系，横琴围绕澳门居民所需所想细致谋划，营造趋同澳门的宜居宜业生活环境。建筑、旅游、医疗等领域的澳门专业人士跨境执业，澳门牌照私家车可在合作区内通行，澳门街坊总会在合作区内提供跨境社工服务……便利澳门居民生活就业的新空间不断完善。

共建"一座城"，琴澳一体化发展的乐章越奏越响亮。

数字的呈现更为直观：截至今年6月初，在合作区落户的澳资企业超过5600户，较合作区挂牌前增长22.3%；截至今年3月，在合作区生活就业的澳门居民超过7400人。

10多年前，横琴还是"蕉林绿野，农庄寥落"。如今，这里大道纵横、高楼林立、产业勃兴。在这片沃土上，琴澳一体化发展步履铿锵，正书写着丰富"一国两制"实践的精彩篇章。

（贺林平　《人民日报》2023年7月3日第6版）